我的教育情怀

韩秀丽　著

吉林大学出版社

图书在版编目（CIP）数据

我的教育情怀 / 韩秀丽著．—长春：吉林大学出版社，
2018.6
ISBN 978-7-5692-2469-6

Ⅰ．①我… Ⅱ．①韩… Ⅲ．①教学研究－文集 Ⅳ．
① G420-53

中国版本图书馆 CIP 数据核字 (2018) 第 140962 号

书　　名：我的教育情怀

WO DE JIAOYU QINGHUAI

作　　者：韩秀丽　著
策划编辑：朱　进
责任编辑：朱　进
责任校对：周　鑫
装帧设计：美印图文
出版发行：吉林大学出版社
社　　址：长春市人民大街 4059 号
邮政编码：130021
发行电话：0431-89580028/29/21
网　　址：http://www.jlup.com.cn
电子邮箱：jdcbs@jlu.edu.cn
印　　刷：三河市嵩川印刷有限公司
开　　本：787mm×1092mm　　1/16
印　　张：14.75
字　　数：220 千字
版　　次：2018 年 6 月第 1 版
印　　次：2023 年 7 月第 2 次
书　　号：ISBN 978-7-5692-2469-6
定　　价：45.00 元

平凡的岗位需要不平凡的教师

序

　　我发现,很多优秀教师都有一个梦想,那就是写一本属于自己的书,出书的目的是想把自己的教育思想广为传播,但更多的是为青年教师点亮心灯。近年来,烟台中小学教师出版专著的渐多。我很乐于看到这种风气逐渐蔓延,也乐于成全他们实现为之奋斗已久的梦想。

　　中小学教师是普通的,其岗位也就平凡的,可就是一位又一位普普通通的教师在极为平凡的岗位上尽职尽责地工作,才为每一位学生的终身发展与幸福人生奠定了坚实基础。这些普普通通的教师是可敬的,也是可亲的,他们就鲜活地生活在我们每一个人的身边。然而,学生全面而优质的发展需要优秀教师的引领,平凡的岗位也需要不平凡的教师赋予崇高的意义。海尔集团董事局主席、首席执行官张瑞敏曾经说过:"把每一件简单的事做好就是不简单,把每一件平凡的事做好就是不平凡。"正是有这样的精神和信念,一部分教师才从普普通通的教师群体中脱颖而出,他们从合格走向优秀,再从优秀走向卓越,最终成为有教育情怀、有突出业绩、有实际影响力的区域名师。

　　教育是慢的艺术,成长是韧的战斗。一个优秀教师的专业成长需要经历由青涩到成熟的蜕变过程。在成长过程中,难免有遭遇挫败的痛苦、独自奋斗的孤寂、千锤百炼时留下的伤痕,而在那些不愿回首的往事之后,紧跟而来的就是获得成功的喜悦、超越自我的快乐、赢得师生喜爱和家长领导认可的幸福。苦与乐,成与败,它们形影相随,有时相互交替,有时彼此掺和,由此使人生变得复杂多变、异彩纷呈。谁能坚持到底、战胜苦难,谁能不忘初心、砥砺前行，谁就能成为人生的强者、命运的主宰。苦尽甘来似乎是每一位成功人士的共同特点。深入剖析优秀教师的成长经历，我们就能找到他们不甘平庸、超越自我、实现人生蜕变的基本路径或有效策略。入职教师、合格教师、优秀教师、知名教师，是每一位名师、特级教师必须经历的发展阶段；勤读、博学、善教、深研、乐写……，是每一位名师、特级教师得以实现一次又一次专业成长的无形通道。

成长是艰难的，蜕变是痛苦的，那为教育事业而拼搏奋斗的意义何在？有人说，每一个人的内心深处都渴望被尊重、被赏识；有人说，人的最高层次的需要就是自我价值的实现；有人说，生命的意义在于不断挑战和超越自我。但在我看来，对于教师而言，专业成长乃是一个自我修炼的过程。之所以坚持不懈地发展自我，持之以恒地完善自我，不畏辛劳地超越自我，那不竭的动力是源于一颗追求真美善的美好心灵，是源于对教育事业的敬畏与热爱，是源于对遇见最好的自己的向望与渴求。也许正因为如此，不论是在哪一个时期还是在哪一个地区，总有那么一批优秀教师坚守梦想，奋力前行，赢得一路芳华一路歌。也正是因为如此，教育才更加美好，学生才更加幸福。

多年来，烟台市教育局一直重视优秀教师的培养。2017年8月，烟台市教育局正式启动了教育领军人才培养工程，旨在培育一批在省内外有影响力的教育领军人才，推动全市教育事业持续健康科学发展。2018年1月，烟台市教育局出台了《关于进一步加强全市教育科研工作的意见》，提出"成立中小学教师学术研究成果评审委员会，每年评选优秀学术研究成果并资助出版"，以激励教师专业成长、争当教育名家。恰在此《意见》出台期间，韩秀丽老师约请我为本书写序，我感到十分高兴和欣慰。

阅读全书，感慨良多。韩秀丽老师不甘平庸，积极进取，在平凡的岗位上做出不平凡的业绩，在实现自身专业成长的同时，赢得学生的喜爱和家长的尊重，也受到同事的好评和领导的赞赏，先后被评为烟台市首届名师、山东省特级教师。从书中可以看出，读写结合、研教互促、学以致用一直伴随着韩老师专业成长的全过程。韩老师用朴实而流畅的语言讲述了她不同寻常的成长历程，从中也能看出她超乎寻常的教育情怀。

愿本书的问世能给读者带来有益的启示，为青年教师成长提供可资借鉴的经验。祝愿越来越多的教师在平凡的岗位上做出不平凡的业绩，越来越多的教师在自我修炼的过程中成长为优秀教师、知名教师,越来越多的教师实现自己的人生梦想,为教育改革、为社会发展传播更多更大的正能量!

烟台市教育局教科院院长

前　言

　　本书的题目我反复斟酌，开始觉得用《成长的痛与乐》比较恰当，因为一个人的成长需要过程，并且过程会非常漫长、艰辛，要付出非常大的代价，需要长时间的坚持与孜孜不倦的追求，常常是付出与收获不成正比，有许多人付出了很多，得到的却微乎其微。有位名人曾说过这样一段话，我觉得很有哲理，送给正在默默耕耘的同行们。"一分耕耘零分收获；二分耕耘零分收获；三分耕耘，依然零分收获。可当你付出九分、十分耕耘，且不气馁，一直耕耘不辍，收获的可能比付出的更丰厚。"所以，只要我们有信念、有理想，并为之不懈努力，相信一定会花开蒂落，硕果累累。当然，过程一定会很漫长、很艰辛，也只有经历了，才能感受成功的珍贵。希望此书能鼓励那些刚踏上工作岗位的年轻人，帮助那些曾经满腔热血却在工作中屡遭打击的失意人及早确定人生目标，并为实现这个目标锲而不舍，最终到达理想的彼岸。

　　有一次晨练，平日与我一同爬山的伙伴都没来，以前轻松走过的一段山路，现在却让我气喘吁吁，非常烦躁。我走走停停，内心展开了激烈的斗争，继续还是放弃？在反反复复的纠结中，我也没忘观察其他的晨练者，有老人、有小学生、有青年人，也有像我一样四五十岁的人，总之男女老少都有，一路上人来人往，尽管都不熟悉，但也不孤单。由于太累，无暇关注更多，索性把这些晨练的人分为两类：上山的和下山的。上山的人，个个慢悠悠的，双腿像灌了铅，几乎是拖着身体在走。可以想象，上山很辛苦，可人们为了锻炼，都在享受着这种辛苦；下山的人，个个脚底生风，精神状态大不一样，全身放松，甩着膀子，仿佛要飞起来一样。我想：他们上山时肯定和我一样纠结，等到下山时，因为战胜自己的懒惰而神清气爽。想着、走着、纠结着，一抬头，"哇，我已到了山顶了！"我欣喜地惊叫了一声。看着脚下郁郁葱葱的

我的教育情怀

小草，偶尔夹杂着的一些不知名的小野花正竞相怒放，心情格外激动；放眼远望，连着山坡的一片松树，在晨曦的映照下，郁郁葱葱，微风吹过树梢，波涛汹涌，煞是美妙；林海的尽头，是一幢幢错落有致的高楼大厦，正浸染在金黄的阳光中，熠熠生辉，格外雄伟。我深吸一口气，一股带着泥草芳香的清新空气沁入心脾，"会当凌绝顶，一览众山小"的浩然之气涌上心头，大有"怅寥廓，问苍茫大地，谁主沉浮？"的豪情壮志。我为战胜自我，战胜懒惰而自豪！其实我们每一个人都在成功与失败之间徘徊，谁能坚持，谁能承受孤独、辛苦和劳累，谁就能享受到风雨过后见彩虹的美妙意境。

很早以前就有人提建议，说我的成长很有典型性和启发性，对青年教师成长很有帮助，鼓励我写本书，可我总觉得自己做得很平凡，没有什么惊天动地的壮举，不足以写书立传，同时也觉得自己不具备写书的能力。可看过许多书以后，发现自己的许多想法和做法很有创意，有的甚至和专家不谋而合，不客气地说，有的还要更胜一筹（当然许多好的东西，我还没看到）。所以，我决定写写试试，不是为了炫耀，只是希望对青年教师成长能有所帮助和启发。可真要动笔，却不知从何下笔，有时写着写着，思绪就像旱天的干泉，断了流了。一点一点地积累，一个片段一个片段地写。每每写完一部分，回过头来，又觉得不满意，觉得这些文字不足以表达心意。就像爬山一样，我一边写一边纠结，在纠结反复中，我也写下了二十多万的文字。我经常反问自己，写的这些文字能成书吗？回答都是否定的。思考的越多，问题越多，特别是题目，用什么都觉得矫情，反复推敲，还是觉得有自吹自擂之嫌疑，有刻意雕琢之痕迹，最后，决定用《我的教育情怀》这个接地气的名字比较合适。

韩秀丽

2018 年 1 月

目　录

第一部分　平凡

　　初入职场的我是一名普通得不能再普通的教师，平凡得有时连我自己都找不到可圈可点的地方。无论学校评选什么先进啊，优秀啊，都与我无缘，因为我自己知道，我做的与先进、优秀的标准相差很远。就是一个这样的我，工作二十年以后，却摇身一变，被"山东省特级教师、烟台市优秀教师、烟台市首届名师、海阳市三等功、海阳市首届百名优秀人才、海阳市十佳教育工作者、海阳市优秀教育工作者、海阳市人大代表、海阳市党代表、海阳市政协委员"等光环笼罩着，几乎成了大名人。尽管现在我依然觉得自己普通、平凡，但这些荣誉却实实在在摆在我面前。我知道，这是对我努力耕耘、孜孜以求的回报，也是对我三十年如一日平淡生活、认真工作、努力学习的见证。我曾写过一篇总结，题目叫"回眸凝望，那一串匆忙的脚步好美"，如今我要说："回眸凝望，那一串匆忙的脚印，不但美丽，而且坚实有力。"如果借用保尔·柯察金的话，就是"当我回首往事的时候，不因虚度年华而悔恨，也不会因碌碌无为而羞愧！"这是写这本书的目的之一；之二是告诉和我一样平凡又平常的老师们，工作只要认认真真，脚踏实地，不计眼前利益，相信"机会只给有准备的人"，一定会成功。大家可以通过阅读《三十以后的美丽》这篇文章窥见一斑。

　　记得刚踏上工作岗位的我，年轻有活力，聪明伶俐，身边却是一群四十岁左右的、曾经是民办教师转正的中年妇女，和她们一起摸爬滚打久了，身上的锐气也是慢慢退减了。

　　我们学校是1984年8月才开始招生的新学校，大多数教师都是刚从农村调上来的。20世纪80年代末期，教师地位开始回升，工资待遇慢慢上调，教师再也不是被人瞧不起的"臭老九"了。我身边的那些中年妇女，她们的工资待遇优厚，再加上她们的老公在工作岗位上也有了一定的成就，个个生活富足、衣食无忧,所以安于现状,不思进取。女人大多不追求事业上有多辉煌,受儒家思想熏染,以相夫教子为己任,夫贵妻荣,其他的不太在乎。她们不是不认真工作,只是仅限于本本分分教学,日出而作,日落而息,学校安排什么就做什么,没有自己的思想,更不会进行教育研究或者改革教法、创新思想等。她们就是上课、批改作业、备课、放学回家。当然,也利用办公的间隙,谈论丈夫、孩子、公婆,津津乐道,几乎没有家庭隐私。有时夫妻矛盾也拿出来与大家分享,经常会有热心人帮着出谋划策,如"如何对付公婆,如何管理丈夫"等。当然也有劝人和睦相处,毕竟"贤惠"是中华传统美德。一旦有什么打破常规的事情,如上级领导来学校听课,或者上级组织比赛活动,如演讲比赛、五月艺术月活动、六一儿童节活动等,就义务地落在了我头上,因为我是最年轻也是最有"学问"的比较专业的师范毕业生,当然义不容辞。我大多数时候和她们一样普通,偶尔就得鹤立鸡群一下,也就是学校需要我表现的时候,我就得勇挑重担。

可能也就是缘于这些锻炼的机会多,才使我没有把学校学到的东西全部丢掉,没有完全忘记我曾经也是优秀学生,身上有许多闪光点。许多工作,尽管不是我分内事,我却依然一丝不苟,兢兢业业。在这些准备的过程中,我积累了大量的经验,同时也丰富、充实、提高了自己,使一个对教育懵懂的女孩,一步一步成长为一个处变不惊、沉着大方、能应对各种场面、颇具独特风格的年轻教师。

刚毕业的那年夏天,教育局组织全县中小学教师演讲比赛,学校领导理所当然地安排我参加。写稿、背稿、参加比赛,都是我一个人的事,没有人指导、没有人帮助,我当时非常无助,从来没参加过演讲比赛的我,只好硬着头皮,根据自己的理解,写了2000字的演讲稿,搜肠刮肚,华丽的辞藻用了不少,可具体实例几乎没有,因为我还没有什么工作经验,也没做过什么成绩。单凭年轻有魄力、普通话比较标准,最后,我取得了演讲比赛二等奖的成绩。尽管不理想,但由于我刚毕业,学校也不太重视,所以没有人指责我、批评我,这次比赛也就像路边的一朵小野花,自生自灭,很快被遗忘。

我经常会回顾自己曾走过的路,那次演讲比赛应该是"天将降大任与斯人也,必先苦其心志,劳其筋骨"的一个典型事例吧。比赛那天,早晨一睁眼,窗外就是疾风骤雨,电闪雷鸣,老天仿佛故意考验我的承受能力,从学校到教育局短短的3公里路,我走了足足两个小时,多次被风刮倒,伞被大风刮得一会儿朝上一会儿朝下,雨水全部打在身上,当我趔趔趄趄来到教育局时,衣服已经湿透,身上多处摔伤,疼痛不已。尽管是夏天,我还是冷得浑身发抖,加上紧张,整个比赛过程中,我都是哆哆嗦嗦的,特别是听了一中语文老师臧教师的演讲,我更没了底气。臧老师出身比我好,父亲是海阳文化局局长,母亲是海阳一中老师,从小在县城长大,接受良好的教育,一路顺风顺水,高中毕业考上了山东师范大学,毕业后分配在海阳一中教语文。现已从教十年,送毕业班也有四届,送进名牌大学的学生有几十个,现在桃李满天下,春风得意,在海阳已是名人,许多有能力的家长都千方百计托亲拜友,把孩子送到她任教的班级。好像把孩子送到她的班级里学习,就一定能考进名牌大学一样。那几年,我们海阳的高考非常火,每年清华、北大等名牌大学都能考上好几个,北京、上海、济南等许多大城市的孩子,都慕名到我们海阳读高中。和这样优秀的人一起演讲,输了比较正常,不输才是意外。

演讲比赛结束后,我的心激动了一阵,又有了想拼搏一番的豪情,然而只是昙花一现。当我回到学校,又很快就融入进了那一群与世无争、平平淡淡教学的中年妇女中去,我觉得我与优秀教师的距离太远太远,以至于开始怀疑我不具备成为优秀教师的基本条件,所以,又一次放弃了读书时的理想,也不考虑如何努力成为优秀教师。

平平淡淡又过了三年,教研室的领导和教师进修学校的领导到我校听课(我当时教两个班数学,每周28节课,几乎每天上午一二三节,下午一二节都得上课)。事先我一点不知道,第一节课下课回到办公室后,手还没洗,领导通知:"第二节听你的课,你准备准备。"我一下懵了!课间仅10分钟!我如何准备?!我又能准备什么?我十二分不情愿,但又不能顶撞领导,只能硬着头皮上。那天我讲的是四年级的"循环小数"。

可能是初生牛犊不怕虎,也可能是我具有讲课的天赋(记得我上初中时,一些为了参加恢复高考的老三届毕业生,来我家请求我父亲辅导数学,父亲看只是初中数学知识,就让我给他们讲,我当时很忐忑,但真正讲起来,就口若悬河,滔滔不绝了,并且思路清晰,分析到位,直讲得那些老高中生们心服口服。后来父亲说"他知道我能讲好"),也可能是我遗传了父亲当教师的基因吧,尽管有些紧张,但根据我先前备课的思路,一步一步进行,一节课也算顺利结束。中间环节出了点纰漏,我忘了讲循环节的表示方法,在练习时发现了,当学生们把循环小数写成2.13131313……、3.786786786……

时,我便故意卖关子,说:"循环小数写起来真麻烦,有没有简便方法,既能表示它是循环小数,又便于书写?"一石激起千层浪,学生们个个瞪大眼睛,仔细端详这些循环小数,因为规律太明显,学生很容易找到,所以个个小手举得老高,有的情不自禁地就抢着发言,但规范的不多,此时,我适时点拨,把专家的总结引入,"在循环节的首尾数字上方点上圆点即可",我当时觉得是画龙点睛之笔,学生既掌握了知识,又激发了学习兴趣和探求未知的欲望,并且体验了成功的喜悦。我自以为天衣无缝,可还是被领导的火眼金睛发现了。评课时领导说:"课讲得很好,思路清晰,知识点挖掘到位,师生互动默契,学生学习积极性高,讲课过程中漏了循环节的表示方法,不过在练习时,巧妙地补上去了,不影响学生对知识的掌握。"我此时心里大惊,才知领导就是领导,我的小聪明、小伎俩被人家一眼就看穿了,并一语道破。但也窃喜,能受到领导的肯定,这是我之前没敢想的。可以说,这是参加工作以来,第一次被听课并受到表扬,而且是上级领导的表扬,这让我觉得自己不是无用之人,并且大有临危不惧、处变不惊的大将风度。从此,我心里种下了"自己适合当老师"的种子,也开始琢磨如何当好一名合格教师,并期望自己有朝一日能成为优秀教师。

从教前三年,没有领导告诉我如何备课、上课,也没有一位领导听过我的课。毕业第一年,领导安排我教一年级两个班的数学,当我拿起课本,看着第一单元"0—5的认识"时,傻眼了,这么简单的知识,学生早已知道,怎么教?翻来覆去也无从下手,于是跳过这一单元,直接教下一单元"10以内数的认识及加减"。由于自己不会教学,所以大多数时间都是我和学生一起学习,当学生有疑问时,我们也是相互讨论,共同探讨,我讲的很少。现在想来,和课改理念不谋而合,这也正应了现在比较流行的一句话:一个能干的妈妈,往往培养出一个懒惰的、衣来伸手饭来张口的孩子;一个懒惰的妈妈,可能培养出一个独立、自主、适应能力强的优秀孩子。当时期中、期末都是全县统考,由教研室统一命题、组织。期中考试,我任教的一年级两个班的数学成绩,在全县统考中名列第三。心中窃喜,觉得挺牛的,一点教学经验都没有,也无人指导,比同办公室的几位老教师的成绩都好,我想领导一定会对我大加赞赏。可领导的话让我战战兢兢,如履薄冰。领导走进办公室,面无表情,看不出喜怒哀乐,严肃地说:"期中考试成绩出来了,小韩是全县第三名,你们不如小韩。小韩第一次考试是第三名,还可以,因为刚毕业,工作经验不足,以后考第三名就不可以了。"我听不出是表扬还是批评,因为领导说这些话时,脸一直是板着的,腔调也是平淡的,于是,我对工作的环境和处境惴惴不安。

"温水煮青蛙"大家都听说过吧,我自毕业就和一群家庭环境优越的中年妇女在一起,刚毕业时的工作热情不知不觉就没有了,相夫教子、夫贵妻荣的思想却愈来愈明显,一段时期占据了我整个头脑。所以我不喜欢加班加点,教育对于我来说,就是养家糊口的职业,家在我心中的地位与日俱增,以至于到后来,可以说是至高无上的。尽管那个时代,领导喜欢的是早来晚走的教师,我却是每天伴着铃声进学校,踏着铃声出校门,半分钟都不肯多给学校。因为我本性善良,尽管业余时间不给学校,上课时却不含糊,绝不会和尚撞钟一样,尽到义务即可,而是想尽办法,绞尽脑汁,让学生爱学、学好。现在我经常爱开玩笑说:"我就是为教学而生的"。在那个老牛拉破车,不研究教育教学方法,只强调死记硬背、多做多练和靠时间的时代(大家一定还记得当时的一句名言:"时间就像海绵里的水,只要挤就会有的。"其实谁都知道,当我们把海绵里的水挤干了,再怎么努力也不会有水流出来了,可没有人说这一句,我也只能在心里嘀咕,不敢质疑),我却能够在上班时间内,轻松地提高学生的学习效率,提高学习成绩。我当时的教育思想就是对学生进行情感教育,让他们亲其师而信其道,同时教给他们正确的学习方法、科学的思维方式,培养他们正确的人生观和价值观。我的学生们爱学习会学习,在轻松愉快的环境中,掌握了知识,形成了技能,养成了良好的学习习惯和行为习惯,为以后的精彩人生夯实了基础。我非常佩服自己有远见卓识,当然,也无意中得罪了一批既努力但没什么方法的老教师,其实她们就是嫉妒我,她们认为我不加班不加点,教学成绩却比她们好,也不能算优秀教师。因此,我从来没被评为优秀教师。

毕业第一学期期中考试全县第三名之后,以后每次考试几乎都是全县第一名。在那个靠加班加点、靠挤、压出成绩的年代,我仿佛是个特例。在外人眼里,我是个思想落后、工作不积极主动、没有上进心的年轻教师,不是个可塑之才,但我的教学成绩却令他们不可思议。其实我自己知道,我是个有责任心的人,尽管对身外之物,如名利、荣誉,看得很淡,但我不会视工作为儿戏,不会耽误学生的学习时间。脑海中经常回放演讲比赛第一名臧老师的风采,以及她感人的事迹,内心深处那一颗蠢蠢欲动的种子,随时都想冲破土地的束缚，破土而出，发芽、开花、结果。因此，每一节课的内容、活动、练习，我都精心设计，对学生的心理需求、喜怒哀乐，也做到心里有数，可谓"知己知彼，百战不殆"。上课时间讲得少，学生自己学习的时间多，当学生学习累了，或者厌烦了，我会适时调整，改变思路，组织学生唱歌、跳舞、讲故事、做游戏等。我也会征求学生意见，选择他们喜欢的方式学习，或者选择他们喜欢的知识学习。总之，给学生疲惫的心灵洗洗澡、做做操，放松放松，以便更好地学习。慢慢地学生都喜欢上我的课，并且课堂学习气氛高涨，主动学习、相互探讨氛围浓厚，再加上我每接手一班学生，总是先培养两个优秀的课代表，把我的教学思想和方法在最短的时间内传授给他们，因为我知道众人拾柴火焰高的道理，我更知道学生之间感情沟通交流比我快得多，他们的榜样表率作用更有效果。如轮到上午第一节是我的课时，我会前一天下午留好作业，第二天早晨到校后，课代表会第一时间组织到校早的学生看书、做题，并能适时地给学生讲解做题思路、辅导差生，几乎和我在教室的效果一样。正所谓"亲其师信其道"，即便我不加班加点，教学成绩也遥遥领先，师生关系非常融洽，学生学习兴趣浓厚，学习效率高，当然我的心情也是阳光灿烂的，既轻松又愉快。

教育改革初期，海阳教育迎来了教育教学的新时代，唯分数论已经被许多人诟病，提高学生整体素质成了热门话题。我们教研室的领导也开始琢磨如何减轻学生课业负担，提高教学效率。提高教学效率、减轻学生课业负担，当然要从课堂改革入手。因为有几年前听我讲课的经历，他们对我的基本能力和素质还是认可的，所以在全县范围内推广"布鲁姆愉快教育法"公开课时，就理所当然地选中了我。

布鲁姆认为，学生成功地学习一门学科与他的情感特征有较高的相关。那些具有较高学习动机、对学习有兴趣、能积极主动学习的学生，会比那些没有兴趣、不愿学习的学生学得更快更好。教师在教学中能否充分注意并合理满足学生的情感需要，对学生的和谐发展具有非常重要的意义，教师应尽可能让每个学生都感受到高峰的学习体验，获得成功的快乐。由于一次又一次的成功，学习的愿望得到加强，成就感逐渐形成，学习的内驱力就会大大增强。我尽管对教育教学懵懵懂懂，但由于天资聪颖，经教研室领导的多次点拨，理解比较深刻，于是，一堂《分数的基本性质》观摩课，在我从教第四个年头的春天，在我校三年级的教室里上演。当时参加听评课的有教研室领导、教师进修学校的领导、各乡镇分管数学教学的副校长、数学骨干教师等。

　　二十五六岁的我,看着教室里黑压压的一大片中老年教师和领导,心里七上八下,紧张得手心直冒汗。等把上课前的工作准备就绪后,我发现教案和课本找不到了,可上课铃声已经响起,我战战兢兢踏上讲台,颤声喊了一声"上课",随着"起立""老师好"稚嫩的问候,我机械地回应:"同学们好!请坐!"为了缓和气氛,我先请文艺委员带领同学唱首课前歌,这期间,我边梳理讲课思路,边一次次深呼吸。可以说,这节课我准备得非常充分,教学设计的每一个细节我都记得清清楚楚,课堂上可能出现的问题,我也反复琢磨,就连习题在数学书的哪一页、学完一个知识点用哪一个习题巩固提高,我都倒背如流,所以,不需要看书,一堂课如行云流水,一环紧扣一环,顺顺利利应和着40分钟下课铃声结束了。(当时的课堂更多关注的是教师的表现,评价课的优劣,也以教师的综合素质为标准,不太关注课堂生成与机智。)当然,掌声也在此时响了起来,特别难忘的一幕是,我的初中数学老师竟也在听课教师之列,当他笑眯眯地走向讲台,对我大加赞许时,我还没回过神来。我竟没看见我的老师!其实,我不仅没看见我的老师,一节课,我就没敢看听课的老师们,只全神贯注地讲我的课,把所有的精神都放在了学生身上。

　　课后反响很好!教研室徐主任现场评了课,要求全县教师向我学习,推广"布鲁姆愉快教育法"。特别推荐了"反馈——矫正性环节。""反馈——矫正性环节"是"掌握学习"的核心,布鲁姆指出:"掌握学习策略的实质是群体教学并辅之以每个学生所需的频繁的反馈与个别的矫正性的帮助"。教学过程的每个步骤都必须通过评价来判断其有效性,并对教学教程中出现的问题进行反馈和调整,从而保证每一个学生都能得到他所需要的特殊帮助。反馈矫正通常分四步:第一,每堂课结束时留10分钟左右的时间,用课前编制好的几个突出反映"目标"的小题目进行检查,方法灵活,个别提问、集体回答、口答、笔答都可采用。回答者所学知识得到强化,听者知道错在何处,如何补救。第二,在每个单元结束时进行一次形成性测试,测试突出"目标"中规定的重点、难点,涉及本单元的所有新知识。第三,根据形成性测试的结果,进行个别补救教学。个别补救教学最有效的方法是:将学生按学习成绩分成四到五人一组的学习小组,"掌握"者做"未掌握"者的小老师,互相帮助,这样既帮助掌握者深化理解,又帮助未掌握者找出错误所在并及时纠正。最后,进行第二次形成性测试,对象是在第一次测试中"未掌握"而接受辅导、矫正的学生,内容是在第一次测试中做错的题目,目的是获得反馈信息,了解有多少人经过矫正达到了"掌握",能否进行下一单元的教学。后来我才知道,这种说法不恰当,应该是布鲁姆的"掌握学习"理论。

年轻真好!对于我来说,这一次小小的成功,对我的激励非常大,也是我以后在教育教学生涯中做出突出成绩的基石。

观摩课结束后,大约一年的时间里,海阳各个学校都在推广"布鲁姆愉快教育法",我变成了大忙人,经常会有教师向我咨询一些问题,我其实也是一知半解,可对于从没接触过"布鲁姆愉快教育法"的老师来说,更是深奥了。海阳的教育经常是一阵风,"布鲁姆愉快教育法"很快就被人们遗忘了,我也随之淡出了人们的视线。一切又恢复到了从前的平静,上课、下课、放学,就这样,心静如水,与世无争,平凡但不平庸的我度过了教学生涯的十个春秋。

十年来,我参加过海阳市青年教师演讲比赛,得了二等奖;辅导一年级学生参加海阳市五月艺术会演,得了一等奖;个人参加烟台市"十百万"工程,执讲《工程问题》,荣获二等奖。这些都是单项奖,属于个人行为,我在领导眼里依然不是最好的老师,因为我从不加班加点,在领导面前没有表现得多么积极、多么大公无私、多么爱校如家、爱生如子,但在学生和家长心里,我却是好老师、好朋友。因为学生们喜欢我、喜欢听我上课、喜欢我不大批量地布置家庭作业、喜欢我上课让他们自由发言、无拘无束,家长喜欢我不高高在上、不师道尊严、不挖苦批评他们。

我视学生为孩子,视家长为朋友。每当学生学习有困难时,我总是不厌其烦地给他们讲解,画图演示、举生活中事例,让学生明白道理,而不是死记硬背。所以,每个学生对所学知识都能做到不仅知其然,还知其所以然,学得会记得牢。我很少向家长告学生的状,当学生学习出现问题时,我会主动找学生谈心,分析原因,并帮助改正;当学生生活遇到困难时,我会和家长沟通,共同面对,一起解决;当学生家长出现问题时,我会委婉地提出建议,为了孩子,老师都愿意牺牲某些利益,家长更会义无反顾。我从来没批评指责过家长,他们都把我当成自己的小妹妹,经常主动约我交流孩子教育的问题,我都耐心解答,老师、学生、家长关系融洽,和和睦睦,像一家人一样亲密,因此我的学生们心情愉快,学习积极主动。我沉浸在自我的世界里,愉快地工作着、舒心地生活着、无忧无虑地成长着。

一次意外,虽有惊无险,但让我重新定位了人生轨迹,我开始蜕变。人的潜力是无限的,只要土壤适合、阳光充足,我如雨后的春笋一样,疯狂地、茁壮地、如饥似渴地成长。

第二部分 读书

读 书

　　意外发生在 1996 年秋天。我洗澡时无意发现脖子两面不一样,左面比右面高,并且很明显,不疼也不痒,去医院一看,坏了,天要塌下来了。一周之内,我往返县医院和中医院多次,两个医院的专家反复会诊,最终确定为肺癌晚期,已经转移到了淋巴。从家人和医生闪烁不定的眼神中,从他们含糊其词的话语中,我感觉到了事态的严重。尽管他们不说,但我从老公的表现中已经确定了八九。他对我极尽呵护,经常饭还没入口,眼泪就无声地淌了下来,为了不使我难过,或者为了掩盖真相,他头也不抬,饭和着眼泪一起咽到肚子里去。我本来就不是笨人,却不想点破那层窗户纸,所以强忍着悲伤,努力装着和平时一样,有说有笑。可内心那种绝望和无奈,语言无法表达。说也奇怪,我"病"的那几天,天一直阴沉沉的,仿佛为我难过,或者为我可惜。我感觉空气都要凝固了,我不能均匀呼吸,不时地需要深呼吸一次,才能抚慰一下伤痛的心。我不甘心,因为我太年轻,还有许多梦想没有实现,还有许多想法没去尝试;更放心不下的是儿子,他才 8 岁,天真烂漫、聪明可爱,年少不更事,需要妈妈的照顾与呵护;我没有哥弟,父母年迈,需要我们姐妹养老送终——我有太多的牵挂,有太多的不舍,可命运偏偏捉弄我,让我英年早逝!我哭天天不应,哭地地不答。

　　在与死神、与命运抗争一周后,我去青医附院确诊,其实也是抱着一线希望,大城市医疗条件好,即便真的是癌症,治愈的可能性是否大一点?或者活的时间是否能长一点?人都有求生的本能,我也不例外。唉,什么叫

"好事多磨"？我就算吧。我躺在 CT 机上，医生仔细做着检查，不时地询问我病情。我紧张得全身发抖，颤声回答着医生的提问。医生仿佛是自言自语，又仿佛在跟我说话："没有啊，什么也没有啊。你小时候得过肺结核吗？不像啊。前几天感冒来吗？是有点阴影，但问题不大。"就这样，反复扫描着，反复重复着刚才的话。我不能呼吸，不能思考，仿佛停了摆的钟表，只能听到医生说话，并机械地回答着提问，不能做出任何判断。折腾了大约一个小时，医生说："你起来吧，什么病也没有！"专家说我根本没病，可能是先天畸形吧，也可能是大多数人都这样，人家没在意吧，总之，就是我没病，我是个正常的、健康的人！太戏剧化了！我当时的心情复杂极了，非常愿意相信这是真的，可又害怕医生是为了安慰我，不让我绝望，想让我在有生之日能笑对人生。可医生对我老公也是这样说的，我老公仿佛和我一样的心理，反复询问医生，医生语气坚定，不像假话。于是，我的心才战战兢兢地放进了肚子里。

刹那间，雨过了，天晴了，我又可以谈笑风生了。经历了生与死的考验，我紧绷的神经一下子松弛下来，我顿时感觉天旋地转，全身无力，瘫软了下来。医生说："回家输几天液，休息休息吧，一惊一吓，没有病也折腾出病来了，再加上照了这么多 X 线，红细胞肯定被杀死了许多，应该有点贫血。如果不放心，过一两个月，再回来复查一下。"

经过这一惊一吓，再加上照了多次 X 光，我真的病了——贫血。医生建议住院调理调理。于是，我休了病假。我本来没什么病，简单一调理，就恢复了元气。两个月后，我上班了。大家都知道，学校工作非常特殊，学期初安排好工作，一般中间不调整，除非有极特殊的情况，像我病了，不得不调换老师，其他情况一般不换，避免影响学生学习。我上班后，也不能再担任原来的数学教学工作，而是成了"副科"老师，教《微机》和《健康生活》课。我曾在《如何上好思品课》（发表在《山东教育报》上）中提过，"副科"老师很悠闲，属于学校照顾人群，一般为老弱病残专属。不需要备课、批改作业，只上上课，课余时间相当多，我非常不习惯。教数学时，备课、上课、批改作业，一天几乎都在忙，有时作业还要带回家批。现在呢，就是"闲人马大姐"，看着其他老师忙得像陀螺，我觉得自己是无用之人，心里难过极了，仿佛低人一等。我整天无所事事，又怕见人，只好一头扎进了图书室，打发无聊多余的时间，从此，我与书为伴了。

我的教育情怀

读书本不是我的爱好，可我无所事事，清高孤傲的性格又使我不愿串门聊天，一向忙碌惯了的我，只好去图书室读书。学校图书室条件简陋，就一间小破屋子，两张办公桌。书刊数量不多，也就几份刊物，《山东教育》《班主任之友》《青年博览》《小小说》《演讲与口才》等等，图书管理员比我大十岁，曾是初中语文教师，由于身体原因，到小学当了图书管理员。我们平时交流不多，交往不密，所以和她话也不多，每天只例行公事地、客客气气地、简简单单地打打招呼，其余时间几乎就是读书，不分好赖，不分内容，就是读。整整读了一学期的书，把图书室的刊物读遍了，每期必读。

开始读的时候，经常烦躁，读不进去，也因此非常怀念曾经教数学的忙碌、开心日子，几次想和领导提出还要教数学，可最后还是用读书驱赶寂寞。读了一段时间，回过头来却什么也不知道，再重新读。就这样，我强迫自己读书。时间一长，心慢慢静下来了，不再觉得读书是折磨人的事情了，反而在书中找到了乐趣、找到了慰藉。

有人说，读书最大的好处在于，它让求知的人从中获知，让无知的人变得有知。我曾经觉得自己是有知之人，读了书才知自己是无知之人，才知道自己的知识只是沧海一粟，不知道的事情太多太多；读了书才知道读书不仅能给人知识和智慧，更能陶冶情操、拓宽视野。于是，我读书变得如饥似渴，我因此感谢上苍，给了我读书的机会，让我领悟了读书的真谛。

做任何事情都需要一个过程，读书也是如此。我读书，开始感悟得少，能用于实践的更微乎其微，但我依然读，因为我别无选择。读着读着，心豁然开朗了，以前教学过程中遇到的棘手问题，现在迎刃而解了。记得那年夏天，天出奇地热，微机室在四楼，是顶楼，四十多台微机同时开着，再加上六十多个学生呼出的热气，教室像蒸笼一样，到处充斥着脚趾丫散发的臭气，每每从微机室门口经过，一股热浪夹杂着汗脚的气味扑面而来，令人作呕，何况要待在教室40分钟！我每天都为此事犯愁，心情糟糕透了，遇到学生上课犯错误时，我的火气腾腾直冲脑门，当我正要大发雷霆时，一则寓言故事如涓涓清泉流入心田："寒风和太阳打赌，看看谁能最先把行人身上外衣脱掉。寒风使出浑身解数，拼命地吹呀吹，可是风越大，行人把身上的衣服裹得越紧；轮到太阳时，她不慌不忙地洒着阳光，暖洋洋地照着行人，行人感到热了，纷纷脱掉了外衣。"于是，我稳稳情绪，按下怒火，微笑着看着犯错的学生，邀请他到讲台当一回小老师。其实，教室温度那么高，空气质量那么差，难受的不只我一个人,学生们也是人,他们和我一样难受。当我控制住情绪后,自然就明白了这个道理,但学校条件有限,短时间无法改变现状,我和同学们只能委屈点儿。在艰苦的环境中,只有克服困难,挑战自我,才能顺利完成教学任务。

以后的每一节课,我都会安排几名同学轮流到讲台当一回小老师,让他们体会老师的不易。此次事件以后,我学会了换位思考,当然同学们也学会了换位思考,我们班级的上课纪律非常好,有的学生偶尔忘记,但自己很快就觉察到了,立即改正;也有的同学会主动提醒,帮助那些犯错误的同学改正。总之,师生关系非常融洽,班风正,大家就像好朋友一样,相互理解、相互尊重,我教得轻松,学生学得愉快。

一年以后,我的身体已经恢复正常,我重新回到熟悉的数学教学岗位,承担五年级的数学教学任务。由于一年的读书积累,我对教育教学有了新的认识,开始用心研究教法,用爱呵护学生,因此,我的课堂越来越丰富、越来越灵动,上公开课、展示课、示范课,已经是常事,教学成绩优秀,工作能力大大增强,综合素质明显提高,我已完全走进了教育,爱上了教育。

这一切我都归结为读书,读书对我的帮助太大了。

读教育类书籍,使我明白教育规律,深谙教育方法,懂得以学定教、学为主体、教为主导,教师的职责是教书育人,但教是为了不教,所以,教师更重要的是教给学生学习方法、教给学生做人道理,通过言传身教,达到教育即生活、生活即教育的理想境界。所以我的课堂充分体现民主、自由自在的学习状态,把学习的时间和空间留给学生,把学习的能力还给学生,最大化地调动学生学习的积极性和互助性,效果非常理想。我很少布置家庭作业,从不加班加点,课堂上经常能听到师生的欢歌笑语,我们班级的数学成绩总是名列前茅。我粗略地统计了一下,我教过的学生,数学学习几乎没有不及格的。最值得欣慰的是,不管遇到什么难题怪题,我的学生都会把所学知识和生活经验结合起来,分析推理,最终总能找到解决的办法,即使答案错误,过程也是收获和提高。

读经典名著,与大师对话,聆听教诲,反省自己,洗尽铅华,荡涤心灵,让我从一个青涩的孩子,成长为一个心胸豁达、思维敏捷、做人低调、为人诚恳,坦坦荡荡的睿智女人。我以前不知道"己所不欲勿施于人""子欲养而亲不待""所欲与之聚之,所恶勿施尔也"的道理,通过看、读、悟、品,慢慢地内化成了自己的东西,为此,我写过一篇《经典的才是永恒的》读书随笔,并获得烟台市中小学教师读书随笔大赛一等奖。

读社会生活类书籍,让我了解生活百味,知道生活就是酸甜苦辣,有荆棘、有险途,我们必须学会正确面对人生,能笑、会哭,更会克服困难,一路高歌,因为孟子告诉我们:"天将降大任于斯人也,必先苦其心志,劳其筋骨,饿其体肤,空乏其身,行拂乱其所为,所以动心忍性,曾益其所不能。"尽管教育之路漫长曲折,我也会高歌"路漫漫其修远兮,吾将上下而求索"!

读名人传记,让我明白,人生的路崎岖不平,不论是谁,不经历磨难和曲折,都不会见到彩虹和阳光。保尔·柯察金告诉我们,人的一生应该这样度过:当他回首往事的时候,不会因为虚度年华而悔恨,也不会因为碌碌无为而羞耻,这样,在临死的时候,就能够说:"我的整个生命和全部精力,都已献给了世界上最壮丽的事业——为人类的解放而斗争。"我们从事的不是世界上最壮丽的事业,但教书育人、为人师表也无上荣光,所以,我们不能碌碌无为,要勇于探索、敢于创新,用心研究、用爱教学,在教育这片沃土上,扎根发芽开花结果。

读科普知识,我知道:全国669座城市中有400座供水不足,110座严重缺水;水资源短缺成为我国城市面临的重大问题,据统计,每年因缺水造成的经济损失达100多亿元,因水污染而造成的经济损失达400多亿元。我们周边就有许多城市严重缺水,如青岛、大连等城市。我会在课堂上把这些知识告诉学生,并要求他们回家发动家长、亲戚朋友一起节约能源、保护水资源。

读营养保健方面的书,方知以前的生活方式有多么不健康,难怪肥胖长年累月伴随着我;同时知道过多食用色素,危害身体健康,生活中的色素一般用在冰激凌、糕点、清凉饮料、鱼干、果酱等食品中,所以这些食品尽量少吃或不吃。糖尿病人如果用药不当,血糖会迅速下降,引发低血糖,病人会出现头晕、恶心等症状,严重者能昏迷甚至休克,所以一定要在医生指导下合理用药,并且兜里要装几块糖,以备不时之需。当我把这些知识在授课过程中穿插进去时,学生听得津津有味,不但不影响学习效果,而且学生在佩服我知识渊博的同时,更加喜欢上我的课,教学成绩优秀也顺理成章。

闲暇之余,我也背诵诗词歌赋,从中领略"蜀道难,难于上青天""大江东去,浪淘尽,千古风流人物"的意境,向往"采菊东篱下,悠然见南山"

的悠闲,担忧"商女不知亡国恨,隔江犹唱后庭花"的重现,崇拜"不破楼兰终不还"的豪迈之情,痛恨"食我黍、食我麦、食我苗""十指不沾泥,鳞鳞居大厦"的不劳而获、不劳而食的剥削阶级,学会"在家敬父母,何必远烧香?""泰山不让土壤,故能成其大""不以善小而不为,不以恶小而为之""己所不欲勿施于人"的为人处世道理——我非常喜欢唐朝诗人虞世南的《蝉》,"居高声自远,非是藉秋风"的境界更是我追求的高度。

当读书成了我的喜好后,抄写读书笔记也成了我的习惯之一,一些好词好句、好的段落,我都用正楷,正正规规地写下来,有的文章太美,我整篇都抄录下来,以便随时翻阅背诵,至今已有十几本了,仅《人一生要注意的50个细节》一书,我就整理了整整一本读书笔记,并且加上了插图和评论,有些观点至今还历历在目,如"再妙的借口对于事情本身也没有用处。许多人之所以屡遭失败,就是因为一直在寻找麻醉自己的借口。要成功,就不要给自己找借口。""在现实中,我们做事之所以会半途而废,往往不是难度较大,而是因为觉得成功离我们较远,确切地说,我们不是因为失败而放弃,而是因为倦怠而失败。""不要放过零碎时间"里有一句话我非常喜欢,即"汇涓涓细流成浩瀚大海,积点滴时间而成大业",我每天都会抓住点滴时间读书写作,并且给自己的目标划分层次,目标就像金字塔,塔顶是人生目标,你定的每一个目标和为目标而做的每一件事都必须指向你的人生目标。"提醒别人错误时要讲究艺术",对我帮助很大,同时,身边的某些领导批评教师时刻薄、盛气凌人,也给我留下了不好的印象,所以,我无论是和谁谈话,都能心平气和,营造轻松愉快的气氛,在考虑到维护对方自尊的前提下,巧妙地私下提醒,使批评具有浓厚的人情味,这样,既达到了批评的效果,又拉近了领导和同事的关系,非常好。我在"主动工作"一节里汲取的养分更丰富,那就是我成名的最好写照!"那些被认为一夜成名的人,其实在成名之前已经默默无闻地努力工作了很长时间。""应景穿衣"告诉我穿衣服不能只求漂亮,不同的场合有不同的穿衣规则,公务场合,自身着装不可以强调个性、突出性别、过于时髦,或者显得过于随意,应当既端庄大方,又严守传统。

"主动做老板没有交代的事"让我想起了一位年轻漂亮的女校长,她很受领导的器重,我常常能听到表扬、赞美她的话语,但并不以为然。一次偶然的机会,我们二人一起出差,晚上住在一个房间,闲暇时我们拉谈家常,她轻描淡写地说了她在工作中的一些小事,其中之一就是主动做老板没有交代的事情,我听后感慨万千,觉得一个人的成功绝不是偶然,也绝不是靠关系,而是她的许多做法是超出常人的,那她受表扬自然当之无愧了。她告诉我,每个学期即将结束前,她会主动地把本学期的工作总结写好,优点、缺点、改进意见都总结得清清楚楚,学期一结束,马上着手准备写下学期的工作计划,因为本学期的工作都历历在目,特别是存在的问题一清二楚,写下学期的工作计划时,常规是什么、重点和难点是什么,都有充分的理论依据,并且如何突破难点也有相应的对策。经过一个假期的反复推敲、斟酌,计划可以说是非常完美,新学期开始,呈现在领导面前,领导肯定会满意赞许。她说这是分内之事,理应提前考虑。

理论与实践相结合堪称完美,这位女校长的做法对于我来说就是完美,所以我没有理由拒绝学习,更没有理由拒绝躬行。"学了知识不运用,如同耕地不播种",因此,我在看书的同时,不但让自己成为知识的仓库,还要让自己成为知识的熔炉,在转化熔炼知识的同时,指导我身边的人,让他们和我一起成长进步。

总之,读书就是将人类浓缩几千年的科技、文化快速习得的最佳方式,读书能够让我在极短的时间内,掌握大量的科学文化知识,摆脱愚昧和迷信,我不再是一个空白的人,而是通过读书赋予了自己丰富知识色彩的人。通过阅读,我与先贤们博古说今,与文人骚客们煮酒论歌,从无数正反面的故事中吸取教训,增长见识,去粗取精,形成具有正面导向性的价值观,练就出了广博的心胸与远大的理想和信念。

下面摘录几篇读书体会,可窥见我的读书与成长历程。

读书伴我成长

（全市校长专业成长论坛 2010 年 9 月）

我是一个普通的中等师范毕业生,和大家一样,带着无限的憧憬踏上了三尺讲台,当起了"学生王",一当就是二十多年。二十年的风风雨雨,锻炼了我、打造了我、也成就了今天的我——山东省特级教师、海阳市百名优秀人才、中学高级教师,许多荣誉的光环笼罩着我,仿佛我是什么了不起的人物,但和我一起成长的榆山街小学以及榆山街小学的所有老教师都知道我的成长历程,一步步,从一个涉世不深的黄毛丫头,对教育教学懵懵懂懂,到讲观摩课优质课、参加烟台市优质课比赛荣获二等奖……这一切对我来说都是别人牵着我的鼻子,根本没有自己的主见,几乎都是被动地工作,没有快乐,也没有成就感,就觉得这是我应该干的,也是所有教师应该干的。特别是当时的榆山街小学年轻教师就我一个人,所以多干点出头露面的事情更觉得是理所当然。不过现在回过头去想一想,还真有点不好意思,因为水平有限,底子太薄,做的事情几乎都很幼稚,讲的课尽管得了奖,但经不起推敲和琢磨,和现在课改后的课比更是找不到亮点。这一阶段大约经历了十年的时间,这十年,我几乎忘记了自己曾是优秀学生、被老师们非常看好的聪明的孩子,心甘情愿地当起了贤妻良母,把所有的精力和时间全放在了家里,到学校仿佛就是完成任务,一点也没用心去想去干,全凭着自己年轻和在学校学的那点知识在应付。

十年以后我大病了一场,请假两个月以后,我重新回到了学校,学校领导因为我的身体还没有恢复,照顾我让我教了健康课和微机课,一下子从负担很重的数学改教了"副科",我有点不适应,更有被冷落被忽略的感觉,所以我一头扎进了图书室,凡是没有课的时间我几乎都在图书室里度过,不管是《小小说》《读者》《青年博览》,还是《山东教育》《江苏教育》《人民教育》等,不管什么书我都看,因为有的是时间,一天就一两节课,其余时间就是看书。这样"幸福的时光"大约经历了一年多一点,由于我校数学教师比较少,我教数学又小有名气,再加上我自己也不想当被人遗忘的角色,所以,我又开始了老本行,教五年级的数学。仅仅一年多一点时间我没教数学,乍一上讲台,还真有点不适应,仿佛自己已经一个世纪没和五年级的孩子打交道了,我紧张得手足无措,语无伦次,生怕说错了话或是说得不合时宜,让学生笑话,被学生瞧不起。不过这种情况很快过去了,一两节课下来,我又恢复了驾驭课堂游刃有余的常态了,对课堂上的偶发事件也处理得得心应手。最为神奇的是,我常常有写点什么的冲动,如这节课很顺利,学生几乎不需要老师督促管理,自觉主动地完成了学习任务,课堂纪律出奇的好;某学生上课提出了一个非常有深度的问题,一时之间我还没找到适合学生心理生理特点的最佳方案时,好几个学生已经高高举起了小手,一副胸有成竹的样子。我索性把问题抛给学生,来个顺水推舟,说:"这个问题真的有点难,我还没想好，看来同学们真的'青出于蓝而胜于蓝'了！请举手最高的同学解答。"本意是听听学生的声音，了解学生的知识储备和生活经验，然后，我再给学生解答。可更没想到的是，学生们你一言我一语，竟把问题分析得非常透彻，提问的同学由开始频频点头，到后来的参与辩论，最后，问题迎刃而解了。看着由于激动兴奋而涨红了的一张张稚嫩的小脸，我的心柔软得快化了。我不经意间把我看书所得的教育教学理念已经渗透到教学之中了，老师教得轻松，学生学得开心，我高兴极了。就是这些想法、做法，我都想写下来。在写的过程中，我还和自己开玩笑，我怎么了？脱胎换骨了吗？以前学校布置写教学论文，我的头总是老大，如果有人肯帮我写，我一定请他吃大餐。当然愿意写文章的人真是少之又少，我只好东凑一句西拼一句，应付了事。看书改变了我，充实了我，提高了我，蜕变了我。我将化茧成蝶。此时，我慢慢地对读书的意义有所了解，知道读书不是业余消遣，而是充实提高丰富自己的有效途径。

我对读书的意义有了深刻的理解，对当年父亲的做法却不敢苟同，对自己年幼无知浪费了大好青春年华感到有些遗憾。

我小时候家里姐妹多，母亲身体有病，家庭经济比较困难，到我上学时，过年还穿不上件新衣服，吃的就更不用说了。可我们姐妹几个比较争气，个个学习成绩优秀，不是刻苦，用老师的话说就是聪明，先天资质好，可能是遗传了父母优秀的基因吧。我自己也不知道是真是假，反正我没有觉得学习很累，学习成绩一直名列前茅。到了初中，语文老师经常对我不满，原因是数学、英语、物理、化学等学科成绩一直名列学校之首，被公认的学习出类拔萃，简直就是天才，语文却只能算平平之辈。语文老师要求我回家多看书，看作文选、看小说、看中外名著，以提高语文成绩。前面我说过我是个比较听话的学生，于是回家以后我就开始借书，又向家长要钱买书。这一下可炸了锅，教高中物理的父亲，坚决反对，说看书影响学习，语文学得好不好没有多大关系，只要学好数理化就行了，总之就是不让看课外书。可老师布置的作业我又必须完成，为这事，我父亲亲自出马去和老师（他的学生）谈，最后经过协商，我初中毕业时一共看了两本课外书，一本是《方志敏的故事》，这是经过我父亲同意的，也是寒假作业，另一本是《红岩》，这是妈妈闲暇时随便翻的书，我偷偷地看的。看是看了，都是囫囵吞枣，食而不知其味。现在想来，父亲不让我读书的理由根本不成立，可能是家里实在拿不出钱给我买书的借口吧。

　　师范三年，我更是荒废了大好时光。因为当时农村的穷孩子能考上小中专已经很了不起了，简直就是鲤鱼跳龙门，一步登天了。国家当时经济困难，对教育不是很重视，农民思想更狭隘，觉悟不高，仅仅停留在能吃饱饭、穿暖衣就可以了，没想到还应该为教育下一代，或者为国家做点力所能及的事情，所以到了师范以后，自己对学习放松了要求，也就是做一天和尚撞一天钟，把老师布置的作业完成了事。在师范读书期间，课业负担相对减轻了许多，业余时间很多，我是个本分的孩子，从小家教比较严格，课余时间不敢乱七八糟，所以也只好看书打发时间。由于童年时期没有看过书，对书不感兴趣，再加上年龄特点，十七八岁，可以说是花季少女，春心荡漾，静不下心来读专业书；尤其当时正好琼瑶的作品大行其道，电视、电影几乎被琼瑶垄断了，少男少女们看得如痴如醉。学校不具备条件看电视、看电影，我们只能偷偷地看琼瑶小说。那段时间，我除了上课之外，几乎所有的时间都泡在琼瑶作品里，跟随着琼瑶的笔，一会儿激动，一会儿感动，一会儿又泪眼蒙眬、泪水依依，整个人就像被作品里的人附了体一样，经常蒙着被大哭大笑。看得入迷时，一宿不睡觉，第二天眼睛肿得像灯泡，但不用担心其他同学笑话，因为这样的同学大有人在。看书的间隙，我也会在脑海中勾画自己心中的白马王子形象。梦想很丰富、现实太骨感！生活中根本找不到书里十全十美的男子，所以索性不关心身边的男生，为此，男同学背地里议论我是"目不斜视、高傲冰冷的公主"，只可远观不可亵玩焉。我不管他们如何评价我，沉浸在书海里，有时真是物我两忘，把自己当成了作品里的主人公，或喜或悲，不能自拔。读得多了，人物都乱了，我自己也不知道自己到底是谁了，所以收获不大。

　　毕业参加工作的前十年我前边已经说了，没有什么造诣，平平庸庸，碌碌无为。每每学校要写体会、写总结，或者写学习感悟时，我总是抓耳挠腮，不知如何下笔。当然抄袭改编的多，自己写的少。

　　2001 年，课程改革的东风扑面而来，我们教育系统从上到下，掀起了学习、转变、提高、务实、高效的改革高潮。教育理念来了 180 度大转弯，教书不再是以教知识为主，而是既教书又育人，特别注重育人功能，教学方式方法也彻底改变了，由原来的死读书、填鸭式灌输，转变成自主学习、以学定教等新名词新思想。教书匠摇身一变，真正成了人类灵魂的工程师，教教材变成了用教材,用教材教会学生学习、做人,教师原来的一桶水已远远不能胜任,所以读书学习显得尤为重要。

我们海阳市为此掀起了读书热潮,我也跟随着大家的脚步,真正走进了读书时代,从原来根据自己的喜好读,变成了有目的、有需求地读。

学校规定读书目录,大都是教育教学方面的专著,说实在的,我根本看不进去,一是因为枯燥无味,二是因为带着任务看,要写读后感,所以有压力,思想抵触,看起来没有兴趣,自然也就有应付之嫌,经常看了几页以后,回过头来想不起来看了什么,为了完成作业,不得不从头再看一遍。一学期也看不了几本,收效甚微。

说来也巧,2006年春天,山东省第六届特级教师评选,基本条件仿佛是为我量身定制的,特别是"教学一线教师比例不低于90%,45周岁以下占60%",这两个新增加的条件是为了鼓励一线教师,鼓励年轻教师,激励他们热爱教育事业,并为之不懈努力。我既是一线教师,也是年轻教师,再加上平时工作积极认真,机缘巧合,我成了海阳市小学段唯一符合条件的参评选手,也是海阳市有史以来获此殊荣最年轻的教学一线教师。

参评特级教师和普通的荣誉参评不一样,不仅需要各种硬性材料,如连续3年优秀、烟台市级以上优质课、烟台市级以上荣誉、省级以上正规刊物上发表两篇文章、中级职称,还要现场在无任何参考资料的情况下备课、说课、专家答辩,这些要应付过去,没有真才实学是过不了关的。读书尤为重要。由于时间紧、任务重,读书还得有选择有重点地读,并且读了还得记住,所以这才是我真正读书的开始。1. 读《课程标准》,把《小学数学课程标准》看了多遍,每一学段的教学目标都耳熟能详,数学四大模块在各个年级的具体要求也成竹在胸。2. 一到十册数学教材及参考书从头到尾看了一遍,重点章节反复研究了几遍,做到心中有数。3. 学校订的教学刊物我也几乎看了个遍,还包括新课程理念等书也是看了又看。两个月来,我不管到哪里,都拿着一摞书,随时随地地看、记、揣摩。4. 看各种课型的教学设计及设计意图。现场备课这一关最难,于是,我在备课下的功夫更多。首先,看优秀课例,看人家如何解读教材,如何确立教学目标,如何分析学情;然后,自己对着课标和教学参考备出教案,让同学科的老教师把把关,各种课型分别备出5课时;最后,不看任何资料、在规定的时间内(40分钟)完整地设计了50多个教案,一是练速度,二是考验自己对课标、对教材的把握程度。可以说一次比一次效果好,自己对参评充满了信心。5. 双重角色练习。首先,把自己当成专家评委,如果我是考官,最关注特级教师哪方面的素质?于是,自己给自己提问了许多专家可能提出的问题。其次,当好选手,我要现场限时做出答案。最后,请优秀教师帮助把关。

功夫不负有心人!机会总是留给有准备的人。到了说课答辩的日子,我的表现可以说非常精彩。

按照规定,参评人员提前一天到达烟台师范学院抽签决定参赛时间和名次,我很荣幸地抽了第一天第一名,所以当天晚上就在烟台住下了。不知道是激动还是紧张,我几乎一宿没睡觉。现在说来是笑话,当时却心烦意乱,担心休息不好影响第二天的发挥,但我又无计可施,就是睡不着,我面壁站立、我数数、我数羊、我从床头改到床尾……总之,各种方法都用了,也无济于事。折腾到早晨六点,我开始洗漱,七点赶到考场。

那阵势,不紧张是矫情。门口一色全副武装的警察站岗,家属一律在警戒线外,比高考还严格。我小心翼翼走进教室,从工作人员手里抽到我说课的内容——一年级数学《厘米的认识》。我一到五年级都教过,特别是最近几年都在一二年级循环,对低年级教材更熟悉,再加上这两个月来的用心准备,备课难不住我,四十分钟时间,我在备课室非常顺利地完成了备课任务。然后,跟随工作人员,到说课室说课、答辩。十五分钟说课很快就结束了,没有悬念,我对课程标准、教材的把握非常到位深刻,对学生的分析也合情合理,教学设计更是一环扣一环,步步深入。我偶尔还展示一下自己对新课程理念的深刻理解,适时地评价一下学生,当然是画龙点睛之笔。评委听得津津有味,并连连点头,我就更加眉飞色舞,滔滔不绝。总之,说课是我的强项,我在教学一线工作二十几年,一直没有停止过讲课、评课,可以说这是我教学基本功的展示。

接下来的答辩却令我惶恐,我不知道评委可能出什么题目,评委的认识和我的是否一致?可一个小细节我知道我成功了,我应该能通过这次答辩。正常情况下,我们参赛选手说课答辩时间如果超过二十分钟,门外的工作人员会推门提醒,可我回答评委提出的问题“现在小学数学最具挑战性的问题是什么”时,工作人员推门进来提醒时,评委没有打断我的发言,而是示意工作人员离开,让我继续回答,并且眼神中满含赞许之意。直到我阐述完毕,三位评委相互交流了几句,并不住地点头,最后,一位评委征求我的意见："你还有没有其他想法与我们分享？" 我心想，回答你们的提问，我已经非常惶恐了，哪还敢主动与你们分享！于是回答："没有"。评委说："谢谢你的回答！你如果没有其他问题，可以离开了。"我走出考场的脚步是轻盈的，因为我心里的石头落了地，我很自信地给当时的张校长打了电话，说明了我的判断以及判断依据。

说课、答辩，一共进行了四天，第四天下午四点钟，成绩出来了。全省440名参赛老师，分了两个赛区，我是烟台赛区第一名。这个成绩不掺水分，实事求是，因为组织这次活动非常严格。事后我们才知道，评委是南京大学的教授，烟台市教育局的领导事先都不知道评委的省份和来历，比赛时场外有警察把守，任何与考试无关的人员都不得进入考场。

评上特级教师后，我看书就由被动变成了主动，我觉得看书对人的帮助太大了，不仅可以从功利的角度看，更要从自身修养和品位看，我们经常能听到这样的评价：这个人真有修养，涵养真高，素质就是不一样，等等；也经常听到不一样的评价：这个人太没涵养了，素质不行，缺乏家教，等等。我相信每个人都爱听到前面的评价，不喜欢听到后面的评价，我也是大多数人中的一个，我也喜欢听到前面的评价，同时，我们教师也应该对自己严格要求，因为我们的职业是教书育人，如果自己都被人嗤之以鼻，还如何教育孩子？更何况我是特级教师，更应该各方面都出类拔萃，为人师表，学高为师，身正为范。

我对自己的评价是：自从被评上特级教师后，我时时处处严格要求自己，磨炼自己，使自己名副其实。所以，看书也由被动变成了主动。我看书又提升了一个境界，不仅仅看，并且能结合自己的教育教学和生活实践，学以致用。2008年2月11日，我参加了山东省小学数学五年级教材培训，会议期间，我们听了三位数学教师的课，课上得非常自然，一点雕琢的痕迹也没有，整堂课都是学生带着问题自主探究，在老师的适时点拨下寻找规律、总结答案，师生关系融洽，课堂气氛活跃而有序。听完课后，有专家和教师互动环节，以往我听完课后也有些许感想，但没有勇气站起来和大家交流，因为底气不足，担心被笑话。而这次不一样，我觉得我的观点、想法非常科学合理，有的观点可以说很前卫，既有实践经验，又有理论支撑，值得大家学习借鉴。同时我也想让专家鉴定一下我的数学思想是否符合新课改理念、是否符合学生成长需要？于是，我勇敢地站起来了，昂首挺胸走上了主席台。但由于首次在这么多人面前现场发言，并且有专家、有领导，我还是很紧张的。看着下面黑压压的人群，我的手发抖，腿发颤，但我不后悔，我要把听课的感受和对课的评价说出来，请专家检验我的观点和想法，如果正确，不仅是对我的肯定，而且对我们山东的数学教学也有很大帮助。由于紧张，开始评课时眼前什么也看不见，只顾照着听课笔记读（我对好课特别喜欢，不仅记录详细，还边记边评，最多的听评课记录达 6 页）。当会场上响起掌声时，我紧张的心稍稍缓和了一点，才敢抬起头来，用眼神和大家交流。当我的眼神和省教研员徐云鸿的眼神对上时，我一下子不紧张了，因为我看到了徐云鸿老师脸上洋溢着赞同的微笑，眼睛紧紧地盯着我，并不时地点头表示同意我的观点。此时的我便放开了手脚，让思维不再局限于听课记录，而是结合自己教学多年的心得和现在课改的新理念，口若悬河，滔滔不绝了。我觉得这就是"腹有诗书气自华"吧。这次评课可以说是我挑战了自我，战胜了自我，为我以后的发展提供了更加广阔的平台和发展的机会，我又一次对读书产生了好感，因此也更加坚定了我读书的信心和决心。

2007 年 8 月，我被提拔为新元小学的副校长，主抓业务，我读书的范围又拓宽了许多，不仅对数学教学精心研究，对语文、英语、科学、艺术、品德、传统文化等学科也开始研究，并慢慢形成独特风格。可以不夸张地说，我作为学科带头人，能够引领教师在教育教学过程中少走或不走弯路，提高效率，减轻师生过重的课业负担。同时我还注重涉猎其他学科知识，如自然科学、地方戏曲、医学、古典文学等方面知识，让自己真正成为博学多才、底蕴丰厚的专家型教师。

当然，领导不仅仅是个称谓，更应该做教师的表率，带领大家共同提高才是根本。于是，每当我读到一篇或者一本有利于教师专业成长的文章，我都会带着读书体会或者内容简介推荐给教师品读；发现优秀的教育教学方法及时推荐给大家共享；听一节好课，全程录播并加上点评，上传给教师分享；我的成长体会和经验，更是毫无保留、无私奉献给教师们。因此，我们学校的教师成长迅速，集体荣誉一个接着一个。

2006 年，在我刚被评为山东省特级教师以后，正赶上烟台市优质课比赛。我校孙老师初选入围，但她原来是学音乐的，刚改教数学不久，学科知识和教学经验严重不足。我没有气馁，和孙老师一起解读课标，分析教材，研究教法，了解学情，设计教学活动，不厌其烦地试讲。每次讲完课，我们都第一时间坐下来,肯定成绩,分析问题出现的原因,并制定整改方案,第二天重新试讲。为了不耽误正常上课时间,我们大多利用休息时间。记得那半年,我们几乎每个礼拜天都是在学校度过的。有了量的积累,就会有质的飞跃。孙老师参加烟台市数学优质课比赛荣获一等奖,并代表烟台市参加了山东省数学优质课比赛,荣获二等奖。这个荣誉让我们激动了好久,因为我们开了海阳小学数学执讲省优质课的先河。之后,我又辅导6位教师取得了省优质课证书,获得烟台市级综合荣誉多项。特别值得欣慰的是,2013年8月,经过我多年鼓励指导的年轻老师张敏,荣获山东省特级教师称号。所有这些都不足以炫耀,我会一如既往,用我的实际行动引领青年教师走上幸福的专业化成长道路,打造学校品牌,打造一批支年轻的优秀教师队伍。

读书让我越来越成熟,越来越底气十足,写文章不再捉襟见肘,而是洋洋洒洒,常常是停不下笔。随着写作水平的提高,被编者看好的作品也越来越多。下面摘录几篇最近几年获奖或发表的读书体会、随笔文章。

《经典的才是永恒的》(烟台市中小学教师读书随笔一等奖)

——读陶继新老师的《做一个幸福的老师》有感

最近几天,我读了陶继新老师的《做一个幸福的教师》一书,感触颇深。陶继新老师对孔子的思想精髓研究得可谓深刻、透彻,字里行间流露出来的都是孔子思想内化成的陶老师智慧之光,如"己欲立而立人,己欲达而达人""己所不欲,勿施于人"作为陶老师的座右铭就可窥见一斑。

当看到其中一段:"大家都知道《巴黎宣言》吧,那是75名诺贝尔奖获得者共同发布的一个宣言,其中有这样一句令人特别振奋的话——人类要解决21世纪面临的问题,就应当到东方孔老夫子那里去寻求智慧。可见,学习中国儒家文化,已经成为全世界卓越人士的共识。"我感到汗颜,孔子及其儒学是我们的国粹,在世界上都有如此高的地位,我却孤陋寡闻,对孔子的了解仅仅限于学生时代学习的几篇课文。如"学而时习之,不亦乐乎? 有朋自远方来,不亦乐乎? 人不知而不愠,不亦君子乎?""三人行,必有我师焉。择其善者而从之,其不善者而改之""知之为知之,不知为不知,是知也"。在学习这些课文时,通过老师只言片语地讲解,知道孔子是我国古代的大教育家、思想家、哲学家。至于他的思想精髓是什么,他在世界上的地位如何一概不知。参加工作后,对国外的教育思想及教育家了解得倒不少,如苏联的苏霍姆林斯基、德国的布鲁姆,课程改革后,特别是于丹讲《论语》以后,对孔子的了解才日渐加深。近几年,上级教育行政部门对教师读书的要求越来越具体明确,对教师读书的要求也越来越高,倡导教师要多读书读好书,要读教育名著。因此我先后读了苏霍姆林斯基的《给教师的一百条建议》、陶行知的《教育名篇》、李希贵的《走在素质教育的路上》、李烈的《我与小学数学》,最近,我又有幸拜读了陶继新老师的《做一个幸福的教师》。当我看完这本书时,对孔子的认识可谓是从量变到质变,有了很大的飞跃。尽管我从没有专心致志地研究过有关孔子的思想理论,但由于孔子思想已经根植于每一个中国人的心中,已经成为祖祖辈辈中国人为人处事的行为准则,因而在日常生活中,不经意间就用孔子的思想来约束我们的一言一行、一举一动。如从小我父母就教育我,"要多做事少说话,该说的说,不该说的不说",这些思想其实就是孔子"敏行讷言"的具体体现。在读《论语》的时候,我们发现,孔子特别轻言重行。孔子说:"君子欲讷于言而敏于行。"在孔子看来,君子说话要迟钝,做事要勤勉。他还说:"刚毅,木讷,近仁。"如果说刚毅、坚毅、朴实接近仁的话,还可以理解,可寡言为什么也接近仁呢?因为孔子一贯主张少说多做,甚至是只做不说。他说:"君子耻其言而过其行。"君子以言过其行为耻,尤其反对说多做少,特别是只说不做。所以,他赞赏古人"言之不出,耻躬之不逮也",认为前人之所以一般不轻易把话说出来,是因为他们以说到做不到为耻辱。他甚至说:"巧言令色,鲜矣仁。"花言巧语、态度伪善者,是很少有仁德的。由于从小在这种环境里长大,不自觉地就在践行孔子的理论,话到嘴边留半句。如前几天有位中层领导对我处理问题的做法感到不满,质问我"你这个副校长说了算不算?(就是在教师心中有没有地位、你说的话他们听不听的意思)阅卷期间不是不让请假吗?"(我们学校的确规定,在学生考试阅卷期间,没有特殊情况,老师不能请假,因为特殊时期老师请假,会影响学校整体工作推进。但个别教师家里的确有特殊事情,我们学校领导也不能六亲不认,置教师困难于不顾,做没有人情味的领导。质问我的这个中层领导也请了假,但她不是郑重向我请假,而是探讨她们级部阅卷有困难时,随意说了一句"周六我有事就不能来了,我们级部如何能批完卷子?况且我们级部都是些什么教师你也知道！"（她所在级部的确有的老师年龄比较大，身体也不是太好。）当时在场的老师看不惯她这种飞扬跋扈、盛气凌人的态势，就悄悄对我说："你为什么不反问她'你身为领导，不以身作则，都请假，如何要求教师不请假呢？'"我笑了笑没有表态。其实，那位中层领导质问我时，我心里也像打翻了五味瓶一样，上下翻腾，我也想指责她："你太没有觉悟了，自己都请假，还好意思说教师！难道你不知道'己所不欲，勿施于人'吗？难道你不知道领导要身先士卒吗？难怪你领导的级部教师经常不听你的管理！"可理智告诉我，我若和她针锋相对，不但不利于团结，更不利于工作，她也会在教师面前名誉扫地。所以，我只沉默了一会儿，平复了一下心情，委婉地说："你家里有特殊事，你就忙吧，你们级部批阅卷子的事情交给我，我负责安排他们阅卷，保证按时、保质保量完成任务。"她怒气冲冲地走了，我其实并没打算就这样不了了之，而是想找个合适的机会和她谈一谈，但不是现在，因为现在都在气头上，很可能事与愿违。我在博客中这样写道："我经常被自己的善良所感动！如果我当时以牙还牙，反问她'你为何可以请假？'我相信这位领导肯定会非常尴尬、难堪，所以我只是用沉默来应对。我相信，我的沉默一定会对她起警示作用，都是聪明人，会感觉到自己的失态和无礼。"所以说，尽管我对孔子思想不甚了解，但我却把孔子的思想精髓发挥得淋漓尽致，这足以说明孔子思想已经深入到我们的血液，乃至生命中，成为高尚之人的生活准则。

说到这我一下子想起昨天晚上我做了个梦，梦都与孔子思想息息相关。梦中我捡了50元钱，拿回家，被爸爸痛打了一顿。原因就是这是别人的东西，不管是丢的还是忘了拿，总之就是别人的东西，你就不可以据为己有。说是梦，其实我从小接受的就是这样的教育，所以才"日有所思梦有所想"。

我当领导已经十年了，可我一直遵循的原则是：晓之以理、动之以情、以德感人，处处与教师、领导和谐相处，为此也深受大多数领导和教师的好评，追寻其原因，就在于孔子思想根植心中。如上两学期，我校有十几位教师因身体原因需要养病休息，因为这些教师不是学期初或某一时间一起请假，他们也是坚持、坚持、再坚持，直到实在不能上班才请假，所以，几乎一个月要调整一次教师安排，尽管不是大调，但每次总要涉及四五个教师甚至十几个教师。在调整教师之前，我都很头疼：既不能耽误学生学习，又不能影响学校整体工作，还要兼顾教师的感受，所以经过校长、级部主任反复斟酌，才形成初步方案。有的教师通情达理,理解学校领导的苦心和难处,很顺利地接受工作交接;有的教师却有自己的想法,考虑问题复杂,怕半路接手成绩不理想,自己原来班级成绩比较不错,换了工作不就前功尽弃了吗?总之就是有一千个一万个理由不愿换工作。我的原则是:学校工作第一位,只要是于学校工作有利,就义无反顾!但还不能和教师发脾气,强硬安排。所以我想尽各种办法,心平气和地向教师讲学校工作的重要性,此时换工作的不得已,请教师们为学生为学校着想,自己牺牲点吧,谁叫我们是崇高的人类灵魂工程师、太阳底下最崇高的人呢。经过我的努力,学校教学工作秩序井然,尽管有的教师一个人干了两个人的活,但他们仍然勤勤恳恳,没有做一天和尚撞一天钟,我很欣慰当然,这不全是我的功劳,是全体领导和教师共同努力的结果。之所以教师能以大局为重,我认为也与孔子思想在教师心中生根发芽有很深的渊源,因为他们从小也是在孔子文化思想熏陶下长大的,他们接受的是孔子思想,也了解“君子成人之美,不成人之恶”。

“君子坦荡荡,小人长戚戚”这句话是我最喜欢的名言,我也非常有体会。从小至今,我不能做一件坏事。一旦做了,心里总是忐忑不安。记得小时候,因为家里穷,经常买不起学习用品。每当看到同学们好看的铅笔盒、精美的笔记本,我都羡慕不已。常常慨叹:什么时候我也能拥有这一切该多好啊!羡慕归羡慕,但从来没有据他人东西为己有。记得二年级时,有一天放学后,小伙伴在我家写作业,把一把非常漂亮的削笔刀放在我家的写字台上,走时忘了拿。我多么希望把它据为己有啊!可我不敢拿,因为我知道“君子爱财取之有道”这个道理。这个小伙伴同样也非常喜欢这把小刀,因为她爸爸出差刚给她买回来的,所以她到处找,大有找不到不肯罢休之势。我开始装着没看见,说不知道,可心里七上八下,惴惴不安。那二十四个小时,我食不甘味,寐之不香,总是感觉有鄙视的眼睛在看着我,有讥讽的声音在嘲笑我。矛盾、恐惧在我心里斗争了一整天,我内心也挣扎了一整天,第二天放学后,我还是拉着这个同学去我家写作业,装作无意之间发现了“掉”在写字台角落里的小刀,惊讶地说“咦?这不是你的削笔刀吗?掉在这里了。”这个同学看着失而复得的削笔刀高兴地跳起来,急忙趴下去勾了出来。当时的我,如释重负,提在嗓子眼的心终于归位。从此以后,我就下了决心,人家的东西不管多么好,我也不会心动。如果喜欢,一定会用自己的努力和汗水去换取。凡是对人对己有利的事情做,对人对己有害的坚决不做,哪怕只对自己有利也不做，就为了"心里坦荡荡"。因为我心里非常坦荡，所以从不怕被人议论。如领导教师评议，我都是严格按要求，根据每一个人平时的工作和思想表现，给予最公正、最公平的评价，不加个人恩怨、个人感情色彩，我说："我的评议票可以公开，可以给每一个人解读，因为我是抱着一颗公平公正无私的心。"所以我"内省不疚"，哪还会有忧愁？尽管自己不敢妄称君子，但因有了孔子君子人格的影响，也便有了心灵的平静与精神的快乐。

我曾经在《读书——成长的基石》一文中说过，我从小没读过什么书，原因是父亲不让读。当时说不清父亲不让我读书的原因。父亲是正宗的理科大学毕业生，读过中外名著无数，可以说是上知天文，下知地理，腹中的故事如源源不断的活水，取之不尽，用之不竭。童年时，冬天的晚上，大多都是听着"一百单八将""桃园三结义""长坂坡救阿斗""鲁提辖拳打镇关西""八十万禁军教头林冲""黛玉葬花"等度过的；夏天，父亲和我们一起抬头仰望神秘无穷的星空，告诉我们什么是北斗七星、什么是牛郎星织女星，凄美的牛郎织女故事深深地印在了我们的脑海中。我小时有个最大的愿望就是拥有一架私人飞机（我不喜欢漆黑的晚上，可能是听聊斋故事多的缘故吧，非常害怕过晚上，从父亲那里知道中国与美国的地理位置不同，中国的晚上正好是美国艳阳高照的白天），一到黄昏，我可以乘坐自家的飞机飞到美国，当美国的黄昏来临时，我再乘坐飞机飞回中国，这样我就可以不过漫长恐惧的晚上了。晚上，令我更恐惧的还有，每当上厕所的时候，我总是半闭着眼睛，又紧盯着墙壁，担心一不小心，哪就会冒出个美女蛇，把我的魂魄吸走。

总之，童年的我是既富有想象又有恐惧感，经常分不清哪是梦境那是现实，所以我经常想入非非，一会儿希望自己是身怀绝技、飞檐走壁、抱打不平的英雄好汉，可以为天下受苦受难的穷人伸张正义；一会又慨叹我没能遇到天仙女或者什么神灯，有时希望能遇上美人鱼就更好了，想要什么就有什么；我也经常遐想我如果有个海龙王的女儿做妈妈，那么在梦中就能与妈妈相遇，并得到妈妈给的能长智慧和长身高的糖，但我一定不会和项羽一样愚蠢，把长智慧长聪明的糖给了刘邦，自己却空长了一副大皮囊，四肢发达头脑简单，自己给自己掘了坟墓……

儿时尽管没读书，但我从父亲那里得到的东西足可弥补我的缺陷，所以当读书成为习惯的今天，我没有因为读书少而停止进步，也没有因为读书少而孤陋寡闻。我非常庆幸有一位了不起的父亲,为我的人生打上了浓浓的人文底色,在我心灵深处烙上了儒家思想的精髓,令我受用终身。

《成就他人同时成就自己》(发表在《海阳教研》)
——读《争鸣与压制》有感

　　《争鸣与压制》写了一个很不起眼的小故事,美国威斯康星大学自发成立了两个俱乐部,一个是由当时非常有才气的、具有高超的文学创作才能的小伙子们组成,他们个个自诩要成为诗人、小说家或评论家。他们都具有超强的语言驾驭能力,都承诺要有规律地阅读和批评彼此的作品。他们的批评都非常尖锐,甚至能把最微小的表述都掰成一百块来分析。在批评中每个人都表现得无情、强硬甚至尖刻。与此同时,一群文学女青年也成立了一个俱乐部,称为"争鸣者",她们同样阅读彼此的作品,但不同的是评论温和而积极,充满着更多的勉励。结果,二十年过去了,"压制者"和"争鸣者"的成员在文学造诣方面迥然不同。当年"压制者"中聪明的小伙子在文学界已默默无闻,而"争鸣者"中却诞生了六位甚至更多的成功作家,如美国著名的短篇小说家玛乔丽·金南·劳林斯。

　　两个群体的年轻人天赋没有什么不同,接受的教育也是一样的,但最终"压制者"由于相互压制而碌碌无为,"争鸣者"因为提升彼此而卓有成绩。结论是:"压制"导致互相争斗和自我怀疑,而"争鸣"却彰显每个人的闪光点,展现最美的一面。

　　我读了这个小故事以后,想了很多很多,我觉得只要用心去品味这个小故事,会收获很大。这个小故事告诉我们的道理之一是:如果你能善待他人,多给予他人鼓励和帮助,在成就他人的同时也能成就自己;之二是:把你拥有的与他人分享,幸福的可能是几个人甚至周围的许多人;给予比索取更能令人满足自豪,因为你的价值只有当他人认可时才有价值,你的才华、底蕴、胸怀也只有与他人交流分享时才会被他人接受和称赞;之三是:受你鼓励帮助的人很快成长起来,和你有更多的共同语言,交流会非常融洽,你会在不经意间受他的熏陶,提高、丰富自己,达到双赢的效果。

　　故事虽小,却意味深长,回味无限。细细品味,反复琢磨,能与我们生活中的许多人和事联系起来。如同事之间、上下级之间、师生之间、夫妻之间、父子母子之间等等，如果我们彼此能用欣赏的目光看待对方，用宽广的胸怀去包容对方，用优美的语句去赞美对方，就会发现他们身上除了优点就是亮点，即使有点错误或不足也会愉快地接受，因为你把他的缺点当成了衬托优点的绿叶，只有有了绿叶，红花才会显得光鲜照人，人见人爱。久而久之，不仅我们认为此人优秀，就连他自己也会在我们的赞扬声中自信起来，用欣赏的眼光放大自己的优点，逐渐减少错误的次数和频率，时时提醒自己不犯错误，因为他觉得自己是优秀的人物，要高标准地要求自己，要给他人做榜样和楷模。我们亲眼见到或听到的这样的事例非常多，在这就不再赘述。

下面结合我自身的成长经历，谈谈成就他人同时成就自己的快乐。

一、诚心赞美他人。自从当了学校领导以来，我一直对自己要求非常严格，无论是为人处事还是业务能力都有了质的飞跃，可以不谦虚地说算得上是优秀，但我从没有高高在上的感觉，我总是用同事的优势和我的劣势比较，经常由衷地表扬、赞美我身边的人，不管是在校内还是校外，会上还是会下，都会发自内心地赞美，赞美的目的就是为了扶持他们，走出校门，扬名校外。如高主任、王主任，我会见人就夸（当然得有一定的语言环境和适当的情景）：她们书读得多、读得精，文笔好、底蕴丰厚，是名副其实的小才女；李老师话语不多，不张扬，却用心想事做事，虽然刚改科不久，但她把自己的美术特长用在了写字教学上，阅读课上简单大方的几笔简笔画就能吸引学生的眼球，充分体现学生爱老师就会喜欢她所任教的学科，可以说，李老师把语文教学演绎得淋漓尽致，令人拍案叫绝；张主任以身作则、雷厉风行的工作作风，感染着身边的每一位教师，激励教师以饱满的热情投入工作；白主任的勤奋、泼辣，谭主任的荣辱不惊、沉着大方，隋老师语文教学的精致、于老师的豪放、初老师的精细、董老师的深情、纪老师的投入、王老师的执着，等等。赞美他们并没有贬低自己，相反，听的人会觉得我是个大度的人，是个心地善良的人。有时别人不理解，说我自信、不谦虚、自以为是，我却不以为然，我就是觉得我们的老师有太多的优点，我就是要用放大镜看他们的优点，宽容他们的缺点。尽管我的努力有时得不到回报，但我内心坦荡，不用因担心别人怀疑我妒忌、压制同事而惴惴不安，这就已经够了，何况大多数人眼睛雪亮，头脑清醒，会明白我的用心良苦，我这样做的目的就是为了推出我校的名师，我不怕大家超过我，我相信只要大家努力，超过我指日可待。

我原本就是一个很平凡的人，只是机遇一不小心眷顾了我，得了这么高的荣誉，但这不是我炫耀的资本，反而夸赞他们，挖掘他们内在的潜力，让他们快速成长，才是我的夙愿。其实，为了去掉我的惰性，为了我不被他们甩在后面，我也在悄悄地努力。如每天抄写背诵一首古诗，坚持看教育教学刊物，看《青年博览》和《思维与智慧》等等，这都是我自己给自己布置的作业。经过这一段时间的努力，我觉得我的进步非常明显，就拿写字来说，现在就有模有样的。

二、真心帮助他人。当了领导，身份变了，职责也变了，大多考虑的是学校工作，许多事都要亲力亲为，如各项比赛，从选拔参赛选手到指导选手参赛，从没有私心，特别是指导这一环节，我自认为做得非常出色，不管是谁，我都是知无不言，言无不尽，把自己知道的或者认为对的，毫无保留全盘托出。正因为我的无私奉献，使得我校教师参加各个级别的比赛，均取得优异成绩。

正是因为我这样做了，我成功了。当然有人嫉妒我，认为我的这些荣誉有水分，但我可以一点不夸张地说，我所取得的荣誉，是我辛勤耕耘的结果，是机遇赐给勤奋者最好的礼物。这么多年来，我一直以一颗真诚的心对待身边的每一个人，包括对我有成见的人，不管别人如何对我（因为我心底无私，对我有成见的人都是为了工作上的事情）。举一个简单的例子，学校民主评议，我打分的原则是从工作出发，以大局为重，公平、公正、合理地给每一位领导和教师一个合理的分数或位次，从没公报私仇，从没有借此机会报复一下平时对我不公的教师，这样做，我心里坦荡。

在赞美欣赏他人的同时，也受到他人的赞美和表扬，这样就会形成一个相互信任相互促进的"场"，在"场"中的人就自然会心情愉悦地成长进步，我就是在这样一个"场"中快速成长起来的（告诉大家一个小窍门，如果这个"场"不明显，要自己努力营造一个适合自己成长的"场"，这个"场"可以在心中，正因为我心中有了这个"场"，所以增强了我的自信心，我成功了）。我对自己非常满意，对我的大度、豁达、沉着、冷静、宽容、诚信都给予很高的评价，也希望各位能以我的心态对待同事，对待自己。成就他人的同时成就自己，是对自己最好的回报。

时间太仓促了，这几天一直在开教研会，加上我母亲身体不好，白天上班没时间，我就晚上到医院去看看。母亲现在出院了，住在我二姐家里，晚上我又得往二姐家跑,周六母亲到莱西做了个小手术,我又陪了一天,所以,这篇文章是晚上十点多才开始写,写完已经十一点半了,应该算是仓促之作,没顾得上润色,如有不当之处,请大家海涵。(2009.3.2)

《防患于未然与亡羊补牢》(发表在《海阳教研》)

看了《教师月刊》2010 年第 10 期《我不是教你诈》一文,感触颇深。我非常赞同刘宇教授的观点:世界本来就有正反两面性,是由真善美、假恶丑组成的。我们的教育就应遵循自然规律,让孩子自懂事起,认识什么是真、什么是假?什么是善、什么是恶?什么是美、什么是丑?在生活和学习中,慢慢学会分辨真善美、假恶丑,从而学会判断自己的行为是否符合自然规律、是否符合道德规则,如果违背规律、违背道德将会受到规律和道德的谴责和惩罚。

其实,这正是本次课程改革的一个重要组成部分,即如何使用教材,让教材发挥其最大效能。以往的课程重点在于传授知识,即使有思想教育也游离于课程之外,单纯地说教,给人感觉道理太大,要求太高,目标太远,所以效果不明显。

我们的课程中,包括学科书和德育教育一直都包含这方面的教育内容。如幼儿园就开始接触的"孔融让梨"的故事,尽管没有明确的德育教育要求,但故事本身就隐含着要学会谦让、为他人着想的美好品行;孔子的"百善孝为先",是教育孩子要学会感恩父母的养育之恩;"忠孝不能两全",是教育人们面对大家和小家,要会判断轻重缓急。大河有水小河流,没有了大家,小家是不会幸福的。著名的爱国学者和诗人闻一多先生独居异域他邦,对祖国和家乡产生了深深的眷恋,在西方"文明"社会中又亲身体会到很多种族歧视的屈辱,更激起了强烈的民族自尊心,看到祖国大好河山因政府腐败无能而不得不一个个流离失所、寄人篱下,于是写下"七子之歌"以抒其"国疆崩丧,孤苦亡告,眷怀祖国之哀忧,亦以励国人之奋兴云尔",表达有家不能归的痛苦和无奈。成龙演唱的歌曲《国家》中唱到"有了强的国才有强的家"也正是这个道理。总之这都是正面教育。

今天上午我又听了于老师的语文课《一个中国孩子的呼声》,感触更深,激动得我中午饭都没有吃。我为雷利失去父亲而难过,更为世界仍有战争而心寒。听到我们四年级孩子发出的"战争有什么好,为什么他们总要发起战争、挑起事端,让原本无辜的幸福家庭承受失去亲人、感受支离破碎的痛苦?!"的声音,我想孩子都懂的道理,难道那些道貌岸然、口口声声都是大道理的"高官绅士"不懂吗?《一个中国孩子的呼声》中"和平、和平、和平"和"救救孩子吧"的呼吁,显然是对孩子进行"全世界人民团结起来,一起来维护和平,相信和平一定离我们不远了"的正面教育。

反面的例子生活中也比比皆是,不然法律、规章制度就没有存在的价值。反面例子能敲响警钟,当然也可能导致孩子由于年龄小、分不清是非,走向反面,但我们不能因为怕湿鞋就不过河。《语文》《品德与社会》《安全教育》都有典型的反面教育例子。这一切都说明我们已经深刻认识到正反面教育更能让孩子认清是非,分辨善恶,学会选择、判断,真正形成正确的人生观价值观。防患于未然固然重要,但亡羊补牢,也能起到把损失降到最低限度的作用,所以刘墉先生的《我不是教你诈》就是从反面进行教育,既然丢失了一只羊,为了保全剩下的羊,就要及时"补牢",使剩下的羊免入狼口。

给人们敲响警世、醒世之钟,防患于未然比亡羊补牢更有效。

读《"逼"出来的美丽》有感

《人民教育》是我的至爱!每期必读。不管多忙,我都会第一时间翻阅,有关教师专业成长和课堂建设方面的文章,我会细细品读,潜心研究,汲取我所需要的阳光和雨露,滋润我健康快乐地成长。当我翻开2015年第3期浏览目录时,一行不起眼的小字跳进我的视线:《"逼"出来的美丽》!一看题目就亲切!脑海中立即浮现出我所走过的路、经历的事。一口气读完,觉得似曾相识,和我的经历有太多相似,我们是同龄人。我二十岁师范毕业踏上三尺讲台,至今已二十七载有余,从懵懂少女蜕变成特级教师,可以说一波三折,经历坎坷,"累并快乐着"是我最真实的体验。于是,我想起了三年前自己写的一篇文章《三十以后的美丽》。是啊,我们的美丽其实都是被"逼"出来的,有自己的"逼",有他人的"逼",更有社会责任的"逼"。

享受安逸远离优秀

初中时,我曾经是个很优秀的学生,老师喜欢,同学崇拜,甚至一些家长也经常以我为榜样,教育督促孩子学习。我自己很有成就感,感觉良好。记得初二升初三那年,全县统考数学试题一发下来,我们学校的数学老师都懵了,因为最后一道几何题,在寒假集训期间遇到过,全乡镇的数学老师都不会,因为太难,集训组长就自作主张,放弃继续讨论。可公布成绩时,我竟然是满分(120分)!数学老师第一感觉就是给我批错了,我不可能做对那道几何题。可当试卷发下来时,老师傻眼了,我的确做对了,并且思路清晰,论据充足。虽然我本来就是优秀学生,可并没有特别耀眼的地方,这一鸣却不同凡响,我理所当然地成了天才!到了初三,各科老师都想让我当课代表,数学老师是班主任,近水楼台先得月,我当了数学课代表。数学老师看我的眼神总是赞许、柔和、爱惜,因为我可以给她独当一面,收发作业、辅导差生几乎都被我承包,并且做得有声有色。物理老师夸我聪明,因为我每次考试几乎都是满分;化学老师表扬我会学习,因为化学竞赛时,不管多么难的题目,我都会写出正确的答案;英语老师说我学习刻苦,我的单词默写、课文背诵从来没有错过;同学们则把我当成学习的榜样。总之,我的各科成绩都名列前茅,经常以满分并遥遥领先其他同学一大截的成绩令人瞩目,所以我理所当然的鲤鱼跳了龙门,考上了当时被认为了不起的"小中专"。

毕业后又以优异的成绩分配在人人都羡慕的市直学校,担任小学数学教学工作,可能是一路太顺利的缘故吧,我捧着"铁饭碗",衣食无忧了,所以不思进取,整日机械地上班、下班,上课、下课,备课、批改作业,尽管没给学生耽误课,但也没用心研究教育教学方法和技巧,单凭经验和自己所学知识,把课本内容传授给学生而已。

一晃就十年!这十年,我结婚、生子,相夫教子,经常为家务忙得团团转,看书、学习、教学研究,仿佛与我无关,我甚至觉得自己一点闲暇时间都没有,除了家务还是家务。我也常常觉得反感,也会发牢骚:怎么那么多的家务事?尽管这样,我还是下班铃声一响,立即冲出校园,急急忙忙奔回家。至于教学呢?全靠当年的积淀深厚,一直吃着老本,教育教学成绩还算理想,统考、竞赛成绩一直遥遥领先,当时大家也只关心教学成绩,其他的都不太关心,所以,我滥竽充数,也顺利混过了十多年。

机遇:恩师"逼"我成长

2000年8月,我被提拔为教导副主任。其实,我除了教学成绩很优异外,其他方面几乎为零,当时评价一个教师的优劣也着重看教学成绩,那时真的很少有什么其他教学活动。写作、讲课、评课、教研等,我很少参与,主持会议更是捉襟见肘,不能得心应手。每次开会,都事先准备好讲话稿子,一字不差地照读一遍,我自己都觉得枯燥乏味,教师肯定不愿意听。我不敢看教师的表情,更不敢听取教师反馈的意见,每次会议结束后,我都像做错了事的孩子,见了老师躲着走,不敢直视老师们的眼睛,害怕看到藐视我的神情。

那段时间是我一生中最难熬的时光,也是最无奈和无助的日子,每当有会议或者集体教研活动,对我就是煎熬,真可谓度时如年。

2004年8月,我母校的老师调入我校担任校长。我长长地舒了一口气,心想:这下可好了,校长肯定会照顾我,我可以偷偷懒,可以不主持会议和教研活动了,因为有许多年轻的领导,他们提拔比我早,经验比我丰富,水平比我高。

事与愿违!新校长一来到学校,马上出台了领导管理制度和领导目标责任制考核细则,领导不但不被照顾,反而比对教师的要求严格得多,标准高得多。备课、上课、作业批改必须是教师的表率。每个学期初,领导首先执讲立标课,课后自己对本节课进行反思,全体同学科教师进行评析;学期中,备课、作业展览,所有领导教师既是参评者,又是评价者;学期末,领导干部率先述职,然后全体教职工述职,要把这一学期的工作进行实事求是的总结,包括优点、不足及改进措施,事例还得具体生动,结构严谨,文笔流畅,文采飞扬。这简直就是把我们全部放在阳光下,优劣一目了然。备课、上课、作业批改等对我来说,驾轻就熟,不用担心,写作对于我来说,是个难题。特别要命的是,我们学校有几个才女领导,她们从小饱读诗书,满腹经纶,写作水平非常高,不仅结构严谨、事例生动具体、辞藻华丽,更可谓"走笔数千言,皆引经据典",文笔流畅、文采飞扬。

校长可能了解我有惰性吧,开学后不久就找我谈话。他表扬我、鼓励我,

我的教育情怀

说我2000年发表在《山东教育》上的"让学生主动发展"写得非常好,很实在,是教学心得,也有理论的高度。当时一个小县城的小学教师,能在《山东教育》上发表文章,非常了不起。可能我是那个时代的第一人吧,为此,我也曾自豪过好长一段时间。他说我读书时就非常聪明伶俐,说我有能力有水平,不管从事什么工作,只要沉下心来,一定能出类拔萃。希望我多读书,多思考,多写作;希望我严格要求自己,把精力用在教育教学研究上。

"遇上好领导是你的福气。"这是任彦申在《从清华园到未名湖》一书中关于"领导哲学"的论述。他说:"一个人的成长离不开环境,包括政治环境、文化环境、舆论环境、政策环境、人际关系环境等等。这些环境因素对人的成长、成才、成功都很重要,但人们往往忽视了'领导'这个因素。其实,领导就是你的环境,特别是一把手是你最重要的成功环境。"我非常赞成他的观点。领导环境是无形的,它时时刻刻都在滋润着你,呵护着你,但置身其中却并不感觉到它的存在。只有当换了一个不开明的领导时,人们才发现周围的环境一下子变得严峻起来、恶劣起来,此时你才明白,失去一个好领导意味着什么,遇到一个好领导是我们一生的幸福。20多年的工作经历告诉我,好领导是可遇而不可求的。在我的成长经历中,遇上了恩师这个英明的领导,那真是"三生有幸",是他改变了我一生的命运,奠定了我一生成功的平台。以至于我后来的领导生涯也是在他的影响下,既"有声有色地工作",又"有滋有味地生活";既组织有力,又平易近人;既善待他人(属下)、"有情有义地交往",又懂得如何关爱自己。正如任彦申所说:"好领导就是一所好学校。他用不着每天都给你上课,教育你,提醒你,但他处人处事处己的准则,他的思路、行为和作风,随时随地都在影响着你、改变着你,不知不觉中你开阔了眼界、增长了见识。与高明者为伍,自己也会高明起来"。

校长找我谈话后,我就开始重新规划人生。首先从思想上提高认识。我重新定位自己,工作中要吃苦在前享受在后,业务上要做教师的领头羊阵头雁。于是我合理分配持家和治校的时间,每当家庭和学校工作冲突时,我先处理好学校的工作,之后再回家处理家务。

其次,从行动上突破。我每天早晨五点多起床,六点五十之前把一切家务做好,包括梳妆打扮和吃饭,七点左右走进学校。首先是20分钟的早读时间。此时的校园安静、空气清新,非常适合读书学习。7:20之后,师生陆续走进校门,我便开始校园巡视,一是给师生做榜样,二是关注师生动态,发现问题及时改进。晚上放学后，教师们大多回家了，我一个人在喧嚣一天、戛然宁静下来的校园里，回顾一天的工作得失，梳理工作思路，平复工作思绪，调整明天的工作方向，然后静下心来，畅游书海，如久旱逢甘霖，狠狠地吸取水分和营养，充实自己、提高自己。

一段时间后，我不经意间发现，我敢讲话了，敢在教师会议上脱稿发言了，偶尔，还能稍稍地幽默一下，或者现场发挥也时而有之；情到浓时，还能引经据典、口含莲花、妙语连珠，把一些优秀的语文老师都震撼了，她们会后经常索要我的发言稿，特别是评课后的发言稿，她们想借鉴我的评课，重新修改自己的教案，以期课堂上更精彩。

时间飞逝，一晃就到了期末，述职的日子也逼近了。说实话，在一个单位相处久了，每个人的水平高低，大多数人是一目了然的，我教数学出身，数字对我来说特别亲切，数学教学成绩一直遥遥领先，语言却相对贫乏，特别是写文章更是不敢恭维。以前只要涉及写的事情，我一般是软泡硬磨，请求写作比较好的领导帮我代笔，所以，时间久了，大家也都习惯了我在写作方面"弱"的这一事实。轮到我述职时，我一说题目就语惊四座：《成长着并快乐着》。他们述职的题目大都是《工作总结》或者《述职报告》，而我却与众不同。内容也一改往日的第一条、第二条简单叙述罗列，而是带有浓厚的文学色彩和情感因素："最近一段时间经常能看到或听到人们谈论这个话题'成长着并快乐着'，也经常听到人们谈论幸福是什么，其中有一句很经典，我非常喜欢，拿来与大家分享。'只要自己认为幸福，自己创造幸福的感觉就是幸福'。是啊，自从担任学校领导职务以来，工作一直很忙乱，无头绪，经常需要加班加点，可加班加点有时还不知做什么，心里很茫然。整天累得头昏脑涨，自己也很怀疑自己的能力，是不是我不胜任领导职务，没有能力干好这项工作。心情很沮丧，整日无精打采。闲暇时看了一篇文章，就是谈论幸福是什么的。幸福其实就装在自己心里。只要自己想感受幸福，那你就是幸福的！'不识庐山真面目，只缘身在此山中'。看了这篇文章后，我心豁然开朗，换一种心境看风景，别有洞天。于是，我忙了一天，不再主动体会累的感觉，而是梳理一下今天的工作成绩，寻找充实的感觉，因为我能干许多工作，做许多有用的事情，在工作中锻炼提高了自己的能力，体现了自己的价值，所以一种自豪的感情油然而生。因此，无论做什么、有多忙，我都觉得自己是幸福快乐的。下面我就带着幸福快乐的微笑，把我这一学期的工作情况向各位汇报一下。"

新官上任三把火，我这第一把火就烧得很旺，以后的工作开展得肯定顺利，于是，我就这样一步一个脚印，踏踏实实地走到今天。

敬畏教育，潜心研究

我越来越喜欢"敬畏"这个词。敬畏教育是每一个教育工作者最基本的教育情怀，只有敬畏教育，才能热爱教育、做好教育。

敬畏教育，我最先做的是叩问内心深处：我爱教育吗？我能为教育舍弃休息时间吗？教师这份职业是养家糊口还是作为事业来用心经营？我能爱每一个学生吗？包括学习差的、行为习惯不优秀的、俊的丑的，或者家庭条件差、社会地位低下的？当学生犯了错误，我是否能包容并陪伴他改正？对待教师，我是否能把我所知道的一切无私地奉献？当教师优于我的时候，我是否能发自内心为之高兴？当教师诋毁我、攻击我时，我是否能一笑泯恩仇？

当我肯定回答后，我开始做第二步，制订学习计划和工作计划。学习是为了提高自己的综合素质，更好地为学校、为学生服务，学习内容包括教育心理学、教育学、儿童心理学、儿童成长规律学、优秀教育教学理论、方法技巧等，当然，更要学习我任教学科的专业知识和教学艺术。读书是我学习的最佳途径，我订阅了大量的有关教育教学的刊物，如《人民教育》《北京教育》《上海教育》《江苏教育》《黑龙江教育》《山东教育》《当代教育科学》《教师月刊》《教育文摘》《小学数学教师》《青年博览》《读者文摘》《思维与智慧》。"书中自有颜如玉，书中自有清如许"，读书让我心境开阔，视野高远。在这些刊物中，我如饥似渴地汲取养料和养分，《人民教育》准确、及时地传达党中央、国务院和教育部关于教育工作，特别是基础教育工作的指导精神、方针政策和工作部署；报道各地重要的教育情况；传播教育教学改革新鲜经验；宣传教育界的先进人物；探讨教育中的理论和实际问题；介绍外国教育情况；为广大中小学校长、教师提高思想业务素质提供切实的帮助。它主要面向中小学、职业学校的教师与干部、师范学校的师生、各级教育行政干部以及关心教育的各界人士，所以我每期必读，并且读必有收获，我在教育教学工作中取得的成就，最先感激的就是《人民教育》，我对教育敏锐的超前意识、先进的教育理念以及对教育情有独钟的爱,都得益于《人民教育》,撰写本篇文章的动因也是《人民教育》给予我的表达欲望。《上海教育》豪华大气、不拘一格,以人为本、赶超世界的理念,让我打破陈规,敢于独树一帜,标新立异,所以我的课堂才能风趣、幽默、灵动饱满,深受学生喜欢。《江苏教育》多报道推广名师成长历程和名师经验,我从中汲取了丰富的精神食粮,并不断用心研究教育教学艺术,我在每一项工作开展之前必做好充分准备,同时不断反思工作中的得与失,及时总结修改完善,也因此成为海阳市工作在教学一线的最年轻的山东省特级教师。《教师月刊》使我越来越厚重,越来越睿智豁达,因为她告诉我,一个好教师必须把自己建设得很健康、很美好、处处充满正能量。

我经常外出学习,参加一些著名高校举办的领导干部培训班,也出国访问学习过,每次外出学习,我必须去当地图书馆转转,选看在我们当地基本买不到的有关教育方面的专著或者名家精品,如《从有效教学走向卓越教学》《教育:让人成为人》《如何经营幸福人生》《走进读书时代》《心理学的故事》《四面书香似芳菲》(新加坡)等等,这些书告诉我一个人的高度不是与生俱来的,而是后天自己打造的,你想有多高,就要付出多高的努力,凤凰涅槃、化茧成蝶都需要付出极大的牺牲方可灿烂辉煌。于是,我边读边实践,时间久了,我和书融为一体了,工作和我也融为一体了,我、读书、工作美妙无比,简直就是一道亮丽的风景。

我家里的藏书非常多,大多是经典名著,如《大学》《中庸》《论语》《红楼梦》《三国演义》《水浒传》《西游记》《曾国藩家书》《资治通鉴》《金瓶梅》《康熙王朝》《伟人毛泽东》《孙中山》《唐诗宋词》以及许多世界名著,闲暇时,我会窝在沙发里,一看就是一整天,直到深夜还流连忘返,不舍得放下手中厚厚的大书。

我经常说的一句话就是:读书让我异彩纷呈,读书让我睿智豁达,读书让我厚重富有,我感谢书,感谢书带给我的一切快乐和成就。

工作是我践行读书的实验基地。正因为有了读书夯实的基础,我的工作计划才能做得轻松愉快、科学合理,简便易行。包括到校时间、备课内容、上课要求、课间安排,特殊学生辅导、与家长沟通、教师引领、工作反思等,我都有详尽的计划和合理的安排,使得我的工作既轻松愉快,又有效高效。

我每天都把时间安排得满满的,我经常说的一句话是:累并快乐着,成长着并快乐着。一个人的心态非常重要,当你心态好,工作效率就高,幸福指数也会提高。我也会劝身边的人:我们都是普通人,没有特殊家庭背景,需要靠自己努力工作来改善提高生活水平,既然我们必须工作,何不换一种心境,以愉快的心情、乐观的态度对待工作,这样既可以提高工作效率、改善师生关系,又可以提高幸福指数,有百利而无一害。

自从担任学校领导以来,我几乎每天都是早晨7点到校,读书学习时间20分钟,7:20全校巡视,了解师生思想动态、学习秩序、行为习惯,发现并宣传学习典型,查找并改进不足。8:00以后备课,我备课的顺序是:先分析教材,找出知识点,定位本知识点在整个知识体系中的地位,它的前置知识是什么?是以后学习哪些知识的基础?生活中如何应用此知识?其次分析学生,学生已有哪些知识储备?生活经验对此知识的学习有哪些帮助?学习过程中可能遇到的障碍和困难在哪里?哪些知识学生可以独立完成?哪些需要小组合作学习?需要老师来完成的教学部分,我要如何呈现才能最大限度地调动学生的学习积极主动性?教学活动的设计大多都是多种方案,课堂上完全根据学生的需求决定采用哪一种。所以,我的课堂真正体现了"以学定教、学为主体"的教育思想,既提高学习效率,培养学生能力,又为学生创造性学习及展示个性提供广阔的平台,让他们充分体验成功的喜悦和快感。学生非常喜欢,并且学有所获。因此,课堂成为我的学生们展示个性、张扬个性的乐园。

上课铃声就是为他们展示施放的命令。没有特殊事情,我每节课都提前2到3分钟到教室,先和学生相互打招呼问候,拉拉家常、谈谈趣闻轶事,捕捉学生的思想动态、情绪正负和学习准备,增进师生感情,为愉快学习奠定基础。

课堂上我全神贯注,不放过学生的每一个小动作、小心思,如果他们的情绪低落,可能是我的活动设计不够新颖,学生不喜欢,或者梯度大,学生接受有困难,我会立即调整活动方案;如果学生不懂,我会调查原因,是学生知识储备不足,还是走神没听课,抑或是我的原因,即时改进。总之,每一堂课都是在高度紧张、全员参与、有效高效的氛围中顺利完成学习任务的。

课后辅导,我重点放在两头学生身上。对学有余力的学生我会引导他们去探索知识的本源以及知识的外延,培养他们独立学习、积极探究未知世界的能力和兴趣。我教的是小学,许多人,包括考上名牌大学、找到理想的工作,或者以后在工作中取得优异成绩,衣锦还乡时,都会回到母校,感恩老师当年的教育之情,可没有人记得我,我却自己在心里统计过,我在小学重点辅导的那些优秀学生,他们大都优于其他同学,因为我教给他们的是科学的学习方法、先进的学习理念、缜密的思维方式、适应社会发展的生存能力,无论他们走到哪里,都能发挥最优秀的一面,为社会和人类创造财富;当然,当时的中下游学生,也都学有所成,在平凡的岗位上,充实地工作着、生活着、幸福着。

　　学困生的辅导比较容易一些,大多是由于学习方法或学习习惯不好造成的,也有少数学生对学习没有兴趣,我的方法是因材施教、对症下药,一般先找到学生的闪光点或者学生的爱好兴趣点,以谈话的方式导入,把老师的爱心和教育艺术发挥得淋漓尽致,让他们觉得老师不仅师道尊严,更是他们的合作伙伴,和他们同呼吸共命运。当他们不排斥老师了,教育引导他们就容易得多了。记得一个女孩,刚到我班级时,数学成绩是个位数,其他学科在中游水平,表演主持能力超强,曾担任过中央电视台春节晚会少儿节目的主持人。数学学不好,应该不属于智力问题。我课间就以有关主持人的话题和她展开了探讨,她说喜欢李思思,我问为什么?你喜欢她什么?她回答不上来。于是我告诉她有关李思思的简历:2005年,以大一学生身份参加央视三套《挑战主持人》节目,成为该节目史上第一位八期女擂主。2006年,再次参加央视《挑战主持人》综艺节目主持人全国选拔赛,并荣获冠军。当记者询问她秘诀时,她淡然地说:"肯定有机遇的因素在里头,但勤奋也很重要。"同时我又和她谈论著名主持人杨澜以及现在央视一姐董卿的一些经历,直说得她瞪大眼睛、张大嘴巴,显然是被我渊博的知识震撼到了,佩服之情油然而生。自此以后,她会主动和我交流,上课时努力集中精力,偶尔举手回答问题,当然,我一定挑选最简单的问题让她回答,并大加赞扬,还经常把她参加中央电视台春节晚会少儿节目主持之事挂在嘴上,时不时地拿出来炫耀一番,提醒她她是优秀的,让她不要因为学习困难而放弃自己。

　　经过我们两人一学期的共同努力,她的数学成绩从不及格、及格、良好,最后竟达到了优秀。我高兴自不必说,她和她母亲的喜悦之情更溢于言表,当期末考试成绩公布下来,她们娘俩可以说眉飞色舞,抢着和我汇报惊喜之情、感激之情。我知道,我改变了她的一生,让她对自己有了自信,对生活有了希望,对未来有了追求。

像这样的学生太多太多,我从没有因为学生学习差而歧视他们,反而为他们付出更多的时间和精力,课上提问、关注,课下单独辅导。有的学生反应的确慢,我会不厌其烦,一遍又一遍,错了鼓励,对了表扬,目的是为了激发他们的学习兴趣,树立自信心。一般的,一到两周的时间就会把一个学困生改变成一个学习积极向上的阳光少年。特别值得欣慰的是,虽然我不可能让每一个学生都成为学习尖子生,但我改变了他们的学习态度,帮助他们树立了正确的人生观价值观,使他们由原来被动消极的学习生活态度,转变为积极向上的乐观态度,受益终生。每每回首往事,我都会想到保尔·柯察金的名言,我没有虚度光阴,我在我的教育教学岗位上,因为热爱、因为敬畏、因为尽职尽责、因为潜心研究,使我和我的学生们的人生精彩纷呈、辉煌灿烂。

赠人玫瑰手留余香

在我不断读书、学习、研究的基础上,我对教育教学的理解越来越深刻,越来越独到,也因此在学校、在海阳崭露头角,经常执讲公开课、做经验交流,偶尔也有文字发表。随之而来的就是荣誉,海阳市优秀教师、海阳市首届百名优秀人才、海阳市人大代表、党代表、政协委员、烟台市优秀教师、烟台市名师、山东省特级教师等一系列荣誉称号光顾我,同时我也被组织委以重任,担任新元小学副校长,分管业务。我一直在教学一线,分管业务可以说是轻车熟路,我很快就进入角色,把学校工作安排得井井有条,每学期教师都根据教学工作计划和工作配当按部就班,所以我并没有因为担任副校长而感到忙乱。因为不再担任数学教学工作,担任《品德与社会》教学工作,相对以前,时间更充裕一些。但我没有因此对数学放松研究,同时,我对各个学科都开始深入探讨。我利用多余的时间走进课堂,了解教师教学瓶颈、了解学生学情。通过两个月的观察和师生座谈,我发现我们学校教师两极分化相当严重,有的教师非常优秀,一节课下来,学生不仅学习了知识,形成了能力,更可喜的是老师渗透情感教育和价值观教育,真的是在为祖国和人民培养合格人才;而有的老师,照本宣科,只知其然不知其所以然,一堂课下来,学生学得无滋无味,无精打采,因为有听课老师,学生们没好意思起哄,但从他们天真无邪却一脸无奈的表情,就可断定他们没学到什么。

针对此种现象,我组织分管教学领导和骨干教师进行了专题讨论,分析学校现状及改进措施,提出了以课题研究带动教师专业化成长、提高教师整体素质和课堂效率的方案。同时邀请教科所的领导帮助我们论证,最后确定并申报烟台市"十一五"规划重大课题《新课程背景下有效课堂教学模式研究》,我亲自担任主持人,中层领导和骨干教师参与调查研究,分析筛选,撰写研究报告、开题报告、实验方案等。研究分三个阶段:立标、学标、创标。

立标。我们分学科分课型,以骨干教师优秀课例为样本开始剖析,优点、不足都找出来,如何改进,提出几条建议,骨干教师试讲,成立评审小组听评,重点从三维目标剖析,直到我们觉得能充分体现三维目标,最大限度调动学生学习积极主动性及有效完成学习任务为止,这就是立标课。听完立标课,点评立标课,然后组织教师集体备课,开始学标。这是一个很难很漫长的过程,"课上十分钟,课下十年功",一点也不错,教师讲一节好课,需要教师有深厚的文化底蕴、丰富的学科知识、扎实的教学基本功、灵活的随机应变能力和善于与人交流沟通的能力。这绝不是听一节两节优质课就能达到的境界,我们是想通过学标活动,促教师专业发展,所以,我们每学期都为教师推荐必读书目和选读书目,要求读书的过程中,抄写读书笔记3000字以上,撰写2篇2000字以上读书体会,以期教师在这个过程中,能领悟到课堂的真谛。

第一学期每位教师都要展示学标课。听一节好课是享受,记得听烟台市开发区实验小学张肖华校长的《去年的树》和李岩老师的《画风》,老师讲完课了,听课的教师和学生都意犹未尽,沉浸在老师设计的意境中,流连忘返,不舍得离开。课后我写了足足5000字的听课体会,还觉得没有把我内心的激动、佩服、感激之情表达完整。可我们这些课,听一节是失望,听多了是煎熬。说实在的,我听课真的听烦了,可为了孩子、为了学校、为了教师,我只好忍着、听着、记着、评论着、修改着。我一节一节地听、评,有时真想把讲课教师赶下讲台,我亲自试讲,可考虑到教师的自尊心,又不得不放平心态,放低姿态,先表扬鼓励,然后才委婉指出不足。修改是大工程,我每一节课评完后,都会不厌其烦地帮助教师分析教材、研究课标、分析学生,针对学生学习生活经验和知识特点,设计科学合理的教学活动,以期抛砖引玉。有的教师课堂授课问题太多,我必须一针见血,直指要害,评完课以后,我要做大量的爱心馈赠和跟踪指导工作,拉近和教师之间的距离,希望他们不排斥学校开展的研究活动,并且愿意配合学校提高自己。

我的教育情怀

2007 年秋天，我们实行推门听课制度。开学后第二周，我听了 12 节课，其中有三节课，分别是于老师执讲的三年级语文《猫》、李老师执讲的一年级数学《分类与比较》、刘老师执讲的四年级语文《冬阳·童年·骆驼队》，我听后无法评课，不客气地说，真的找不出闪光点。我犹豫了一个星期，也准备了一个星期，才给他们评课。选了不是亮点的亮点作为开场白："你们的基本素质非常好，课讲得不理想，属于特殊情况，对课堂教学把握不到位不是你们个人问题，是大环境造成的。于老师刚从乡镇调上来，以前乡镇对课堂教学没深入研究；李老师研究生刚毕业，对教材、对学生还不了解；刘老师专业不对口，职业学校学的是平面设计。但只要我们努力，只要你们不怕吃苦，相信经过一段时间的学习打磨，一定会走出困境。"接着指出他们的不足，又根据他们各自的特点，帮助他们制订了学习计划和成长规划。要求分管领导和级部主任要定期跟踪指导，我也定期参加他们级部的教研活动。当然每次我们都是客观、艺术地指出优点和不足，并诚恳地提出改进意见。

不知不觉一学年过去了，新学期伊始，仪器站评选"白板优质课"，于老师和刘老师都报了名，我们学校成立了评审小组，组织报名的老师进行一次课堂授课比赛，优者推荐参加市级比赛。真是"三日不见当刮目相看"，她们的课有了质的飞跃，我喜形于色，下课急不可待地表扬她们，她俩羞涩地笑了笑，非常真诚地说："韩校长，这是您的功劳！没有您的帮助和指导，我们不可能进步这么快！"我高兴，不是因为付出得到了回报，而是教师迅速的进步让我高兴。

其实受益的何止她们二人，大多数教师在我担任副校长以来，都有很大的转变，读书学习已成为常态，课堂效率较以前有很大提高。学标、立标、创标，三年的时间完成，全校无一例外，包括老教师，他们都能做到独立备课、推门听课，并且有效完成教学任务。

我们学校的中层领导，受益更大。每一个我都谈过话，引导他们如何提升基本素质和管理艺术，可以说手把手、脸对脸，把我的经验传给他们，把我的挫折也告诉他们，以免他们碰壁、走弯路。有时也有人问我这样做值得吗？把自己多年积累的经验免费提供给这些年轻又有魄力的青年人，他们成长起来后超过我怎么办？我坦诚地说："我喜欢任彦申的观点：一个好领导，首先应当给部下以一种高度的安全感。这种安全感就在于领导者一不会嫉贤妒能，二不会'秋后算账'。当领导不能像'武大郎开店'，凡是比自己高的人一律拒之门外,总担心部下显露才能,超过自己。只有用一些在某些方面比自己更强的人,才能弥补自己的不足,减少自己的失误。领导者应当襟怀坦白,随时提醒和帮助部下克服缺点,健康成长,不要脑子里装个'小本子',把部下平时的缺点记下来,等积攒到一定程度再去算总账。"同时,每当听到这些议论时,我都莞尔一笑,很大气地说:"不怕!当教师就应该有'青出于蓝而胜于蓝'的胸怀,我希望通过我的努力,我们学校的所有领导教师,都能评上优秀教师、都能尽快评上高级职称,都能成为学生、家长、社会认可的好老师。这更能说明我的能力、素质超人,我的心胸豁达,海纳百川。"

我这样说也这样做。我担任领导职务时间愈久,我的教育理念、教学思想越先进,对现有教育教学中存在的问题也开始质疑并希望走出一条具有积极意义的新路子,于是,大量阅读中外最新教育理论,每次外出学习,我都一丝不苟,全神贯注,课余时间,我会主动找名校的管理人员,探讨教育教学新思路。由于学的多、看的多,思考的多,所以我分管的工作非常出色,经常有兄弟学校到我校参观学习,我都不遗余力,全盘端出。校本课程开发与开设、档案建设与管理、各种课型评价模式等都成为兄弟学校学习的范本,他们根据我们的方案,制定符合他们自己校情的实施方案。2012年,我根据家庭作业的管理不规范、布置不科学、时间过长等不合理因素,结合减轻学生课业负担等上级会议精神,制定了《海阳市新元小学建立作业监测、公告和问责制度实施方案》,深受教体局领导赏识,并原文转发给小初高各学段30多所学校,作为制度执行。我相信"心中无私天地宽",更相信"赠人玫瑰手留余香"。

第三部分　学习

　　学习是一种需求，是一种能力，更需要坚持。

　　很早以前，我不喜欢外出学习。一是想家，我觉得家是我最喜欢的地方，我一时一刻都不想离开；二是学不进去，因为我真的不知道，学习于我而言还有什么深意，辛辛苦苦读书十几年，所学的知识已经足够我应对小学阶段的学生了，并且我没有太高的追求，没有想当将军的野心，只想当一个普普通通的、平凡的小学老师，所以，每每坐在大礼堂里，台上专家讲得热火朝天，口干舌燥，我在台下心烦意乱，哈欠连天，腰酸背痛，如坐针毡。真是一只耳朵进，另一只耳朵出。我满脑子都在想：什么时间下课？急死了，我好无聊啊！老师讲的什么，我全然不知道，只期待快点下课。学习结束后，我归心似箭，马不停蹄往家赶。可回到学校又后悔没认真听，因为没法写学习体会。每每学校要求上交学习体会时，我就像无头苍蝇，东一头西一头，东拼西凑成一篇无一点实用价值的文章，交上去算完成任务。现在分析原因，是我没有学习的需求和愿望，不是我要学，而是学校安排我出去学习。即便是我因为工作成绩优秀，被提拔为学校领导后，我依然我行我素，只按时上班，对自己的工作尽心尽力，兢兢业业，但对于学习依然不积极、不主动。

　　2006年春天，每周五的例行办公会上，校长宣读了"山东省第六届特级教师评选"条件，我认为和我无关，所以就走了神。会后，几个领导唧唧咕咕，仿佛在说我够条件，我以为她们开玩笑，所以也没在乎。校长自然也认为我不可能够条件，所以很严肃地说："今天会议的目的不是说谁能参评，而是让你们知道特级教师的评选条件，让你们这些年轻的领导有前进的方向和动力，知道自己与特级教师的差距在哪儿，以后工作要有目标和追求，在不远的将来，也能向特级教师冲刺一下。"校长这样说是有原因的。我自参加工作至今已19年整，还从没听说过学校里的普通教师包括领导，能评上特级教师，就是通知，也是第一次下发到学校。所以我们觉得特级教师高不可攀，与我们这些平凡的小学教师无关，只有局级领导或者重点高中的校长才有资格尝试，其实，也就是尝试一下，能评上的寥寥无几，整个海阳市，在职的只有一个特级教师，是原教育局局长，现在的高级职业学校的校长。

特级教师是教师奋斗一生的最高荣誉，是人人羡慕但又望而却步的水中月梦中花，能有幸参评都是骄傲，所以私下里我向校长要了通知，细细研读。呀，还真吓一跳！"（一）坚持党的基本路线，热爱社会主义祖国，具有较高的政治素质；忠诚人民的教育事业，全面贯彻执行国家教育方针，一贯模范履行教师职责，教书育人，为人师表，具有崇高的职业道德和无私的奉献精神；（二）具有中小学高级教师职务，对所教学科具有坚实的基础理论知识、系统的文化业务知识以及丰富的教育、教学经验，及时把握现代知识更新动向和本门学科的学术发展动态，在本学科教学领域里处于领先地位；（三）教学态度认真，治学严谨；教学质量高，效果显著；教学方法有独到之处，能形成自己独特的风格。善于培养学生正确掌握基本知识和技能，提高分析问题、解决问题的能力；在市（地）以上范围内开设过有较高水平的公开示范课；（四）正确运用教育教学规律教书育人，在学生思想政治工作和班主任工作方面有丰富的经验或突出的专长，有五年以上班主任工作经历，并取得显著成绩；（五）在教育科学研究尤其在教学法研究和教材建设工作中刻苦钻研，成绩显著，出版过具有一定学术价值的专著或在省以上学术刊物上正式发表过具有较高水平的学术论文或专业文章两篇以上；在教育、教学改革活动中勇于探索，大胆创新，效果显著，形成对提高本地区教育、教学水平具有一定指导意义和推广价值的经验总结；（六）具有指导中小学高级教师进行教育、教学和研究工作的能力，在帮助培训教师提高政治思想、文化业务水平和教育、教学业务能力上，取得显著成绩和一定经验；（七）在本市（地）范围内有较高声望，在教育界有一定的知名度，获得过市地级以上优秀教师或教学能手称号。"共七条，我条条符合，瞪大眼，再看一遍，的确符合。这是真的吗？我不敢相信自己的眼睛，心怦怦乱跳。这几年来，我一直努力工作，分管的工作在海阳市遥遥领先，自己任教的学科也名列前茅，特别是我不仅关注学生所学知识，更注重学生的能力培养和人格培养，对教师也是师德教育第一，专业素养训练第二。当然对自己要求也非常严格，时时处处走在教师的前面，做教师的楷模，做教师的指路明灯。但我努力、辛苦工作的目的不是为了荣誉,而是职责所在,更不敢奢望特级教师的崇高荣誉。稳定一下情绪,去征求校长意见。校长没抬头,看不出支持还是反对,语调平平地说:"嗯,条件是够了,参评吧,不要抱太大希望。"

仿佛一瓢冷水从头浇到脚,我顿时像泄了气的皮球,蔫头耷脑地走出校长室,自己安慰自己说:"本来就离特级教师的标准十万八千里,自己也从来没奢望过这项殊荣,没事,就当没有这回事,还是安分守己地做好自己的本职工作吧。"

两天后,在校园里和校长擦肩而过时,校长问:"写好申请了吗?"我一愣,校长接着说:"打不着米口袋在,写份申请,准备参评吧。"语气依然很平淡,我本已经放弃了,校长的一席话,又激起了我的痒痒心,心中虽然没有底,但想试一试的想法还是很强烈。回到办公室,又开始纠结,申请吗?如果参评,我的条件一旦与他人相差甚远,我多丢人;如果还没尝试就放弃,那么我无法知道我与他人的差距到底多远。咬咬牙,跺跺脚,参评!

首先细细研读通知,一条一条地对照,先把基本条件的荣誉证书、论文、课题、讲课整理好,装订归档,上交教育局。然后就是漫长的等待,忐忑的期待。时而安慰自己:重在参与,不管成与不成,我已经很优秀了,起码学校就我一个够条件,海阳市小学部也就我一个够条件;时而又打击一下自己:自不量力!特级教师是什么?是教师最高荣誉,享受国务院特殊津贴!你是谁?一个小学的教务主任而已,默默无闻、平平淡淡,没有惊天动地的壮举,只是在自己的工作岗位上尽心尽力而已。当然内心深处还是渴望能评上。在矛盾煎熬中度过了一个月的时间。

5月底,我接到了参加山东省特级教师说课答辩的通知,这就说明我的基本条件已经通过了县、市、省三级选拔,和我同时通过初选的还有海阳市一中的校长(原教育局局长)、城阳初中的语文教师。在高兴的同时,也倍感压力之大,因为在这之前我,除了努力工作之外,几乎没再学习,专业素质和理论水平的确称不上出色。我用什么去和其他教师竞争?"书到用时方嫌少"!我后悔以前的鼠目寸光,后悔以前的安于现状,后悔以前的不思进取……可后悔有什么用?现在开始弥补吧。有成功人士说过"只要想学习,多大年龄也不晚"。于是,我开始了漫长而又短暂的两个月的读书学习、充实提高阶段。

这段经历对我来说,可以说终生难忘。因为我需要看的书太多了,我不懂的理论太多了,我要问的问题太多了……我大有不知从何下手之无奈。但怨天尤人无济于事,我只能尽我所能拼一把。

记得当时我整天捧着一堆书,除了上课之外,几乎都在看书学习。不记得看了多少本书,也不记得看了多少类型的书,就知道我因为长期低头看书,把眼睛熬得通红、肿得像灯泡。两个月来,我吃饭、走路都在琢磨教育教学规律、教育教学艺术,琢磨教育教学改革的宗旨和目前教育教学最前沿的理论体系。总之,我就是拼了命地学习提高。

功夫不负有心人! 2006年暑假期间,山东省在烟台市和聊城市分别设了考场,胶东半岛的地市选手在烟台师范学院说课答辩。我提前一天到烟台师范学院报到并抓阄决定说课答辩位次。我手气好,二百多名选手,我抓了数学学科第一名。大家都知道,不管什么比赛,第一名一般稍稍吃点亏,可我并不以为然,可能是我这两个月准备充分吧,也可能因为我一直在教学一线上工作吧,反正我没觉得有压力。抓阄、抽课、备课、说课、答辩,一气呵成,并且自我感觉良好,因为评委对我的观点非常赞同,在我答辩期间,不住地点头表示认同。紧张激烈地说课答辩整整三天时间,最后出来结果时,已经是第三天下午四点多钟,我的说课答辩成绩是烟台赛区第一名。

评上特级教师后,我的学习从被动变成主动。首先,特级教师必须要比其他教师优秀,要在学术方面做他人的引路人,既能讲观摩课,又能指导优质课,并且能给教师进行全方位的培训,还要出口成章、提笔成文,所以,我逼着自己学习。看书(前边已写)是学习的一种方式,除此之外,在听评课中学习课堂教学技巧和随机事件处理能力,在与优秀教师交谈中学习先进经验和教育艺术。收获最快的方式是直接聆听专家讲座,面对面接受技艺,学习先进教育教学理念,提高发现问题、解决问题的能力,并指导自己的教育教学实践,提高改革创新能力。

这十几年来,我外出学习了许多次,从被动到主动,学习兴趣越来越浓。但不管主动,还是被动,每次的收获都是满满的。当我初尝了学习带来的喜悦和成就时,主动学习的愿望更是势如破竹、势不可挡。第一次参加"烟台市首届名师工程人选"上海华师大学习时的情景还历历在目:带着病痛,高烧39度,边听边记,一个字不肯放过,仿佛久旱遇甘霖;新课程培训济南一行,聆听大师教诲、和专家面对面、零距离对话令我终生难忘!大师、专家没有居高临下,没有傲视群雄,而是平易近人,有问必答,并且无微不至、耐心细致,像家人、像同事、像朋友、像师长,把我们在教学一线中多年遇到的问题,几乎在刹那间迎刃而解,我们混沌的思维一下子豁然开朗,仿佛进入了琉璃世界,神清气爽,对教育教学充满了希望和憧憬。热爱教育、热爱学生、热爱学习的心更加坚定和强大了。为了表达我学习所得不同凡响,每一次学习后,我都在第一时间撰写学习体会,总结自己学习所得,同时为同事提供学习参考,分享高层次的教育灵魂。仅学习体会的题目,我都会费尽心思,反复斟酌,推敲出一个比较能代表学习收获、激励人上进的名字,以示我的感激和感动。下面是我几年来的学习体会,与大家分享。

累并快乐着
——我眼中的杜郎口

前几天我和高主任随教研室一行到茌平县杜郎口中学参观学习。杜郎口中学是一所乡镇中学,茌平县又是一个比较落后贫穷的地方,走之前我觉得这次参观学习应该效果不大,尽管领导已经对杜郎口的情况进行了简介,但我仍持怀疑态度,觉得应该到一个经济比较发达且办学条件好的学校去参观。

说着笑着,不知不觉,车已开过了济南。往西,就是满目的荒凉和一望无际的平原,和我们胶东山清水秀、气候宜人的环境完全不同,空气混浊,不时夹杂着风沙扑面而来,打得脸痛痛的。于是心情就越发不愉快。经过一天的颠簸,下午五点多钟,我们到了茌平县城。从建筑到街上的行人,从街容街貌到店面的门头,都是20世纪80年代的感觉,饭菜更是不合胃口,尽管这样,我们还是吃了几口,抓紧时间休息,因为明天的行程安排得很满,也应该很累,所以今天要养精蓄锐。因为当地发展落后,晚上几乎没有噪音,再加上一天的旅途劳顿,所以一觉到天明,休息得非常好。早晨起床后,到宾馆外散散步,看看风景,还算满意。早晨空气特别好,内陆气温又高,路两旁的柳树已经发芽,经微风吹拂,轻歌曼舞,悠闲潇洒,心生几分喜爱;山坡上的迎春花嫩嫩的、亮亮的,仿佛水做的,也格外耀眼。

茌平经济落后,污染也少,在去杜郎口的路上,极少看到行人和车辆,正好可以充分欣赏路两边的建筑和风景。古朴典雅,淳朴自然,心情越发的美丽起来。正当我陶醉在这淳朴的自然风光时,随着"到了,到了"的喊声,我眼前出现了一片和周围很"不和谐"的建筑:漂亮气派的四幢大楼,突兀地立在一片破旧的平房之间;现代化的电动大门,高傲地看着我们,门旁醒目的五个镀金大字——杜郎口中学,仿佛就是欢迎我们的最高礼仪;大门两边是花纹漂亮的大理石铺就的一尘不染的停车场,并且已经停了好多辆大客车,估计也是来参观学习的。在平重视教育已经初见端倪。

良好的开端等于向成功迈出了一大步。今天心情很好,对杜郎口古朴淳厚的民风有非常好的印象,我相信今天的参观学习一定能满载而归。我们一行 70 多人沿着整洁的甬路来到了教学楼前,学生们三三两两,有的在打扫卫生,有的在抱着书往教室走,有的刚从餐厅出来……没有匆忙的脚步,没有看到陌生人的惊奇,有的都是平和、随意、大方、日久天长的积淀和丰富的底蕴,所以面对这么多的参观学习者,一点紧张和矜持都没有,旁若无人。我们也"旁若无人"地走进了教室。

教室里"乱糟糟的",有的在黑板上写,有的在地上写,有写名人名言的,有写习题的,习题做完了很快就有人批改。(这节应该是英语课,因为大多数学生写的是英语)有的三五一群趴在座位上谈论什么,有的自己在看书。我看得眼花缭乱,有点刘姥姥进大观园的感觉。但有一点是肯定的,凡是往黑板上写东西的学生字写得特别快,并且正规清楚(这一感觉通过以后听的几节课更能证明)。

上课铃一响,黑板上的东西被迅速擦去,接着又开始了另一轮的书写比赛。参观前就听初主任介绍说,他第一次去听课时,几乎听了半节课也没看到老师,整个课堂就像赶集似的,乱哄哄的,当时我还偷偷地笑,心想:既然这样还带我们来参观?的确,上课铃声响以后和响以前真没有什么区别,所有学生仍三五成群,一会儿趴在桌子上,窃窃私语,一会儿在黑板前指指点点,一会儿五六个学生在黑板上唰唰写字,其他学生在看,随时有学生上台指指画画,修修改改……大约十分钟过去了,学生干部模样的女孩自觉开始组织学生交流讨论,好像是一组一组地交流,小组长负责讲解,其他组员补充(大概是六个小组),气氛活跃,无论是谁讲,其余学生的眼睛都紧紧盯着,唯恐落下什么。这期间,我特别关注一个长得比较小的女孩,整堂课她都没有大声发言,但听得却特别认真、仔细,并不时往本上写着什么,她身旁的一个学生随时给予她指点和帮助,声音不大,别人几乎听不见他们的交谈,可他俩仿佛非常默契,经常眼睛并没有相互看对方,可只要女孩一迟疑,旁边的同学马上能觉察到,一会儿两人耳语几句,从女孩不住地点点头的神情看,女孩是听懂了。这个环节大约十分钟的时间。下一环节是老师和学生互动的环节。这一环节我听懂了,并且对前一段时间学生的学习状况也大致有所了解。老师站在教室不显眼的角落里,简单地对刚才的学习进行了小结,接着让同学们根据刚才所学单词进行联想,联想单词、联想一句话或者成语、小故事都可以。此时,我才领略到茌平中学教育的不同凡响!学生的词汇量和知识储备大到可怕,如果老师不说停,学生大有能说三天三夜之激情。说着、问着、答着,一节课的学习内容就在轻松愉快的气氛中完成了。我根本不觉得是在学新课,轻松愉快,没有刻意雕琢的痕迹,就像拉家常,非常自然、从容地学习了新知识,掌握了新本领。这一环节大约十分钟。最后一个环节是学生自我评价。学生们迅速找到了自己的那块黑板,开始了又一轮的板演比赛,不一会儿工夫,黑板就被写满了,同时很快就有同学批改,个别有错误的学生很快被纠正过来了。我关注的那个小女孩写的和黑板上的重点要点一模一样,在写的过程中,她不时地参照黑板,我猜想她可能还没有十分的把握吧。总之,最后她写完了,并且写对了,这就是她的收获。

一节课的时间就这样悄悄过去了,当时,我觉得眼花缭乱,课后才梳理了一下思路,理清了这节课的脉络:本节课共分了四个环节,一是预习,即课开始的前十分钟,包括自学和小组合作学;二是交流展示阶段,小组把本组预习自学的内容进行交流展示,各个小组有自己的侧重点;三是应用提高阶段,根据单词能联想到什么;四是自我评价阶段(即一节课的收获),通过这一环节可以看出不同的学生有不同的收获和提高。课前环节是,往黑板上写字主要有两个目的:一是锻炼学生写字的速度,二是改正上节课的错题。这就是我们到杜郎口中学听的第一节课,结合参观前的了解,他们的课的的确确体现了"三三六"自主学习模式。下面结合我听的其他几节课谈谈"三三六"自主学习模式。

三个特点:立体式、大容量、快节奏

立体式——目标任务三维立体式,任务落实到人、组,学生主体作用充分发挥,集体智慧充分展示;

大容量——以教材为基础,拓展、演绎、提升,课堂活动多元,全体参与体验;

快节奏——单位时间内,紧扣目标任务,周密安排,师生互动,生生互动,达到预期效果。

三大模块:预习—展示—反馈

预习——明确学习目标、生成本课题的重、难点并初步达成目标;

展示——展示、交流预习模块的学习成果,进行知识的迁移运用和感悟的提炼提升;

反馈——反思和总结,对预设的学习目标进行回归性的检测,突出"弱势群体",让他们说、谈、演、写。"兵教兵""兵练兵""兵强兵"。

课堂展示六环节:预习交流、明确目标、分组合作、展现提升、穿插巩固、达标测评。

预习交流、明确目标的环节——通过学生交流预习情况,明确本节课的学习目标;

分组合作——教师口述将任务平均分配到小组,一般每组完成一项即可;

展现提升——各小组根据组内讨论情况,对本组的学习任务进行讲解、分析;

穿插巩固——各小组结合组别展示情况,对本组未能展现的学习任务进行巩固练习;

达标测评——教师以试卷、纸条的形式检查学生对学习任务的掌握情况。

整整一天的时间,我共听了3节课,英语、数学、生物;听了2个报告,一个是介绍杜郎口改革的背景和改革的过程,一个是杜郎口的管理制度和策略。通过听课,觉得杜郎口中学的教师上课非常轻松,一节课下来也不过说了几句话,大多数环节都是学生自己主持进行,充分显示"兵教兵"的特点,老师可以说只是学习活动的一个参与者,但凭我二十几年的教学经验知道,教师课下的工作肯定做得很多很多,因为参观前初主任有要求,不得随便和教师学生交谈,所以教师课下到底做了什么,做了多少,我不得而知。可听了杜郎口中学副校长谈学校管理后,我恍然大悟:杜郎口中学的教师比我想象的要累得多,他们在教育教学工作中付出的比我们多得多,这也正是此次参观学习的感慨之一,也是我写这篇文章的原因。

杜朗口中学的课堂教学模式是"预习""展示""反馈",想想我们的教学，也无非是预习、教学和反馈，我们比他们少了预习的目的性和学生的活动展示，多的是老师的喋喋不休，课堂上看起来，老师一刻也不闲着，但学生却失去了自我，失去了自信。杜郎口中学教师的成长之路可谓艰辛和艰难，举一个事、列出几组数字足可以说明。杜郎口中学自从出名以来，几乎每天都有参观学习的领导教师，一年大约有 10 万人次，师生是如何练就了一副心无旁骛、处变不惊的境界？普通教师的过关课至少要过五关，一是过班主任关，二是过级部主任关，三是过学科主任关，四是过教务主任关，五是过业务副校长关。如果这五关顺利通过，就可以正常和学生上课，接受参观学习；如果这五关没能通过，就实行跟踪听课制，不定期不定时，学校领导随时推门听课，现场评课，直到过关为止。过关的教师也并不是端了金饭碗，而是要随时接受各级领导的推门听评课，学校每天给一个"教学小组"教师的课堂授课进行排序，并把课堂中存在的问题一并写在教学楼大厅的黑板上，供教师参考借鉴。看起来简单做起来难，教师要过五关斩六将，不下狠功夫，如何应付得了？这不仅仅是上课的问题，还包含教师对教材的把握处理，对学生的了解，对课标的理解，对教与学的调控和课前预习提纲的编排等，要讲一节课，课下所要做的是非常庞大的工程，而教师时时刻刻都要这样做，这又是一项什么样的工程？相信不用我再啰唆，人人都能体会到。

教师累吧，可我从教师的脸上根本看不出不高兴或者疲乏，学生苦吧，从学生充满自信和快乐的脸上也找不出答案。但从茌平教科所所长的介绍中，我找到了答案。

一、给教师"换脑子"。请专家讲座，讲世界上最先进的教育理念，让每一位教师对当今世界上需要什么样教育的观念根深蒂固。

二、开展"六个一"工程。每学期，读一本教育科研名著；听一场高水平的教育专家报告；研究一项实用的教育科研课题；写一篇有独特视角的教育科研论文；编制一篇有创意的课堂教学案例；培养学生搞一项小发明小创造。

三、领导充当开路先锋。学校发现以前的课堂教学严重存在教师只管讲学生被动听的问题时，学校就硬性规定，每堂课教师的讲授时间最多不能超过 10 分钟，这样就逼着老师在"精讲多练"上下功夫。凡是要求教师做到的，领导首先做到，首先是领导上示范课，学校分管业务的五位领导按照校委会的要求，认真准备，精心提炼，一举打响了公开观摩的第一炮，接着，各科骨干教师又先后表演了达标课,给一线的教师树立了榜样,教师纷纷响应。"10+35"课堂授课模式现已深入人心,成了杜郎口中学的亮丽风景。

四、考核奖金和教师的业务能力、专业成长紧密结合。不管杜郎口的老师课前做了多少工作,他们脸上都洋溢着幸福的微笑,这就是杜郎口人的精神,杜郎口人值得学习推崇的地方。他们的质朴清纯很感人,尽管普通话不标准,但教育出的孩子们个个眉宇间洋溢着自信的表情和轻松的微笑,较高的升学率更令人佩服。

回校后,我们对杜郎口中学的教育教学模式进行了深入细致地研究和剖析,它山之石可以攻玉,我们结合我校教学实际,进行了改革创新,在反复实验的基础上,提出了《新课程背景下有效课堂教学模式的研究》,经过四年的研究实验,于 2009 年 9 月顺利结题,并在海阳市范围内进行推广。

与大师对话荡涤心灵启迪智慧

（发表在山东省远程研修简报上）

——听王尚志教授解读新课程标准有感

20120421 晚 11 点

2012 年 4 月 19 日,我踏上了去济南学习的列车,一路颠簸,下午 1 点到达原济南军区第二招待所,草草吃了几口剩饭,没顾得洗漱,就急急忙忙地到了东郊饭店会议中心,聆听王尚志教授解读新课程标准。

王尚志教授的大名,我早有耳闻,首都师范大学数学系教授、博士生导师,任首都基础教育发展研究院副院长,教育部基础教育课程教材专家委员会委员,APEC 教育顾问,高中数学课程标准研制组副组长,义务教育组课程标准修改核心组成员。所以今天能亲耳聆听他的讲座,非常兴奋。

王教授很守时,2 点 10 分就到了会场,静静地坐在角落里,若不是王凯科长和他打招呼,我们都把他当成普通的、敬业的"老"学员。

王教授,大概五十多岁吧,白白胖胖的,戴一副金丝眼镜,头发稀少,天庭宽广,一看就知道是博学多才、满脑子学问的人。

王教授很谦虚,对自己的光环没有做过多的说明,开门见山,直接对新课标进行解读。他首先对本次讲座进行了概括,点明本次培训重点是解读"数学课程标准的主要变化"和作为一名数学教师"要整体把握义务教育阶段数学课程标准"。王教授学识渊博、口含珠玑，简单几句就把课标修改的背景交代得清楚明了，当教授点到"教师要有大视野、大胸怀"时，我怦然心动，一股敬佩之情油然而生，我在心里默默感慨：这就是专家！这就是大师！这就是数学权威！（听了吴正宪老师的讲座，我亦有此感受，以后我也会写体会）我当即在笔记本上写了一段话：王教授就是一台电脑，一台内存丰富的存储器！一按开关，知识就会像自来水一样，源源不断地流淌出来，而且会分门别类，需要什么淌什么，仿佛能窥见我们的内心世界，每一句话都一针见血，直指我们的困惑和疑问。我听得津津有味、如痴如醉，仿佛久旱遇甘霖，笔在手里龙飞凤舞，一刻不停，真想把教授讲的每一句话、每一个故事、每一个案例都记下来，作为今后教育教学工作的指导方针。

王教授讲课的方式和以往的培训方式大不一样。他和蔼可亲，平易近人。从开始到结束，整整三个小时，一直站在台下，和学员面对面、近距离接触，不时地让学员参与他的课堂研讨。他把抽象枯燥的理论讲得似和风细雨，浸入心田；似涓涓细流，沁人心脾。凡是生涩的理论都辅以生动形象的故事，让我们有一种身临其境、置身故事之中的感觉，浑然忘我，不知不觉和自己的教学实际联系起来，抽象的理论生动起来、生涩的概念活泼起来，真正体现了教育无痕润物无声的教育情怀。

下面结合我25年来的教学实际，就王教授提出的四个问题（1. 不增加学生的学习时间和强度，有什么办法提高学习、教学效率？2. 如何让学生喜欢您——喜欢数学？3. 如何调动学生学习激情、主动精神？4. 如何帮助学生学会学习？）粗浅地谈一下自己的体会，如有不当，敬请专家指正。

我个人认为这四个问题中，最关键也是最重要的是第二个，只要一个教师有办法让学生喜欢上自己，喜欢上数学，其他三个问题就会迎刃而解。

如何让学生喜欢自己、喜欢数学？回顾二十多年来的教育生涯，大致需要以下几方面。

一、关爱学生、潜心教育，用"爱"的甘露滋润学生，践行育人宗旨。

爱是教育的前提，有了爱就有了教育的根基，只要我们把爱洒遍教育的每一寸土地，相信被爱滋润浇灌的学生一定会茁壮成长，枝繁叶茂，早日成长为健康、快乐、积极向上，同时具有一颗金子般爱心的社会建设者和创造者。

我自毕业以来一直在新元小学任教，开始时对教育懵懵懂懂，大多根据自己的喜怒哀乐，随心所欲地教学。由于从小接受的教育是仁义礼智信，所以也教得有声有色，成绩突出。2001年，课程改革的东风吹遍了祖国大地，也染绿了我们的校园，我更是如鱼得水，尽情徜徉，从开始对教育教学理论的浅尝，到深入研究，从对教学中存在问题和现象进行搜集整理，到深度剖析，在大量调研的基础上，慢慢寻找到了教育的真谛："好教育和爱息息相关"。对爱的教育有了自己的认识和理解，我的教育观就定位在了"爱"上。大爱无疆、真爱永恒！我相信爱会传递。有了爱，教学就不再是我谋生的手段，而是一生追求的事业；有了爱，我心里就装进了学生，眼里看到的是学生的可爱天真。我备课时，首先了解学生对此知识已有哪些基础，教学准备什么可以有效把新知和旧知对接，激活学生已有知识？需要设计什么活动，学生喜欢且能主动探究，从而顺利完成学习目标？课堂上，我能随时捕捉到学生眼中的信息，需要认可，我的眼神是赞许；需要鼓励，我的眼里充满期待；需要提示，我会加上肢体语言，让学生找到正确回答的方向；如果学生茫然，我会即时提供有效信息，帮助他走出荒原，并发自内心地为学生的点滴成功而高兴。在设置作业时，我思考得最多，我不厌其烦，反复论证，分层布置，让每一个学生都能以最短的时间达到最佳的学习效果。批改作业更是我的骄傲，我对每一份作业都用心批改，符号加评语一直是我的最爱，也成了习惯。特别是学困生的作业，我更是倾注了所有的爱心，"面批面改"是我对学困生的特殊待遇，以至于我教的学生对数学学习情有独钟，几乎没有不及格的现象发生。最有推广价值的，也是和专家不谋而合的方法，就是举例子、画图帮助学生理解知识，事半功倍。

二十几年来，我从没给学生加重过课业负担，学生一直在民主自由的氛围中，自由徜徉，收获知识、收获快乐、收获成功、收获思想，他们的童年是快乐的，视我亦师亦母亦友。

二、学识渊博、与时俱进，志趣相投、童心未泯。

我的课堂可以说是百家讲坛、综艺大观。当学生学习厌烦了，累了，我会毫不犹豫地选择学生喜欢的活动，进行减压、放松。我经常拿出一整节课教学生唱歌，唱最新的流行歌曲，再加上电子琴伴奏，竟感动得学生课后主动要求老师多布置点作业，以弥补课堂上的损失。其实我知道，学生爱学习了，不怕浪费这一点儿磨刀工！我也会和他们一起讲故事、脑筋急转弯、笑话，有时也即兴来一段诗朗诵、美文诵读等等。当读到动情处，我会眼含泪花，声情并茂，感动得学生热泪盈眶，还不忘连连佩服数学老师："真是才女！I love you！"当然这些不能经常表演，时间久了，也会打折扣，关键还是教师的学科知识和专业素养潜移默化地影响着学生、激励着学生，调动着学生的学习热情。为此，我博览群书，不分文理，包括历史、地理，也涵盖了国内国外，有的现时用不上，但不知什么时候，我就会信手拈来，成为课堂的点睛之笔。如刚开始学电脑时，许多人不理解，说我不教电脑，学那东西干吗？当学习圆的面积推导公式时，不管语言有多丰富，也无论如何说不清推导过程；画图直观，可黑板太小，教师手太拙，画满了黑板也没表达清楚意图，因为在黑板上真的画不出——当我们把小扇形切割得越来越小的时候，所拼成的图形越来越接近长方形的过程，而电脑会非常直观逼真地展示极限思想，展示圆的面积演变成长方形的过程。记得我用电脑演示随着切割的扇形越来越小，拼成的图形越来越接近长方形，直到最后就是长方形的感觉时，令其他教师瞪大了眼睛，当然，我的学生不费吹灰之力，轻轻松松地掌握了圆的面积公式，更可贵的是，学生在学习过程中，自然而然地学会了利用切割拼凑的方法、把新知识转化成已有知识的转化思想以及极限思想。这都是我学习课标、参加理论培训的收获，我把收获融进了课堂，送给了学生，使课堂生动、形象，充满神奇和活力，学生们真正在快乐中学会了知识，形成了能力。他们喜欢上了老师，同时爱上了数学。

　　课间的时候，我会主动和学生一起跳绳、踢毽子，拉近和学生的距离，让学生把我当成伙伴、挚友，志同道合。当然，仅靠简单的娱乐还不足以抓住学生的心，我平时会留意学生喜欢什么，最近流行什么，我就私底下用心去学，以期和学生融为一体。记得刚开始流行哈利·波特时，我晚上躺在被窝里，一看就是半宿，为了课间和学生有共同探讨的话题；男孩子喜欢足球比赛，正好赶上世界杯比赛，我每天夜里 11 点准时看比赛。唉，单调乏味，十几个人围着一个球跑来跑去，刚有机会进球了，一不小心，球丢了，被对方抢走了。有时，看了 1 个小时、2 个小时……也没有进球！我困得不行了，还得加时赛！最可恶的是，球员们长得模样都差不多，我看了半天也弄不懂谁是谁。就这样我也坚持看，直到最后，我不仅能看懂哪个球队赢了，还能直呼进球队员的名字，世界著名的球员，我都认识了，如外星人罗纳尔多、狮王卡恩、梅西、布冯等。有付出必有回报！我和学生们眉飞色舞地谈论他们的

"专利"时，他们无不激动万分，眼中流露出敬佩、亲切之情，我知道我在他们心中的形象高大了许多，简直就是他们的偶像了。一次偶然的机会，我听到了几个同学的谈话，其中一个说："我要好好学习，认真完成作业，不然就不能和数学老师一起玩、一起谈天说地了。"另一个说："是啊，如果学习不好，纪律不好，对人没有礼貌，工作不认真负责，就不能和数学老师成为朋友了。"透过现象看本质，我的人格魅力起了很大作用，我的付出也结出了累累硕果。

三、数学素养深厚，能正确引导学生有效学习、健康成长。

数学素养是一个优秀教师的标志。小学数学让学生知道结果很容易，但让学生经历知识的产生过程以及发展过程，却不是每一位教师都能做到的。如估算教学，如何培养学生的估算能力，需要一个由低到高、由易到难的循序渐进的过程，教师必须结合学生的生活经验，进行渗透式渐入式推进，让学生一步一步走得稳稳当当，慢慢养成估算意识，掌握估算方法，最终形成正确的估算能力。如何判断方程？为什么用等式的性质解方程而不用量的关系解方程？这些问题的解决需要数学教师深厚的数学学科知识和对课标精神的实质把握。

新修订的《数学课程标准》指出：在数学课程中，应当发展学生的数感、符号意识、空间观念、几何直观、数据分析观念、计算能力、推理能力。为了适应时代发展对人才培养的需要，数学课程还要特别注重发展学生的应用意识和创新意识。

对照课标，我觉得我在发展学生的应用意识方面，有些成效。如《公倍数》一课。公倍数是为以后学习通分打基础的，但是生活中用到公倍数来解决问题的事例却很少，为了让学生体会到学习该知识就是生活应用的需要并有兴趣来解决，我很是动了一番脑筋。我创设了这样一个情境：出示房屋装修的效果图，告诉学生，我要在卫生间白色的墙面上用大小不同的彩色正方形作为点缀，用长3分米宽2分米规格的瓷砖来拼这些正方形，为了美观，不能切割瓷砖。请大家为我设计几个方案，谁设计的方案好我就采用谁的方案来装修我家的卫生间。这样的情境设计，能让学生体会到自己学到的知识是有用的，有价值的，参与热情非常高。依托设计方案这个情境，我很顺利地引导学生学会了公倍数这一知识。为了更好地发展学生的应用意识，我在练习题的设计上也独具匠心：我家的厨房墙面上还要做一个边长是8分米的正方形,你能告诉我选用什么型号的瓷砖不用切割,正好铺满?这是一个开放性的题目,学生不用学具摆,而是要运用学到的公倍数知识来算,很快学生就能联系生活实际,给我很多好的建议。如:边长是 1 分米的瓷砖能正好铺满,但是这种型号太小了,可能不太美观。不如用边长是 2 分米的瓷砖来铺。从学生的回答中,我欣慰地看到了我多年致力于培养学生应用能力的效果,学生真的把数学用到了生活中。在以后的教学中,我会把发展学生的各种能力作为数学教学的核心,做一个学科素养深厚、能引导学生有效学习的老师。

通过本次学习,我感触最大的是,作为教师就应该终生学习,学习学科知识,可以高瞻远瞩,学习理论知识,可以指引方向,学习教学技巧,可以提高教育艺术,学习课程标准,可以提纲挈领。总之,学无止境,为了曾经选择了教育,为了教育这份情怀,学习,学习,再学习!

取法乎上得乎其中

——首届烟台名师人选上海学习感悟
20091209

本人自认为参加工作二十年来,没有虚度光阴,在人品、学识及教学管理方面有所建树,也深得同事和领导的认可,故三次获得县级政府表彰,两次获得烟台市级荣誉,1997 年 9 月被海阳市政府记"三等功",当选海阳市十五届人大代表。2004 年 9 月当选为烟台市优秀教师,2006 年 1 月被海阳市政府评为"十佳教育工作者",9 月被评为山东省特级教师,11 月被评为海阳市"百名优秀人才",12 月晋升中学高级职称,2009 年 9 月,被评为首批"烟台市名师工程人选",所以才有机会到上海学习。

2009 年 11 月 1 日,我怀着激动、自豪的心情踏上了开往上海培训学习的列车,颠簸 22 个小时,于 11 月 2 日上午 7 时到达上海,并于当日上午 8 时开始了为期一周的培训。

经常用"听君一席话,胜读十年书"这句话,却不甚清楚"君"的模样,"君"的风采,模糊认为是能点醒梦中人的人吧。本次学习,共听取了 10 位教授、专家、领导的讲座。可谓"听十位君的几十席话,胜过读几十年的书",真是大开眼界,大饱耳福,获益匪浅。这次学习,我首先理解了学会学习、终生学习的深刻要义，更加坚定了我努力学习，继续在教育教学这片沃土上，勤奋耕耘，深入研究，不断探索，为孩子一生健康、快乐成长，为培养适应现代社会发展的健全人才贡献毕生精力的决心。

下面我就以具体的几件事例谈一谈我的收获和感悟。

由于天气骤变，气温降到零下七度，火车上条件又不好，我到达上海的第二天就发起了高烧，同行的几位教师劝我在宾馆休息，可我觉得，一是到上海学习机会难得，失去了恐怕以后很难再补上；二是感冒发烧就是躺着休息也一样难受，于是就坚持去听课。本以为又是鼻涕又是泪，肯定听不进去，可发烧的三天中，我只要一听课，就全然忘了自己是个高烧39度以上的病人。边听边记，并对照自己曾经的工作思路，许多地方做得不好，反思原因，是我不懂教育教学规律，又不肯看书学习的缘故。当我听到心潮澎湃时，就急不可待地筹划回校后的宏伟蓝图，我经常是"一心二用"，在听课记录的同时，在我听课笔记本的边边角角上，写满了反思和规划。等到专家们说："今天就讲到这儿，大家回去吃饭吧"，我还意犹未尽，心想："这么快就到了吃饭的时间了？我没有饿的感觉，也没有累的感觉，更忘了发烧的不适"。可见，专家讲课的精彩程度。他们深入浅出，既有理论作支撑，又有具体事例做注解，有理有据，我们就像久旱遇甘霖一样，使足了吃奶的劲，吮吸我们需要的知识，直听得我们如痴如醉，根本没有了时间概念，哪还会知道饿、困？

我是个不太喜欢出头露面的人，不管是学习还是工作，都喜欢默默地、一个人独处，可听了清华附中语文老师的成长经历后，不由自主地在课间休息时，索取了他的联系方式，以便今后有困惑时与之联系取经；在听了成华校长管理学校的经验交流后，被他弹性的管理艺术所折服，主动和校长留影以作纪念；当看到一尘不染、校园环境优雅、文化气息浓郁、师生健康、乐观向上的精神面貌时，不由得按下摄像机的按钮，记录下值得学习借鉴的校园掠影，并大胆地向学校领导索取了管理资料，以便回来后认真研究、学习，汲取适合我校师生发展的精华……听了郑洁的《给教师的一百条新建议》，我领悟到，作为一名优秀教师既要看经典名著，增加文化底蕴和厚重感，提高文化品位，又要读时代杂志，了解最新社会动态，做一个时尚的现代人，更要看教育名著，教育期刊，了解教育的最前沿信息，了解教育改革进程，了解教育的发展史和成功经验，这样才能站在教育改革的风口浪尖上，激流勇进，不被时代淘汰，做学生喜欢、佩服的良师益友、合作伙伴。

我的教育情怀

　　教学艺术的研究高深莫测，需要专家引领，生活小事也蕴含着深刻的哲理，经专家的点拨，我恍然大悟，心境豁然开朗。

　　生活中，夫妻、家人、朋友，经常有磕磕碰碰的事，人们常说"清官难断家务事"，其实这是谬论，家务事如果你稍用心去经营，作为"学问"来研究，相信一定会"和风细雨、润物细无声"，郑老师举了我们人人经常遇到过的一个例子：一日，妻子在切菜，不小心割破了手指，丈夫闻讯后，急忙找来创可贴，一边给妻子包扎伤口，一边埋怨："干什么总是粗心大意，不会小心点儿！"妻子割破了手，本来就疼，再加上丈夫的埋怨，更是雪上加霜，仿佛被丈夫在伤口上撒了把盐，变成了撕心裂肺的疼，而后果可想而知，可能妻子赌气，不理丈夫，可能是两口子唇枪舌剑，闹得不可开交，此时丈夫还满肚子委屈：我是关心你，心疼你呀，你怎么"狗咬吕洞宾，不识好人心"呢？一赌气，摔门走了。专家点评，丈夫是心疼关心，但表达方式错了，给人感觉就是埋怨，如果改成："哟，割哪儿了，快，我给你包扎一下，以后做事小心一点，你割破了手，我很心疼！"包好了以后，再说："去歇着吧，我来！"妻子感激涕零，满含热泪的眼睛，深情地望着丈夫说："没事，一点小伤，不影响做饭。"这是多么美好的画面，温馨、幸福、其乐融融。专家的话一语点破天机，如此简单的道理，我们恐怕一生也悟不明白。

　　这样的事例，这样的心情可以说充溢着上海一行的每时每刻，不胜枚举，感谢、反思、迫不及待实施的心境一直伴随着学习的整个过程。感谢领导为我们提供了这次难得的学习、提高机会。反思以前自己走过的路，既惭愧又自责，同时更为参加这次学习庆幸，因为我知道了今后努力的方向，明确了奋斗的目标，领略了"君"的风采。

　　闲暇时，游览了上海市容，领略了大上海的繁荣，世界金融中心的繁华，登上东方明珠的顶层，体会到了"会当凌绝顶，一览众山小"的豪迈之情；游杭州西湖，领略了"欲把西湖比西子，浓妆淡抹总相宜"的西湖美景，"断桥相会"的传说，体现了文人墨客对浪漫纯真爱情的向往；拜灵隐寺，被寺庙的幽静、深邃、肃穆所浸染，竟不自觉地产生敬畏之情，整个人都变得严肃认真起来。这就是文化的意义所在吧。文化内涵的积淀，不是一朝一夕形成的，就像灵隐寺周围树木花草的厚重、葱郁，都显示它们已经经历了几百几千年的风雨沧桑。我们个个屏气宁心，对灵隐寺的一切心怀敬慕，仿佛置身于桃源仙境。相由心生、境由心造，我不由得低声吟诵起诗人刘禹锡

《陋室铭》中的佳句："山不在高,有仙则名。水不在深,有龙则灵"。

　　总之,此次上海一行,收获颇丰,感触颇深,感慨颇多,晏子曰"为者常成,行者常至",感慨再多,也不如把学到的东西用到实践中。于是,上海回来后,我马上制订了成长管理计划,包括我和我的领导、老师们,首先把此行的见闻和学习感受向大家汇报,然后在征求大多数人对成长管理计划的意见后,将计划发放到每一位同行手里,让他们根据我的计划制订自己的学习计划,并按计划实施,以一学期为期限进行总结评比。我的初衷是,不期硕果累累,只要播下优质的种子,终有收获。

大气　规范

栖霞市实验小学参观学习体会
20090428

　　前几天到栖霞实验小学参观学习,进校的第一印象就是"大气"。教学楼设计精美、豪华大方,令我们一行五人面面相觑,不住慨叹。在教学楼里转了一圈之后,和我同行的高主任忍不住说道:"为什么我们学校的教学楼设计不征求我们的意见?建成那么一个既小气又不实用更不美观的小火柴盒形状?"宽阔的天井,一片绿油油的三叶草,闪着透亮;台球桌、乒乓球台令我们羡慕不已,更令人垂涎的是各种各样的健身器材,摆了满满一个健身房。一抬头更是吃惊不已,围着走廊的边缘是一层一层的吊兰,令人心境一下打开,神清气爽,感觉进了桃花源,有点乐不思蜀了。沿着楼梯一层一层往上走,由羡慕变成仰慕,心中感慨:如果我能在如此诗意的环境中上班,肯定会百倍努力、万倍付出,工作再累再苦也无怨无悔。整幢教学楼窗明几净,到处一尘不染。我们一行人在楼下仔仔细细把脚上的泥巴擦干净,才小心翼翼地上楼,谁也不忍心破坏这种和谐与美丽。文化的感染力太大了,我们刚来不到半个小时,就俨然这里的一员,走路轻轻、说话细细,"高山仰止,景行行止。虽不能常住,然心向往之。"我们和这所学校融为一体了。

　　我们屏住呼吸,轻轻地移动着脚步,沿着走廊一个一个班级地参观,令人耳目一新的是班级特色介绍,每个班级门口外墙上都有一块扇形装饰物,上边有中队名称、班风班纪、班级荣誉、班级特色、课程表、时间表、辅导员名字和相片等,这块小牌牌,既便于领导巡查,也便于参观学习者快速了解情况,更便于班级之间相互学习、相互竞争。我暗暗下决心,外部环境、硬件设施我们没法改变,但我们可以在软件上下功夫,在学习借鉴他们成功经验的基础上进行改革创新,制定适合我们校情的规划,发展合适我们学情的特色。

档案建设是这次参观学习的亮点。今年是烟台市常规管理活动年,我们已经开始行动了,学期初就制定了有关常规管理规范实施方案,并逐渐规范各项工作。但听了栖霞实验小学的四个交流材料后,深感我们还有不足。尽管我们的工作做得很多,几乎是样样俱全,并且也非常用心地在做,效果也非常好,可有些工作做了,我们却没有书面的制度来保障,有些工作做了,没有留下过程性的档案资料,无论是总结还是市领导视察,我们都凭借着三寸不烂之舌进行介绍,没有说服力。回校后,我们必须建立完善的档案管理制度,使各项工作规范有序。

课堂建设方面,我们各有所长,他们的艺术类课程开展得比较成熟,我们的文化类课程更胜一筹,所以我们会取长补短,修改完善我校的课堂建设。

为精彩喝彩

烟台市小学数学年会学习体会
200910

有幸参加了烟台市小学数学第十三届年会,历时两天,共计听课13节,尽管非常累,但收获非常大。

一、教师综合素质高,驾驭课堂能力强。

这13节十三位教师,是各个县市区选拔的最优秀的教师,代表各个县市区的最高水平。首先普通话标准,评价学生的语言丰富恰当。如海阳的刘云霞老师,当学生说出身边处处有钟表的答案时,刘老师的评价是:你真是生活的有心人!当学生发现了钟面的小秘密时,刘老师的评价是:你观察得真仔细,学数学就得有一双会发现的眼睛!招远的纪美凤老师评价学生更是别具一格,当学生发现了排列的规律时,纪老师为了鼓励学生灵机一动:我们就管这种排列方法叫晨辉排列法吧。叫晨辉的同学激动万分,学习热情更加高涨,其他同学受到感染,也积极思考,争取也来个某某方法。栖霞的修晓华老师启发引导学生的语言值得推广学习。如分析解决问题的策略有多种,当学生说出了可以从条件入手,知道了速度和时间,根据速度乘时间等于路程就可求出路程,修老师首先肯定了此学生的思维清晰敏捷,接着又问:还有其他方法吗? 避免学生思维定式,老朝着这一种思路用力,所以学生很快就想出了可以从问题入手来解决问题的策略。当学生想出了把纷繁的条件整理列表,使问题简单化的方法,修老师表扬学生说:"老师发现同学们非常聪明,遇到复杂的问题用列表的方法来解决,遇到新知还会用转化的方法转变成以前所学,真了不起! 希望同学们在以后的学习生活中也多动脑筋,想出好的解决问题的方法"。其次是处理预设和生成问题机智灵活,使课堂丰富多彩,精彩纷呈,如牟平的曲冬梅老师在讲最小公倍数一课时,曲老师设计的学生用长方形纸片摆正方形的游戏,本来很简单,可学生由于紧张,怎么也摆不出正方形了,曲老师没有放弃,而是借题发挥,让学生讨论正方形边长相等的特点,只要边长相等的四边形就一定是正方形吗?(前提是长方形来摆)这一下把学生的思维打开了,学生摆出了大小不同的正方形,有的学生很奇怪,好几种摆法,能对吗? 又生成了一个新问题。"是啊,对吗?"曲老师不是给学生现成的答案,而是把这个问题又抛给了学生,让学生们讨论,老师看"热闹"。不一会儿工夫,学生就把答案找出来了:1. 摆出多个大小不同的正方形时,凡是长方形的长和宽的公倍数都可作正方形的边长;2. 通过摆正方形又发现,能摆无数个正方形;3. 两个数有无数个公倍数,最小的只有一个。曲老师本来设计了好几步来解决这个问题,没想到学生不按老师的设计走,反而简化了本节课的重难点,充分体现了"以学定教"的教育思想。课件设计精彩、实用,的确起到了辅助教学的效果。海阳刘云霞老师的时分的认识一课,如果让学生感受真正的时间,如1分、5分、10分、1小时,恐怕得几天的时间来完成教学任务,有了多媒体课件,分针的变化、时针的变化直观形象,时刻与时段的区别也一目了然,节省了时间,也节省了老师的讲解,事半功倍;莱山的平行与相交问题更能体现课件的优越性,直线的特点是向两方无限延伸,只有课件才能表现出无限的效果,以及平行线之间宽度相同的直观感。

二、学生真正成为学习的主人。

以往的优质课评选,重视的是教师课程设计是否精彩,教师教得如何生动风趣,讲得如何精彩和投入,教师的基本素质占的比例要大一些。本次年会,最明显的特点是教师抓住了数学的本质,教学设计生活化、教学情景学生化,学生成了课堂的主人,教师是学生学习的参与者和辅助者。如周长的认识一课,有四位教师执讲了这节课,他们都是从生活中让学生寻找数学,并根据生活经验来认识周长,最后计算周长。解决问题的策略一课,一共学了四种解决问题的策略:看一看、想一想、画一画、列表整理等,都是学生自己根据以往的学习经验进行总结和整理出来的,老师只起了点评引导激励的作用,如小红每分钟走 70 米,5 分钟走的路程距中点还有 180 米,求这段路的距离。此题如果让我们做恐怕一眼就看出了答案,对三年级的学生来说就有点难度,仅靠看、想不容易解决问题,列表也不适合,所以老师就进行了点拨启发:通过前面的学习老师发现,我们的同学真会动脑思考,简单的问题看一看就解决了,稍复杂的问题看一看、再想一想就解决了,数据多的问题还会用列表的方法,用转化的思想,真了不起!我相信这道题同学们如果用看一看、想一想、画一画的方法也会自己解决。学生们很快画出了线段图,并列出了正确的算式。最小公倍数一课,当学生拼正方形这一环节出现困难时,教师没有提示,大胆放手让学生自己探讨,学生不仅拼出了正方形,而且拼出了大大小小多个正方形,并且总结出了"凡是长方形长和宽的共同的倍数的数做边长就可以拼出正方形"这一正确科学的论断,为继续学习公倍数是无限的以及最小公倍数,打下了坚实的基础。

三、今后数学课的发展方向。

数学是严谨的,来不得半点马虎和似是而非,所以教师首先要深钻教材,研究课标,掌握数学的知识体系和数学本质,语言准确精练,能高度概括数学知识和数学概念,不给学生产生歧义的空间。如在周长的认识一课中,认识周长的定义是重点,但从数学本质来看,计算图形的周长也应该在此训练,不要求学生掌握周长的计算公式,但"周长是所有边长的和"这一思想,学生必须知道;再如,五年级的排列与组合,尽管本节课只要求学生初步认识排列的有序性,但排列的几种方法的计算也要让学生掌握,这是为后续学习复杂排列打基础做准备。只有这样才能培养出学习严谨、作风扎实、表达准确、思维灵活且具有创新精神的学生。

其次要多看书,特别是教育理论和教育教学方面的知识,不仅能提高教师的文化素养,还能提高教师灵活驾驭课堂的技巧,提高应对课堂生成的机智,语言丰富有趣,评价得当且有激励作用。我们经常感慨:听专家的课真好,课堂上有陶醉、有震撼、有快乐、有悲伤……简直就是身临其境,自己俨然是作品里的一员!听后很有试一试、学一学的决心,可怎么也学不来。为什么?我们缺少专家的丰厚底蕴,缺少专家经年累月的文化积累和生活积淀,缺少他们巧妙高超的教学技艺,等等吧,我们的课尽管设计精巧,但上起来却很乏味、苍白无力。

同时还要研究数学与生活的关系,让学生知道学数学是为了解决生活问题,生活一时一刻也离不开数学,只有认真扎实地学好数学才能改造世界,创造美好未来。

踩着巨人的肩膀会走得更远
——参加全国中小学教育改革创新热点问题高级研讨会学习体会
20100520

我变了,变得非常喜欢参加各种培训,因为每次外出培训,都会有很大的收获,常常会有意想不到的惊喜。所以一听到外出学习就激动,一坐到会议室就兴奋。每次参加培训,我都会全神贯注地听,认真详细地记,联系自己的教学实践进行反思。有时一坐一上午,累得腰酸背疼,也舍不得停下笔,唯恐漏掉最精彩的内容,影响回校学习借鉴的效果。这次到文登参加"2010年全国中小学教育改革创新热点问题高级研讨会",收获又是满满的,体会也是深刻的,所以在会议期间就写了一点体会。

从参加会议到现在,我一直在思索,这次学习体会起个什么题目合适?可到如今仍然一无所获。张桂玲老师在"闲读《论语》悟经典"中写道:"阅读《论语》,尝试走进经典,与大师对话,聆听到的是智慧的声音,感觉到的是自己的心灵之树在智慧之水的浸润中逐渐枝繁叶茂的喜悦"。我们聆听专家的讲座亦如和大师进行心与心的交流,听到的是智慧的声音,感受到的是最先进的理念和最优秀的经验。从参加全国骨干教师华师大培训开始,我就深深感受到了"取法乎上仅得乎中、取法乎中得乎下"的道理。上次写体会时就用了这个题目,这次仍有这种感觉,又不能用同一个题目,可其他题目又不足以表达我的收获,所以,至今仍然空着题目,先把感受体会略写如下。(在写体会的过程中,脑中一道灵光闪过,题目产生了:踩在巨人的肩膀上,我们会走得更远。因为我们外出学习就是学习借鉴先进经验,少走或者不走弯路,最大限度地减少损失和伤害,能走捷径到达目的地,何乐而不为? 所以有了这个题目。)

一、精细化管理

1. 管理的定义。管理就是制定,执行,检查和改进。制定就是制定计划(或规定、规范、标准、法规等);执行就是按照计划去做,即实施;检查就是将执行的过程或结果与计划进行对比,总结出经验,找出差距;改进首先是推广通过检查总结出的经验,其次是将经验转变为长效机制或新的规定;再次是针对检查发现的问题进行纠正,制定纠正、预防措施,以持续改进。

精细化管理是一种理念,一种文化。它是源于发达国家(日本 20 世纪 50 年代)的一种企业管理理念,它是社会分工的精细化以及服务质量的精细化对现代管理的必然要求,是建立在常规管理基础上,并将常规管理引向深入的基本思想和管理模式,是一种以最大限度地减少管理所占用的资源和降低管理成本为主要目标的管理方式。现代管理学认为,科学化管理有三个层次:第一个层次是规范化,第二个层次是精细化,第三个层次是个性化。精细化管理就是落实管理责任,将管理责任具体化、明确化,它要求每一个管理者都要到位、尽职,第一次就把工作做到位,工作要日清日结,每天都要对当天的情况进行检查,发现问题及时纠正、及时处理等等。

2. 回顾反思自己的工作。接到基教科的会议通知,我就在琢磨:我们的管理够不够精细? 我得先弄懂管理和精细化管理的概念,然后才能认定我们的管理是否精细,因此上网查询了以上定义。我个人认为最近几年我们的管理正朝着精细化靠拢。如:每学期校长亲自执笔,结合学校实际制订教育教学工作计划,然后我们分管政教和教导处的副校长,根据学校总体规划和具体工作特点,制订德育工作计划、教学工作计划以及相配套的各项工作计划、方案、配当,并利用假期学习期间征求广大教师的意见和建议,再进行修改、充实、完善,最后和教师们一起学习使用,整个学期都严格按计划开展教育教学活动。结合即墨二十八中校长李志刚的介绍,反思我校的管理,我觉得有许多东西,如各种计划方案,我们做的(制定得比较翔实、具体、可操作)还可以,但落实的不够到位,有走过场的嫌疑,每学期期初制订计划方案时,雄心勃勃、干劲十足,可在运行的过程中,就走了样,有时也加上个人感情色彩,致使管理松懈、粗糙。

把管理落到实处,其实就是领导工作力的具体体现,一个成功的、优秀的领导，就是一个务实的实干家，应每时每刻都把管理挂在心上、落在行动上，一举手一投足都是教师的表率、楷模。只要这样说，也这样做，就一定会收到事半功倍的效果。其实，很早我们就认识到了这个问题，也已经开始做了，比如早计划早打算，各项活动有方案、有计划、有措施、有考核，学校各项工作分工明确、落实到人，如级部主任管理负责制、分管学科领导负责制、特色课程社团管理制等，开展过程中有指导，结束后有总结反馈及改进建议，教师操作起来方便多了，省事多了，效率也提高了。

大多数人喜欢衣来伸手饭来张口，特别是教了十几年或者几十年的老教师，早已形成了思维定式，尽管课改已步入了第二轮，可他们还是喜欢有固定的模式让他们照着走，不喜欢创新，更不喜欢自己独创，除了上好自己的课，管好自己的分内事，不愿参加听课、评课、教师技能比武、读书演讲、课题研究等活动；中层领导也会有倦怠的时候，检查结果往往简单应付，如优良、合格、不合格。校长指出：这种记录反馈给教师，没有多大效果，时间久了，检查人员也会忘记教师的工作开展情况。所以，我就写下水文，每次检查都用心去寻找教师的优点和不足，反复斟酌，遣词造句，使检查记录单反馈给教师后，能起到发扬优点弥补不足的效果，同时也给教师领导的检查工作做样本，让他们在模仿中提高、创新。教学常规要求教师写上班级、学科、姓名、日期、使用时间，我就第一个按要求去做，并把样板展示给教师领导看；读书笔记要求书写认真规范，要有自己的感悟体会，我从此就开始写正楷，一笔一画，且旁边几乎都有一定数量的感悟体会，到现在为止，已经写满五六本了。同时，在读、悟的过程中，把优秀的、适合教师阅读提高的教学课例、教学经验、美文佳篇等适时推荐给教师阅读，效果非常好。现在我们的教师，读书习作已成为习惯。常规检查，领导们更是静下心来，仔细分析，找准每位教师的优点及不足，并提出诚恳的建议和改进措施，让教师看了以后被感动，看了以后知道如何改进……我们学校的中层领导都把分管工作当成了自己的责任，主动进行改革创新，一旦有了雏形，就会征求校长和我的意见，经论证有价值、便于操作，我们会及时向其他级部或学科推荐、推广。如学校开展的课堂授课大比武中，二年级级部所有教师都精心备了一节课，并且经过了级部全体教师集体研讨，修改补充完善，形成最佳教案。张主任充分利用这一优势资源，扩大学生的受益面积，让每一位教师把自己设计最精彩的课，在九个班轮流执讲，既锻炼了教师的课堂驾驭能力和应对生成能力,又让学生享受了优质资源,获得了最大收益。这一做法对师生来说是双赢的,所以我及时向其他级部进行了推介。我认为本学期我们最值得自豪的是,过程管理到位、有实效,领导工作有主动性和创新性。

学生自主互助管理,我们也正在探索,且效果明显。前年,我们到杜郎口参观学习后,就有想法,对这种管理模式非常关注,也多次坐下来探讨过,可因为改革就要担风险,一旦实验失败,对学生来说是伤害,又因为我们学校班级学生数量太多,对于小组长的培训工作非常难,所以没有十二分的把握不敢启动。前段时间基教科组织校长到常青、乐陵、莱芜等地参观学习,又一次近距离接触了学生小组自主互助管理模式的成功做法。我们认为,学生多,仅靠教师管理班级的确有难度,如果用六十多个孩子相互管理、相互帮助,效果肯定好。我们学校在每个级部选了两个年轻、有工作能力、接受新事物能力强的班主任进行实验,校长每周开一次调度会,每天都到实验班实地察看,进行现场指导,每周都选出有成果的班级进行经验交流,其他班级借鉴学习,改进完善。三周后,我们发现,这种管理模式非常有效,既减轻了教师的管理负担,又有利于学生可持续发展,特别是实验班的教师尝到了甜头,原来忙得乱无头绪,刚开始实验时怨声载道,现在当起甩手掌柜了,班级里大事小事都有专门的同学负责管理评比,教师们个个笑逐颜开,一谈起学生自主互助管理就滔滔不绝,喜形于色,其他班级的教师流露出羡慕的目光,有的教师悄悄地在模仿,有的教师干脆到领导面前,要求进行班级管理改革。校长一看时机已到,大部分教师都已蠢蠢欲动,大有大干一场的决心,所以现在已在面上推开。学校也正式出台了《新元小学学生自主互助管理模式实施方案》,各班根据学校实施方案和实验班成功经验,制定了班级方案,我们坚信,本次学生自主互助管理模式研究将会和课程改革一样,给师生带来不可限量的收获。

二、课堂教学改革

课堂教学改革已进行了多年,我们可以说硕果累累,无论是教师还是学生,都有不同程度的发展提高,特别是我们以烟台市十一五重点课题《新课程背景下有效课堂教学模式研究》为突破口,对各种课型的课堂授课模式进行了探索,形成了比较系统的模式体系,教师对各种课型的授课模式了如指掌,每节课都能顺利完整地走下来,教学效率较之以前有了很大进步,学生对学习也有了比较浓厚的兴趣,不再是谈学习色变,课堂上经常可以听到愉快的师生交流、激烈的问题争论；课间能听到师生爽朗的谈笑声、亲切的问候声；师生关系非常融洽，再也不像李校长所说的那样"起得比公鸡早，睡得比猫头鹰晚，吃得比士兵快，催作业比黄世仁狠，搞辅导比狗啃骨头更亲，死得比蝌蚪更早"。但师生之间的发展不均衡，有的教师进步快，有的教师成长缓慢，教师之间的差距越拉越大，部分年轻教师异军突起，遥遥领先，达到或超过烟台市优质课、省级优质课水平；部分年龄大、学历低，或者刚调来不久的教师，课堂教学进步不大。学生也存在优秀的更优秀，落后的更落后现象。而且和即墨二十八中及扬州教育学院附中比较，我们仍相差甚远。如我们各种课型的课堂授课模式尽管已经成型，但只是框架，没有再继续深入地研究下去；教师备课要求很多，但具体如何操作，还是得靠教师自己去思考……总之，就是表面上看似精彩，实际上不够具体细致。接下来，结合《新元小学学生自主互助管理模式》实验的启动，我们的课堂教学也将有大的变革，我正在着手准备制定课堂教学改革具体实施方案，包括教师备课备什么？如何备？如何教？学生如何学？师生之间如何互动，如何教学相长等，从而构建新的课堂模式——"阳光课堂"。

三、学校特色发展和学校品牌建设

一所学校有了特色就有了品牌，有了品牌，肯定有特色在支撑，学校特色是我们追求的最高境界，学校品牌是在学校特色形成后水到渠成、自然而然的结果。这是之前我个人粗浅的认识，听了华东师大宁本涛教授的讲座，心中方豁然开朗，对成文、成事、成人有了进一步的理解，关注"成人"是学校发展规划制定的必然取向。用宁教授的话说："这一取向的提出并非空穴来风，而是基于学校教育日益彰显的生命价值之追求，以及学校管理实践在追求生命成长与发展过程中所发生的改变"。(1) 学校教育"具体个人"的凸显：具体表现为，一是人由被动执行向主动发展转变；二是由关注当下向根据现实策划未来转变；(2) 学校管理"成人之道"的凸显：具体表现为，一是由"管人"向"成人"的转变；二是由"一脑"向"群脑"的转变；(3) 学校发展规划指定的"成人""成事"关系的凸显：学校发展规划制定成为学校管理的一个必不可少的部分。

我们学校走的是依托特色课程打造特色学校之路，从上学期就已经开始开设特色课程，经过一学期的摸索，现已有了初步模式。我们在运作过程中，已经根据我校实际情况和具体需求，在分析、诊断与评价学校发展状况的基础上,寻找学校特色发展的突破口,充分利用我校的优质教育资源,如于雪梅老师播音主持有特长,我们就开设了播音主持课程,盖美英老师在英语短剧方面有独到之处,我们就在三到五年级成立了英语课本剧课程,为学校特色发展进行准确的自主定位。所以,培训结束后我就反思我们学校下一步的发展规划是什么?如何进行规划?尽管现在还没有明晰的思路,但以人为本、全面发展,体现差异教育、个性发展、不同的人有不同的发展将是我们的办学宗旨,即通过"成事"促进"成人",通过"成人"实现"成事"。

四、落实培训精神,内化为行动指南

1. 首先查阅了管理、精细化管理、有效管理、科学管理的概念,深刻理解其内涵,在此基础上才能去做、并做好。

2. 把先进的理念传达到各位领导和教师层面,让教师对此有初步的认识,领略这种做法的好处,然后从我做起,做出样本,引领中层领导和教师一步一步照着精细化管理的目标迈进。

3. 从今天开始,我把上级教育行政部门下发的通知进行登记分类整理,并对落实时间、落实责任人进行安排,使工作有序、有效、高效,避免干了这件事忘了那件事。以前我总是忘这个忘那个,相信今后工作应该不会低效无效了。我用行动来践行这次培训的收获,这也是精细化管理的具体要求,只有事先规范安排好,才能落实指导好。

4. 根据小组自主互助管理模式制定课堂教学改革实施方案,以前的精彩仍然保留,不足和不够的地方进一步完善。

5. 校长上周对我校特色课程的开课情况进行了全面视察,并对下一阶段的推进方向提出了指导意见,结合本次培训学习所得,今天学校又专门召开数学学科教师会议,主题是数学特色课程开设的目的和任务是什么、我们如何做能体现出数学特色课程的特点及优势等。

由于个人水平有限,对先进教学理念、教学思想的理解还是不够深入,希望各位领导多多指正。

最后把李志刚校长的话送给大家,希望你们喜欢,"因为你心有多高,你的追求就有多高,你的付出有多大,你的收获就有多大"。

我听到了生命拔节的声音

——四次参加LDC活动体会

20110520

今天我真的听到生命拔节的声音了！这是我第四次参加LDC活动后的感慨。"生命拔节的声音"，这句很诗意的句子，从第二轮课改以来，可以说是描述教师专业化成长主动、快速的最常用也是最佳评价。可我总觉得这是文人墨客舞文弄墨之玄虚，咬文嚼字之扭捏，成长就成长吧，干吗如此夸张？

通过参加LDC活动后，我的思想在不知不觉中发生变化，我的感受在不断加深、升华，从而对于生命拔节的声音有了自己的理解，对LDC也从无知到懵懂、到接受、到今天的感动，我在每一次的活动过程中，既是学习者也是参与者，更是受益者，每一次都有非常大的收获，可以说是一步一步，扎扎实实成长起来的，我在成长的同时也听到了教育生命成长、拔节的声音。

我是个慢热型的人，对新生事物敏感程度比较弱，可能与年龄有关吧。2011月5日，在烟台工人子女小学，我首次接触了LDC，但对LDC感受并不深，因为在这之前什么是LDC，我一无所知。整个活动组织形式新颖，教师参与积极性非常高涨，才艺展示也异彩纷呈，可以用"八仙过海各显神通"来形容，充分体现了领导教师的素质和水平，对我的启发是，教师一定要博学多才，可我依然是懵懵懂懂。回校后急切地上网查询了LDC。"LDC"是英文"Learning And Deve Loping Community"的缩写，意思是"教师学习与发展共同体"，是一种倡导"快乐、民主、合作、分享、探究"的教研模式。"让我们一起研究"是LDC活动最重要的理念，它让每位教师能找到适合自己的教研方式，让每位教研者都有参与的机会，让每位参与者都成为教研的主角。教师一起做研究的过程不只是思维的灵动、智慧的碰撞，也是分享快乐和成功的过程。此时，我对LDC有了粗浅的认识。

第二次是2011年5月13日，参加海阳市小纪一小的LDC活动。由于我对此教研活动已有大致了解，所以每一步走得很坚实，看点选得准，目的明确，收获非常丰盈。特别是被小纪一小教师脸上那份自信、幸福，打动、感染，再加上主持人的煽情，把"我们一起教研"活动推上了高潮。回校后我写的体会是：组织活动，既给教师提供展示的平台，更给教师成长提供了理由，他们必须翻箱倒柜，把家底都抖搂出来，重新组合加工，同时还要不断补充新的血液和能量，只有二者合理结合，才能谱写出最美的篇章，展示最优秀的自己。从副校长王爱卿脸上洋溢着的快乐、自信和幸福可看出，LDC 活动是民主的、快乐的、幸福的。用一个词在这里最恰当，就是"激情恣意"。

　　第三次是我校语文教师以 LDC 形式组织的团队教研活动。此次活动，我们是悄悄组织的，由于心中无底，没敢声张，算是练练兵、演习演习吧，但效果却出乎意料地好。活动结束前，我进行了小结，我说："我被老师们精彩的表现感动了，感染了，以至于我也有许多话要说。人的潜能是无限的，就看给他提供什么样的平台。阿基米德说'给我一个支点和足够长的杠杆，我能把地球撬起来'。让我们再一次以热烈的掌声对他们的精彩表示祝贺！活动是机会，是契机。可以看出，刘老师为了讲好这节课，课前做了大量的准备工作。不仅查阅了大量的资料，包括作者的身世、经历和写作背景、时代特点，更做到了不耻下问，虚心向身边的优秀教师学习，邀请他们到课堂上手把手、面对面地进行指导，才使得她在课堂上挥洒自如、收放自由、目标明确、评价科学有效、点评细致到位，教态自然大方、语言风趣幽默，把林海音笔下的冬阳、童年、骆驼队的美景诠释得淋漓尽致，连我这个教数学二十多年的外行，都能感觉到作者林海音一定是一个浪漫的、诗意的、细腻的叙事散文作家，对童年、对北京有很深的怀念、眷恋之情。所以我说，如果给教师一个足够大的成长空间，他们可以上天揽月！"

　　第四次，也就是今天，海阳市育才小学的语文复习课教学研讨 LDC 活动，我的体会是：耳目一新，真切地听到了教师们教育生命成长的声音！《山东教育》曾刊登李忠伟校长的一篇文章"做个幸福的校长"，文中说，校长的幸福是建立在师生的幸福之上的。校长的责任是把学校建成幸福的家园，让身边的每一个人都幸福，让师生乐在其中，幸福地工作，幸福地学习。校长要有长期经营学校的理念，要为学校制定切实可行的中长期规划，确定明确的奋斗目标，要让身边的每一个人都明白，自己乘坐的这列火车将驶向何方，自己在火车的行驶中将发挥何种作用，让每一个人都清楚自己是不可缺少的，自己正行进在幸福的大道上。李丽校长就具备了这种当幸福校长的境界，所以育才小学的教师成长才会如此真实、朴素、丰盈，像提速的动车组，奔驰在成功的快车道上。下面我举几个点以佐证我的观点。

本次活动执讲观摩课的蒋兰老师，我对他的评价是，貌不出众语惊人；5月4日，曾到烟台工人子女小学执讲观摩课的李荣老师，今天又执讲了一节课，我对她的评价是，三日不见当刮目相看，一个拘谨腼腆的小姑娘变成了活泼开朗、成熟厚重、光彩照人的女明星。

欲穷千里目更上一层楼

——参加上海华师大名师名校长人选培训体会

20101129

我越来越喜欢参加培训学习，更喜欢参加高层次的培训学习，自课改以来，我先后参加过十多次不同级别的培训学习，每次学习都会有很丰厚的收获。如2009年11月，参加上海华师大全国骨干教师培训班学习，感触颇深，回校后写了一篇《取法乎上得乎其中》的体会，并发到各个教研组与全体教师共享。该篇体会字数超过6000字，观点鲜明，体会深刻，既包含先进的教学理念，又有深刻的反思，更有今后努力的方向，具有很强的感染力和号召力，教师读了也受益匪浅，做到不出家门，广知天下事。有的年轻教师读后发出感慨："如果有机会，我们也想出去看看、学学！行万里路读万卷书，其意义就在此吧。"2010年4月，我有幸参加了全国中小学教育改革创新热点问题高级研讨会，深受启发，写了一篇《踩在巨人的肩膀上会走得更远》，字数超过5000，在与教师分享的同时，我还在校长会议上进行了交流，深受同仁们称赞。

本次上海之行，感触更深，对上海的教育思想、教育理念，有了更深层次的了解，对文化的含义也有自己独到的认识，每当听到教授们幽默风趣的讲解，听到让我们豁然开朗的观点时，总有一种冲动，一种一吐为快的冲动，所以，学习结束后，我就急不可待地打开电脑，敲起了键盘，要把我的所得与大家分享，要把我的理解、我的认识、我的超越充分展示在阳光下，让太阳为它着色，让风儿带走它的芬芳，让蜜蜂采摘它的花粉，让大地给它养分，结出丰硕的果实。但因为学习的东西太多了，我只能捡一两个点进行阐述，以期达到抛砖引玉的效果。

一、文化是什么

文化是什么？我在上课的时候问过学生，学生的回答几乎就是"知识"。因为我们经常说学好文化课、学习文化知识，同时在评价一个人的时候也经常说，这个人真有知识，一看就知道是个文化人。这个文化一般是指非常有知识的人。所以在常人眼里，文化也就成了知识的代名词。其实文化的内涵远比知识的内涵丰富得多。文化包含知识、涵养、素质、品性、道德、底蕴等。

上海学习，我对文化的含义有了深刻的认识，所以回校后，我上网查阅了文化的定义，知道文化作为一个概念，学术界定义很多，但大体上可概括为广义文化和狭义文化两种。

广义文化，即通常说的大文化。从内容看，既指人类征服自然、改造自然、人化自然的实践活动、实践过程，又指人类通过物质和精神生产实践所创造的一切物质财富和精神财富。其本质含义是自然的人化和化人，是人和社会的存在方式。"人化"是指按人的方式改造世界，使外界事物带上人文的性质；"化人"是指反过来，再用这些改造世界的人文成果来提高人、武装人、造就人，使人的发展更全面，更自由。广义的文化映视着在历史发展过程中人类的物质和精神力量所达到的程度、方式和成果。从产生看，是以区域世界的文化形态出现的，不同区域有不同的文化特色，对人类文化做出了各自的贡献。从发展看，人类文化是历史地发展着的，是人类进化能力不断提高的体现。

文化是人类对自然、社会乃至人自身的人化，其内在矛盾是主体和客体的矛盾，解决主客体的矛盾过程就是自然科学、社会科学和思维科学产生和发展的过程。

狭义文化则是指排除了人类改造自然的物质创造活动及结果部分，专指精神创造活动及其成果，即与经济、政治相对应的，反映并作用于社会经济和政治客观存在的，由政治、道德、艺术、宗教、哲学等意识形态所构成的，以社会意识形态为主要内容的观念体系。从这个层面上说，文化是一定社会集团典型生活方式的总和，它包括这一集团的思想理论、伦理道德、教育科学、文学艺术、社会心理、宗教信仰等内容。我们平时说的文化就是指狭义的文化。

二、文化的影响力

在上海学习期间，发现上海的文化比我们好得多，表现在学校，表现在各行各业。就说卫生吧，大街小巷，犄角旮旯，无处不干干净净。我们是名师名校长，到了学校和大街上，不能随便破坏环境卫生，人们可能会说，教师就是有素质、有文化。但你看那些民工、小商小贩，走进上海，马上改头换面，毕恭毕敬。不说脏话，烟蒂握在手里，直到找到了垃圾箱，所以我对文化肃然起敬。"文化是什么"也就成了我追问的主题。通过这十天的观察，结合我前三次到上海的体会，通过研究、通过追问，我终于有了柳暗花明又一村的豁然开朗。我追问的文化是什么，其实是文化的影响力，也即文化一旦形成，它将有不可限量的力量。比如我前边所提到的，上海形成了良好的环境文化，这种文化就在潜移默化地影响上海的每一个人，包括外来人员。当我们看到优雅幽静的环境，一尘不染的卫生，谁都不忍心破坏它、玷污它。我们一行的男教师，有抽烟的，他们都强忍着烟瘾，尽量不抽烟，实在忍不住，抽完了，烟蒂没有一个随地乱扔的，都是不远"万里"，寻找到垃圾箱放进去，才如释重负。我也被这种文化感染着，吃完了橘子，一直从商场走出 20 多米，把橘子皮放进垃圾箱才觉得对得起上海这座历史悠久、世界闻名的大都市，才觉得不枉上海之行。这就是文化强大的感染力。当然一种文化的形成需要政府的制度保障、措施得力，市民的认识到位、觉悟提高。只有大家共同努力，长期坚持不懈，才慢慢演变形成习惯。如果此时不加以强化，很可能前功尽弃。所以还要有跟进、落实，当人们不需要提醒就这样做了，此时文化就形成了。一个地方或地区，一种文化一旦形成，它就具有强大的影响力。当然文化也有好坏之分，好的文化能激励人们奋进。孟母为何要择邻而处呢？答案非常明了。昔孟子少时，父早丧，母仉氏守节。居住之所近于墓，孟子学为丧葬，躄，踊痛哭之事。母曰："此非所以居子也。"乃去，舍市，近于屠，孟子学为买卖屠杀之事。母又曰："亦非所以居子也。"继而迁于学宫之旁。每月朔望，官员入文庙，行礼跪拜，揖手礼让进退，孟子见了，一一习记。孟母曰："此真可以居子也。"遂居于此。后来，大家就用"孟母三迁"来表示人应该要接近好的人、事、物，才能学习到好的习惯！也说明环境能改变一个人的爱好和习惯。

三、学校需要什么样的文化

我们是教师，研究的当然是校园文化。我们应营造什么样的校园文化，才能使我们的师生都在良好的校园文化浸染、熏陶下茁壮成长。

校园文化的形成需要过程,这个过程可能很漫长,我们任重而道远。我此次学习的题目为"欲穷千里目更上一层楼",意思是要想看得远,就要站得高。上海是国际化大都市,理念、思想、经验都走在世界前列,我们到上海学习,就能与国际接轨,接受世界上最先进的办学理念和思想,我们可以借鉴成功的经验来提升自身素质、打造学校文化。学校文化形成大致分三个阶段。第一阶段是人治,还没有一定的规范,也即一个好校长就是一所好学校,是学校文化的起始阶段,这个校长一旦退休了,文化也就消失了。第二阶段是法治,有严格的制度保障,人们要遵循规范,一旦违反制度将要受到制裁,如扣工资、不得评优秀等。第三阶段是文治,即超越规范,人们自觉地依照以往沿袭下来的规矩,循规蹈矩,这就是校园文化建设的效果。我们现在就是要踩着巨人的肩膀,一步到位,直指第三阶段,超越人治法治,超越规范。所以不管谁当校长,第一要务是,抓观念更新,树立现代化的教育理念,教育理念一旦形成,就要贯穿教育教学全过程;抓学校的科学定位与办学理念的确立,办学理念一旦确定,就要坚持不懈地走下去。从此以后,不管谁当校长,不管谁走了、谁来了,我们都要沿袭下去。这就形成了校园文化,即学校经过长期的文化建设,已经形成了不以人的主观意志为转移的约定俗成。例如我们学校,在长期的办学实践中,铸就了"奠基人生"的校训;凝聚了"和谐发展,明理自律"的学校精神,提炼了"让每一个孩子体验成功"的办学理念;培育了"好问多思,探究创新"的学习风貌。这就是我们的校园文化。当然这一文化的传承还需我们一代一代的继续努力和发扬光大,才可光彩永驻,愈久愈浓。

对于国家课程和学校课程的开发利用,我也有许多想法,如语文教材中有一首李白的诗《夜宿山寺》,其中"不敢高声语,恐惊天上人"一句,教师在讲课时,大多只关注学生弄懂字面意思即可,即"不敢大声说话,恐怕惊动了天上的神仙"。可此次学习后,我认为教师应该充分挖掘教材的教育资源,与我们的学校教育、习惯养成教育联系起来。如果我们的孩子们也能"不敢高声语,恐惊身边人、恐惊读书人、恐惊备课的老师、恐惊上了一晚夜班的父母",相信一定会收到事半功倍的效果,同时还会达到教育无痕润物无声的理想境界。

总之,我的收获和体会很多。回校后的第一节课,我结合上海学习所得给学生做了专题讲座,整堂课学生聚精会神,一双双新奇的眼睛,目不转睛地盯着我,仿佛一眨眼就会错过许多精彩片段似的。我从他们的眼神中看到了渴望,看到了需求,看到了震惊,看到了成长,以至于下课铃声响过,学生竟无一人离开座位,我相信他们也在沉思。幸福需要分享,知识也需要分享,所以今后在工作、学习中,我会源源不断地把上海的收获取出来,指导教学和实践,使我的工作更有效,生活更丰富,人生更精彩,同时也会把我的收获和快乐分享给我所关注和关心的人,让他们与我一起成长。

细节决定成败
浙江大学——2011 年烟台名师名校长高级研修班培训学习感悟

随着年龄的增长,越来越感到力不从心。这个"力不从心",当然包括体力和心力的不足,但更多的是知识和底蕴的不足。如课堂上经常会因为自己的知识匮乏而显得平淡无新意,尽管课堂教学目标基本完成,但却总觉得对学生知识面的拓展方面,有一丝丝欠缺;教职工会议上,经常会因为自己理念不够先进或者知识不够渊博而显得单调乏味,尽管工作开展得还算顺利,可总觉得对教师的专业化成长鞭策不够,有一丝丝遗憾。《礼记·学记》云:"是故学然后知不足,教然后知困。知不足,然后能自反也;知困,然后能自强也"。所以我平时非常注重看书学习,更珍惜外出培训学习的机会。近几年,我跟随烟台名师名校长高级研修班到高校学习的机会比较多,因此也有很大的进步和提高。每每谈起外出学习,我总是很激动,也很自豪,因为我学习到了真经,我接受的是最先进的教育教学理念,参观的是最优秀的学校。当然,我每次回校后第一件事情就是把我的学习收获与同行分享,与学生分享,所以我的工作学习渐渐有了变化,不知不觉朝着专家型、研究型教师的方向发展。

2011 年 11 月 6 日至 13 日,我又有幸到全国高校排名第三的浙江大学学习。可以说,从接到通知之时起,我就激动万分,因为,由于时代的原因,我没有真正上过大学,尽管现已是本科毕业,但都是自学和函授拿到的学历,对于名牌大学的心理期盼一直非常高。在我上学的那个年代,农村学习优秀的孩子几乎都考上了小中专。当时我学习非常优秀,用现在素质教育的理念说,应该算全面发展的人才,学科成绩优秀,其他方面也非常出色,如果有机会考大学的话，一定是名牌大学，不过现在想想也不后悔，因为尽管当时仅考了小中专，但我们这一代人都是学校工作的主力军，可以说，在教育教学岗位上，顶梁扛柱。也正因为我们的优秀，才有机会到浙大学习。浙大学习，收获更丰，启示更大，为此，我由衷地感慨：名校就是名校，"大气细致、丰厚朴实、求是创新"是浙大的代名词，是浙大精神的缩影。一生中能有机会到浙大学习，实乃甚幸之极！下面就把我一周的学习感悟略表一二。

一、温馨提示——家的温暖（宾至如归）

"温馨提醒：我们是浙江大学继续教育学院企业管理培训中心的工作人员，欢迎来杭州学习！明天（11月6日）阴天，17℃—23℃。请大家适当增减衣物，注意身体！朱梧龙，卫芸，05日20：36【浙江大学】。"这是我11月5日晚8点36分收到的短信。看到短信的第一感觉就是"好温暖、好细致"，如此高等学府，对这么小的事情都处理得如此温馨浪漫，如同家的感觉。我们千里迢迢去学习，相信一定不会感到孤单和陌生，"细节决定成败"之感油然而生。之前对浙大稍微有点了解，但不深刻，从这一条短信可以看出，浙大之所以有今天的辉煌，绝不是偶然，是浙大人一代代兢兢业业、孜孜以求精神的传承，是求是精神的诠释。我爱上了浙大！于是，我立即打开电脑，上网查找浙大信息，我要了解浙大，宣传浙大。

二、大气细致、求是创新

生活中经常听到有人这样说："真絮叨，和个小学教师一样！"有时家人也会说："哎，你把我们都当成你的小学生了。这些要求不说我们也知道，真絮叨！"听多了，见怪不怪吧，不过我也觉得唠叨是小学教师的专利。因为小学生太小，辨别是非能力差，世界观、价值观还没形成，可塑性大，老师朝着什么方向引导，他们就朝着什么方向发展，小学教师在孩子人生成长过程中有着举足轻重的作用。所以我会不厌其烦，整日和学生唠叨这儿，叮嘱那儿，如一进校门，我就会和学生说："注意安全，不要随手丢垃圾，课间不要疯闹，课前做好上课准备。"放学时又会说："放学后要先回家，路上注意安全，不要跟陌生人走。"仿佛我只要不说，学生就会忘了，或者就不知道该如何做了。

浙大开班典礼上的一幕，让我改变了看法，对教师这份职业进行重新审视，对学校这个特殊单位进行重新界定。教师的责任就是教书育人，不管走到哪儿，也不管学生有多大，他（她）永远需要老师的唠叨、老师的嘱托。学校是学生学习、成长的摇篮,不管小学、中学,还是大学、成年人培训班、领导干部培训班,也一样肩负着培养人、教育人的重任。在开班典礼上,学院领导首先介绍了浙大的概况及历史渊源,并告知我们,能成为浙大一员应感到无上光荣,同时也是责任。因为浙大有着辉煌的历史和灿烂的文化,这是每一个浙大人努力的结果。现在的浙大,名声享誉国内外,科研资金雄厚,只要需要,从不吝啬,所以,浙大在世界上有很高的知名度。接着,院长话锋一转,对我们本次参加培训的烟台市名校长、日照市名校长共计 120 余人,提出了以下要求:1. 放下昨天的经验、放下身份、放下面子,转变心态,放弃对错是非,好好做几天学生,体会求是精神;2. 严格作息制度,按时上课、下课,不旷课、不迟到、不早退;3. 保护环境、节约用水、不吸烟,自觉遵守课堂纪律;4. 尊重教师的劳动成果,认真听课,主动和教师互动、交流、碰撞,以期产生精彩。乍一听,仿佛对小学生提出的要求,我们都是成年人,都是领导,这些道理会不懂吗? 可细细琢磨,就悟出了禅机。浙大之所以有今天的成就,就是因为它不仅关注学校发展方向、大政方针,更注重细节,因为浙大人知道“细节决定成败”。我们的班主任是一位刚毕业的小伙子,他细致到了喝水使用一次性纸杯都有具体要求,能用自己的杯子最好,既卫生又环保;如果确需用一次性纸杯,则尽量记住自己用过的杯子,尽量一天只用一个杯子,做到节约环保;他细致到校长们如果上课迟到或上课睡觉,就要从“经济频道、体育频道、娱乐频道”三个频道中任选一个作为惩罚(这三个频道个中含义:经济频道是罚钱;体育频道是罚跑、跳;娱乐频道是罚表演节目);细致到因为我们是领导,一定知道身先士卒的道理,一定知道言传身教的道理,所以,我们要自觉遵守课堂纪律,为我们自己的学生和教师做出榜样。浙大,这所百年老校,经历了历史的洗礼,经过一代又一代浙大人的孜孜以求、不懈努力而枝繁叶茂,源远流长,是求实创新精神所积淀的深厚文化底蕴,是大气、细致,求是书院精神的真实写照。

一周来,我一直被感动着,被浙大人感动着、被浙大事感动着、被浙大精神感动着。

首先是继续教育学院的院长,没有架子,和普通百姓一样平易近人、和蔼可亲;其次是三位年轻的班主任,尽管年龄很小,几乎和我们的子女年龄差不多,但一点稚气都不带,含蓄大方、严肃得体,严格又不严厉,使我们这些年长的又是领导的学员们,既喜欢又尊重他们;最可敬的是给我们上课的教授们,他们学富五车、知识渊博,可他们每一节课都精心准备,选用大量的图片资料和数据,为我们这些资格老但水平一般的学员尽心尽力讲学,目的是让我们尽管起点低,但一样可以顺利接受高等教育,且学有所成、学有所获。

第一课是熊卫平教授主讲的《学校危机管理》,我认为和我关系不大,因为我是副校长,现在的学校也没有什么大的危机(如天灾人祸),所以小危机应该归校长管。可听完了熊教授深入浅出的讲解,我恍然大悟,原来,危机无处不在,我们不能避免危机的发生,但可以用最快的速度、最佳的方式来应对危机、处理危机,使危机的损失降到最低。既然危机是必然的,就要学会接受危机、应对危机。只要你是个有智慧、有能力的人,会把危机背后的机会抓住,挑战自我、挑战机遇。只要掌握了这门课程,就能以不变应万变,正确健康地工作学习生活。

邵兴江教授讲的《一套好制度,成就一所好学校》和《校园规划与学校环境文化设计》更令我耳目一新,同时也被邵教授的敬业精神深深打动。邵教授年龄不大,经历却非常丰富,成绩斐然。他上课非常认真,理论和实践相结合,课前他准备了大量的辅助资料,有理有据地讲解,使我们一点也不觉得他的理论高深莫测、枯燥乏味,反而兴趣盎然,特别有一些经典的名言让我们印象深刻,如"懂建筑的不懂教育,懂教育的不懂建筑,怎能设计出适合教育发展的学校?""改善学校建设品质能提高学生学习质量,也能提高教师工作效率""我们的制度是否关注学生的满意度、教师的幸福感?"这些都是我们闻所未闻的极具震撼力的观点,所以听课期间,我就学校建设方面,大致拟定了几条原则:1.先成立学校规划建设团队,包括各方面人才,有领导、教师、学生,有建筑设计精英,有负责地方财政分配的工作人员,等等;2.分管领导召开碰头会,把学校建设的大致思路传达下去,并布置任务;3.分头设计方案;4.集体交流讨论,达成共识;5.专业人员开始设计;6.请专家论证;7.筹备建设,成立施工委员会,分工合作。同时,一定要聘请像邵教授这样的专业人士当顾问,也可以邀请他先对所有工作人员进行理念培训,然后再筹备实施。

三、团结互助——亲情展露

我们烟台一行45人,来自13个县市区40多个学校,可以说相互之间比较陌生,可我们自从到了浙大以后,就仿佛老相识、老同事一样,相互帮助,共同提高。谁的笔不能用了,立即有人主动递过来了;在整理笔记时,老校长眼花了,旁边的校长会悄无声息地把自己的笔记送过去;吃饭时,由于饭桌比较大,一些年轻的校长就主动承担起了分饭、倒水的任务;由于课程安排得多,时间紧,下午下课时,经常天就黑了,一些男校长会主动放慢脚步,等着女同志一起走;当遇到某个问题有疑问时,大家会不约而同地凑到一起,讨论、辩论,甚至是争论,直到结果明了、答案清晰;参观学校时,由于车的座位不够,后上车的领导总是被先上车的领导争先恐后让座位,经常是几个人就这样站着,边客气着、边讨论着学习的话题,不知不觉就到了目的地;去机场的路上,男校长个个大包小包地背着、提着,女校长们踩着小碎步急匆匆地跑着,脸上写满了感激之情,因为那些大包小包都是女同志的专利。这就是这个大家庭一周的生活缩影,像极了一家人,没有隔阂,其乐融融,每个人脸上都写着"幸福"。

四、刻苦努力——民族希望

1.同行的各位校长,有的已年过半百,可他们一点也不懈怠,每节课都听得非常认真,课间还经常能听到他们讨论课内的话题;一些年轻时尚的女校长,她们没把时间和精力用在看景点购物上,而是时而静思、时而奋笔疾书、时而如痴如醉,达到了忘我的学习境界。我真的很感动,所以,我也一丝不放松,上课认真听讲,课后整理笔记、写学习心得,一周的时间不算太长,我整理了一大本学习笔记,写了三篇学习体会。我相信,我们此次学习的收获都很大,一定能成为我们今后工作的填充剂、润滑油,激励我们更加努力科学地工作学习,因为我们肩负着教书育人的重大历史使命,我们努力,孩子就会有发展的希望和前进的动能,会前途无量。

2.令我感动的还有浙大的学生。一周以来,我很少在校园内看到三五成群的学生慢悠悠地踱着四方步,或者疯闹嬉笑,一派悠闲自得的场景。学生都去哪了?我多次在心里追问着,但却始终没有找到答案。学习的第五天,我们去参观校史馆和图书馆时,答案找到了。校史馆的大厅里,三五个学生一簇、四五个学生一帮,他们有的趴在地上画着什么,有的坐在地上讨论着什么,有的拿着长尺比画着,有的拿着刻刀在刻着……我终于忍不住,鼓起勇气走过去打扰他们:"嗨,孩子们,你们在干什么啊?"浙大的学生各方面都非常优秀,能看出他们很忙,有的可能遇到了麻烦,因为他们紧锁眉头,可他们依然非常礼貌客气地站起身来回答我的问题。"老师,我们在进行设计。""你们是什么专业的？"我又追问一句。"我们是数学专业的。"忙里偷闲，他们还不忘幽默一下："老师，我们很辛苦、很可怜吧。"然后集体做了个可怜的怪脸，不由得令我心生怜悯，也心生佩服。这些高才生、这些天之骄子，是靠实力、靠努力打拼出来的，他们深知"少年智则国智，少年强则国强"，他们身上肩负着富国强民的重任，所以，再苦再累也心甘情愿。

走出校史馆，我们来到了图书馆，先不说图书馆的藏书如何，就说图书馆的学生之多，我都不知如何形容。一进图书馆，映入眼帘的全是人头，可以说，头挨头。尽管图书馆很大很大，可给人的感觉还是非常拥挤，因为学生实在太多了。学生们有的在圈、有的在点、有的在记、有的在沉思，没有一个注意到我们的到来。现在我终于明白了为什么校园里不见他们闲逛的身影，因为他们知道青春易失、少壮不努力老大徒伤悲的道理，也知道浙大的精神是靠所有浙大人来继承传递的，浙大的辉煌历史是所有浙大人共同谱写的。所以都在孜孜以求、不懈努力，在分秒必争地学习、积累、提高，传承浙大精神、发扬光大浙大精神，为历史的发展承载更重的责任。我们尽管只在浙大学习一周，可浙大的这种求是创新精神，我们一样有责任遵守、传承，所以我们也将努力学习、求是创新，把学习所得与同行分享、与学生分享，把浙大精神发扬光大。

另外，我们平时忙于工作，整天就是学校家庭两点一线，很少有时间和同事坐下来谈心聊天。外出学习，相对来说，时间比较充裕，因为不需要做家务，晚上和同事聊天的机会比较多。我最近几次一直和育才李校长住同一宿舍，我们闲暇时，谈工作、谈人生，也谈家庭和社会，我的收获也很大。李校长真是一位了不起的女性，她不仅工作做得出色，和同事关系处理得和谐融洽，家庭关系更是人人羡慕。尽管学习时间短暂，但我和李校长之间建立了深厚的友谊，我从她身上学到了许多知识，包括领导艺术、说话艺术和人际关系处理艺术，我收获着、幸福着、成长着、快乐着。

环境造就人。我几次外出学习，地点都是比较繁华、前卫的大城市，我在收获着知识的同时，也领略了时尚和先进的文化气息，不知不觉受到熏陶和浸润，我的穿着、谈吐、品味、气质，都烙上了时尚的印记，摆脱了庸俗和偏执，增加了高贵的元素，给人生打上了厚重的底色，为此，我更是幸福无比，这些是额外的收获吧。

总之，浙大学习意味深长、回味无穷，我在今后的工作生活中，会慢慢品味,把浙大的精神内化成自己的品质,把浙大灵魂融入于工作学习中,让我身边的人也感受浙大精神、分享浙大境界,真真实实做浙大人。

(2011.12.1)

领略异域风情拓宽知识视野

新加坡学习考察随笔

20131210

金秋十月,我们首届烟台名师工程人选一行 41 人到新加坡考察学习。

期盼已久! 但又有点忐忑和激动,担心语言不通,担心风俗迥异;激动的是我们可以去领略异域风情,感受不同的文化,学习先进的教育理念。当我们真正踏上新加坡的土地,融入新加坡川流不息的人群中时,却全然没有身在异域的窘迫,相反,有点宾至如归"家"的味道。因为新加坡大多数是华人,长得和我们几乎一模一样,说话也是亲切的汉语! (当然他们的英语也很地道。)即便有几个黑种人或者马来人,也会语速很慢地说"Hello! 你们来自中国? 学习 or 旅游? 欢迎欢迎。"

中正中学借助科技推动德育教育

中正中学,建校于 1946 年,现有学生 1740 名,教职员工 150 人,共四个级部,每个级部 11 个班级。

一、环境优雅、舒适整洁,适合生活学习

走进中正中学的第一印象是:太漂亮了,简直就是一所花园! 单从环境来说,生活在这里的师生就幸福无比。红瓦绿墙,窗明几净。校园内,映入眼帘的满是绿,高耸入云的参天大树、需几个人合抱的古老槐树、叶茂枝繁的玉兰树、茶花树,还有许许多多叫不上名字的热带树,这些树尽管高矮粗细各不相同,但共同特点是:叶子都是深绿色的、肉嘟嘟的,仿佛写满了历史,很厚重。微风吹过,宽大的叶子慢悠悠地摇摆,仿佛在轻歌曼舞,完全不像我们北方的树,风一吹,树叶立即哗啦啦地晃动,仿佛遇到紧急状况一样。校园内的建筑都比较古老,部分台阶还是我们曾经用过的水撒石子铺就的,经过岁月的洗礼,仿佛包了一层浆,黑黝黝亮晶晶的,通过它就能想象出中正中学的历史和厚重。所有建筑的外墙都爬满了爬墙虎,远远看去,仿佛刻意种植在墙体上一样,早已经和墙面融为一体了。甬路两边的草坪,像一张张厚重的羊毛毯,(生活在北方的我,整日看到身边稀稀拉拉的草坪,仿佛一个秃头的脑袋,心里说不出的不舒服。)我好奇地想看看它们的根系,拔了好久也没达成心愿。它们的叶子与叶子之间交叉盘绕,生长在一起,密密的、厚厚的,插手的缝隙都没有。可见新加坡人自古以来就认识到保护环境、绿化美化环境的重要性,并一直传承着这一美德。我的语言太贫乏,反复推敲还觉着不能表达我眼中的中正中学的美,所以,当时写学习体会时,都插上了图片,帮助我表现心中的赞美和喜欢。

二、有一支实力雄厚的教师团队

接待我们并给我们做报告的是蔡志礼教授。他是华文学习院院长、马来西亚大学创意教学中心主任、艺术学院院长,他也是新加坡前总理李光耀先生的华文顾问。一国的总理每周六下午学习华文,了解华文文化和历史,可见华文在新加坡颇受器重。蔡院长说:"李总理非常重视华文学习,他说'如果你是华人必须学习华文,这是法律,一个华人的孩子不学习华文,必须经过总理的批准'。"

新加坡非常重视教育,他们的教师团队实力雄厚,优秀的教师资源一定会被充分利用,像蔡志礼教授这样的优秀人才,就兼顾多个学校的课程。相信中正中学的孩子们,相信新加坡的孩子们一定会非常向往、非常认真学习华文,因为他们拥有和总理同样的老师,肯定无比荣耀!由于时间比较匆忙,只能通过这样一个小的点了解中正中学教学团队的实力。

三、德育是一个民族和国家的灵魂

"德育很像空气,看不见摸不着,但缺失了它,人就会窒息。"我认为这是一句至理名言,不管是谁,都应该谨记在心。上至官员,下至平民百姓,如果谁漠视了道德的存在价值,谁就会被人民、被社会所唾弃。

新加坡实行的是高薪养廉制度,可依然有人贪得无厌,以身试法,究其原因,就是他们的道德观念薄弱,意志不坚定。当然也不排除环境、他人诱惑等不良因素。从一些落马的高官身上可以看出,国家为了培养他们,花费了大量的钱财和心血,也进行过各种各样的教育,他们的堕落,折射出道德教育和法律制裁的无奈和困惑。所以新加坡把德育教育作为一门课程在学校开设,将品德端正并养成良好的习惯、善于思考并能明辨是非曲直作为道德教育的目标。他们从小培养孩子们与他人分享并为他人着想的团队合作精神,培养面对挑战,既认同自我价值更看重共同价值,国事家事天下事事事皆关心的意识。有了这样的意识,再辅以严厉的法律制裁,现在的新加坡是一个富足、温馨、和平、快乐、绿色、环保的生活乐园!

　　参观的过程中,我们在一棵树下看到了一棵非常大且漂亮的灵芝,明白人一眼就能看出这是一棵年龄很大的灵芝,因为灵芝表面有许多圈漂亮的年轮,可它居然能在无人保护的自然状态下,健康、无拘无束地生长着,我们一行四十多人,都不由自主地发出了惊叹。"不以善小而不为,不以恶小而为之",这就是新加坡精神,是新加坡道德教育的成果。当"人人为我、我为人人"成为人们的习惯时,优秀文化的传承就不再需要监督和警示了。

(到新加坡第一天晚上的日记)

　　长到46岁,工作27年,外出学习参观的机会不少,也收获了很多,使我这个底蕴本不够厚实的老师,现在有点羽翼渐丰了。特别是2009年评上烟台市首届名师人选后,每年都有外出学习的机会,并且都是高层次的洗礼,接触的是专家教授,接受的是高深的理论和最前沿的教育理念,每一次和大师对话后,都是心灵的洗涤、智慧的开启,我俨然大家风范了。"取法乎上得乎其中,取法乎中得乎其下"的道理,人人知之,我其实是在"踩着巨人的肩膀",肯定会越走越远,越飞越高!我每次学习后,都会底气十足,像充了电的马达,走得既快又顺畅。

　　相信这次新加坡考察学习,对我的帮助会更大,我一定会珍惜这次学习机会,努力克服一切困难,把真经带回学校。

2013.10.28 晚

武吉巴中学欢迎您

这是我（左）和武吉巴中学校长（中）的合影。

　　新加坡的工作年限非常长,公职人员要65周岁才可以退休。武吉巴中学校长已60多岁了,可她依然精神矍铄,乐此不疲,管理着学校大小事务,即便放假也待在学校里,组织粉刷墙壁、修理桌椅、打扫卫生……其敬业精神令人敬佩！更值得我们学习的是,所有新加坡的老师除了规定的上班时间之外,一切加班,如下午辅导学生学习华文、指导学生特长发展、辅导学习困难学生等等份外事,都不需要额外补贴,是心甘情愿、主动为之,就像我们此次参观学习,新加坡师生已放假,可许多老师回学校担任我们的向导和解说,没有人提报酬,也没有人牢骚满腹,相反,都快乐无比。一些在学校补课的学生也积极向上,阳光灿烂。这种朴素精神的背后,有值得我们深思和探究的奥妙。

宏文学校

新加坡宏文学校成立于 1919 年,是一所以华人为主的学校,由于在学业成绩和课外活动方面都有杰出表现, 1992 年,宏文学校被新加坡教育部遴选为全国 15 所特选学校之一。学校办学特色突出中华文化,实行华文与英文双语教学,同时有着丰富的课外文艺活动。

校长胡春河,祖籍福建安溪,现年 65 岁,年底就可以退休颐养天年了,是个和蔼可亲、平易近人的学者。当我们乘坐的大巴车缓缓驶进校园时,远远就看到他热情地在等待我们。下车寒暄几句,他就带领我们走进会议室,亲自为我们介绍学校发展史和办学特色。

宏文学校的办学信念：扎根和创新

价值观：关爱尽责正直热忱

教育目标：德智体美群全面发展

办学理念：团体为重积极向上竭尽所能

宏文学校有最值得我们思考的理念,就是重视"群"的教育,不管是教师还是学生,都有"群"组织,他们认为"群"的力量大于制度,如一个孤单的人,可能会犯某种错误,或者可能由于懒惰放弃做某件事情,但一旦在"群"中,就可能没有个人自由和好恶,"群"中的每一个人都会"团体为重,积极向上,竭尽所能",因此说团队的力量是无穷的,是战无不胜的。

宏文学校的中华文化氛围浓郁,处处大放异彩。如"茶浓不醉人,棋妙能移性""字不敬心先病,墨磨偏心不端""未出土时先有节,及凌云处尚虚心"等。

（到新加坡第二日晚上日记）

好的就是好的,我们必须学习借鉴

曾有人说过这样的话,适合的才是最好的。我也同意,学习他人不要盲目,要反复推敲思量,根据自己的实际,确定学习方向。本次新加坡学习考察,我又有了新的想法,既然是好的,哪怕我们暂时不具备推广学习的条件,也要创造条件学习借鉴,使好的东西得以传承和发扬光大。如新加坡的中学实行三级管理制度,我认为非常好。其实我们当老师、搞教育这么多年,道理懂得不少,不是所有的人都适合读书,有的学生可能在某方面有特长,但他们在学术研究领域不可能有造诣,强压着他们学习就是浪费时间,做无用功。如果能因材施教、因需而领,相信他们会在自己喜欢的岗位上如鱼得水、畅快淋漓、自由自在地发挥特长,为社会做出最大贡献。

20131029 晚

踏进新加坡的第一感受就是美,可到了植物园才领略了新加坡真正的美。美得眼花缭乱、美得花香四溢、美得流连忘返。我们一行四十一人仅集合队伍就花费了 40 多分钟,因为我们不舍得离开,想多留下点照片以做留念,也有的想把如此美景带回家炫耀一番。守时的按照规定的时间到了指定地点集合,可等了许久也不见人到齐,就又偷偷地溜走了,继续拍照;回来晚的人见人不齐,又忍不住到周边去瞅瞅……

新加坡的国花是万代卓锦兰,寓意万代卓越锦绣之意。植物园里有兰花 1500 多种,红的、黄的、紫的、绿的、白的、橙的——叫不上颜色的更多,形状亦是千姿百态、妩媚动人、应有尽有,看得我们眼花缭乱、目不暇接、惊叹不已。经常听到这里惊叫一声:快来看啊,太神奇了,简直像尽了蝴蝶!还没等我们扑过去,那里又一声惊叹:太美了,真的有鼻子有眼,和小猴子一模一样。我看到的更神奇,像尽了长须飘飘的仙鹤老人……我们一会儿东一会儿西,像陀螺一样来回观赏。我真想象不出花儿会如此美丽!我们常常会情不自禁地喊:"哇,Very Beautiful!简直就是一朵朵盛开的睡美人!"

我们游览了夜间动物园、参观了南洋理工大学,感受了未来教室,并亲身体验了一回未来教室的学生的学习生活,了解了新生水厂的生产原理和新生水的质量……新加坡考察学习不虚此行,我们收获了很多很多,从而也感受到我们之间的差异和距离，感触颇深，所以，回国后，一直在深思：我们如何能赶上并超越一些发达国家，改变我们落后的现状，恐怕不是我们可以做到的，但我会尽一点绵薄之力，为我们的国家和民族，做我应该做之事。

高层次系统学习使我羽翼渐丰
——烟台市首届名师工程人选培训学习总结

前　言

我，在外人眼里是个非常了不起的人物。头上的光环实在太多，着实令人羡慕！一个小小的县级市，一个年仅 39 岁的年轻女教师（学校职务是教导主任），能有的荣誉几乎都有了：海阳市优秀教师、海阳市十佳优秀教育工作者、海阳市首届百名优秀人才、海阳市人大代表、烟台市优秀教师、电教先进个人、山东省特级教师、中学高级教师，执讲烟台市优质课、在《山东教育发表文章》……尽管通过函授学习取得了本科学历，又顺利通过了英语四级考试、计算机国家二级考试，拥有了极少数人能企及的学士学位。可在常人眼里，我依然是个莱阳师范毕业的小中专生，与那些天之骄子的大学生还有很大的差距。我能凭借自己的努力取得这一切，的确令人刮目相看。无论我走到哪里，都会受到热情接待。问候、打招呼的人，我几乎都不认识，但我从小接受的是礼仪教育，对人有礼貌、有涵养是做人的根本，所以，每每遇到这样的情景，我都会回以热情的微笑和问候。人多的时候，经常能听到窃窃私语，当然，大多是崇拜、羡慕、好奇的相互传达，偶尔也会夹杂着几句不和谐的嫉妒的音符，我只是听而不闻、忽略不计。其实，闲暇时，我也会反思自己的教育之路，是否真的实至名归、名副其实？

参加工作 19 载，风风雨雨，有喜也有泪，有得也有失。总之，我努力了、付出了，收获也不期而至，可以说，我是幸运的，机遇对我特别眷顾。

2009 年暑假，《烟台市首届名师工程人选通知》发到学校时，我高姿态，把名额让出去，我发自肺腑地希望每一个工作努力的老师都有机会参评，并能品味成功的快乐和喜悦。可事不遂人愿，我们学校一百多名教职工，除了我之外，其他人都不够条件。这也难怪，这是"首届烟台名师工程人选"评选，条件、标准都很高，一点不比参评"山东省特级教师"的要求低。就是在这种情况下，2009 年 11 月，我又踏进了烟台市首届名师工程人选的行列,沉默 3 年的我,又一次成为焦点人物,成为人人羡慕的"烟台市首届名师工程人选"。

荣誉又多了一个,光环又亮了一层,责任和担子相对加重了许多。我内心也戚然,担心辜负组织对我的信任和期许。

时间的车轮总是飞速旋转,五年一晃而过,现在看来,我很庆幸当时没有放弃参评。当然,我看重的不是首届名师的光环,而是一次次高层次学习培训、浸染洗礼的机会。我非常珍惜每一次培训学习的机会,并孜孜不倦、畅快淋漓地学习。一次有一次的收获,我一年比一年成熟稳重、睿智大气。五年后的今天,我底气十足,敢大声说:我是个合格的人民教师,是个合格的特级教师,是个合格的烟台名师!我的教育人生因此而精彩!我的教育情怀因此而博大高远!五年来,我的教育素养、人文情怀,由量变到质变,来了一次天翻地覆的飞跃。原来的我,是一堆洁白的棉花,外观高大美丽,内心空虚软弱,有体积无质量,经不起风吹雨打,经不起敲打挤压,不够厚重,更欠丰富;现在的我,成熟厚重,名副其实。

上海学习,目睹先进与繁华,洞悉文明与文化

2009 年 11 月 1 日,我怀着激动、喜悦的心情踏上了开往上海培训学习的列车。上海,素有"东方巴黎"的美称,是中华人民共和国直辖市之一,中国国家中心城市,中国的经济、金融中心,繁荣的国际大都市。能到上海学习,是我们有追求的教育者所向往的。火车颠簸 22 个小时,于 11 月 2 日上午 7 时到达上海,并于当日上午 8 时开始了为期一周的培训。

我在学习体会中这样写道:教育艺术的研究高深莫测,仅靠我们自己实践摸索,可能要走许多弯路,可能一生也没有找到真谛,我们非常需要专家的引领和指导。当然,生活中的小事也蕴含着深刻的哲理,我们深陷其中,往往不能自拔,经专家的一点拨,我们便恍然大悟,心境豁然开朗。所以,"活到老、学到老"是不朽的真理。

再次踏进上海,少了盲目,多了审视和思考。我对上海有了新的认识,对文化有了更深层次的理解。

我们是教师,研究的当然是校园文化。我们应营造什么样的校园文化,才能使我们的师生都在良好的校园文化浸染、熏陶下茁壮成长。

校园文化的形成需要过程,这个过程可能很漫长,我们任重而道远。我此次学习的题目为"欲穷千里目更上一层楼",意思是要想看的得远,就要站得高。上海是国际化大都市,理念、思想、经验都走在世界前列,我们到上海学习,就能与国际接轨,接受世界上最先进的办学理念和思想,我们可以借鉴成功的经验来提升自身素质、打造学校文化。学校文化形成大致分三个阶段。第一阶段是人治,还没有一定的规范,也即一个好校长就是一所好学校,是学校文化的起始阶段,这个校长一旦退休了,文化也就消失了。第二阶段是法治,有严格的制度保障,人们要遵循规范,一旦违反制度将要受到制裁,如扣工资、不得评优秀等。第三阶段是文治,即超越规范,人们自觉地依照以往沿袭下来的规矩,循规蹈矩,这就是校园文化建设的效果。我们现在就是要踩着巨人的肩膀,一步到位,直指第三阶段,超越人治法治,超越规范。所以不管谁当校长,第一要务是,抓观念更新,树立现代化的教育理念,教育理念一旦形成,就要贯穿教育教学全过程;抓学校的科学定位与办学理念的确立,办学理念一旦确定,就要坚持不懈地走下去。从此以后,不管谁当校长,不管谁走了、谁来了,我们都要沿袭下去。这就形成了校园文化,即学校经过长期的文化建设,已经形成了不以人的主观意志为转移的约定俗成。例如我们学校,在长期的办学实践中,铸就了"奠基人生"的校训;凝聚了"和谐发展,明理自律"的学校精神,提炼了"让每一个孩子体验成功"的办学理念;培育了"好问多思,探究创新"的学习风貌。这就是我们的校园文化。当然这一文化的传承还需我们一代一代的继续努力和发扬光大,才可光彩永驻,愈久愈浓。

浙大学习,方知大气与规范的统一,优秀与平庸的区别

2011年11月6日至13日,我又有幸到全国高校排名第三的浙江大学学习。可以说,从接到通知之时起,我就激动万分,因为,由于时代的原因,我没有真正上过大学,尽管现已是本科毕业,但都是自学和函授拿到的学历,对于名牌大学的心理期盼一直非常高。在我上学的那个年代,农村学习优秀的孩子几乎都考上了小中专。当时我学习就非常优秀,用现在素质教育的理念说,应该算全面发展的人才,学科成绩优秀,其他方面也非常出色,如果有机会考大学的话,一定是名牌大学,不过现在想想也不后悔,因为尽管当时

仅考了小中专,但我们这一代人都是学校工作的主力军,可以说,在教育教学岗位上,占据着举足轻重的地位。也正因为我们的优秀,才有机会到浙大学习。浙大学习,收获更丰,启示更大,为此,我由衷地感慨:名校就是名校,大气细致、丰厚朴实、求是创新是浙大的代名词,是浙大精神的缩影。一生中能有机会到浙大学习,实乃甚幸之极!

一周来,我一直被感动着,被浙大人感动着、被浙大事感动着、被浙大精神感动着,感动她的大气与规范,感动她的细腻与严格,感动她的出类与拔萃。我在学习体会中写道:"看到短信的第一感觉就是'好温暖、好细致',如此高等学府,对这么小的事情都处理得如此温馨浪漫,如同家的感觉,我们千里迢迢去学习,坚信一定不会感到孤单和陌生的,'细节决定成败'的感觉油然而生"。"浙大之所以有今天的成就,就是因为她不仅关注学校发展方向、大政方针,更注重细节,因为浙大人知道'细节决定成败'"。"浙大,这所百年老校,经过了历史的积淀,时间的洗礼,经过一代又一代浙大人的孜孜以求、不懈努力而枝繁叶茂,源远流长,是求实创新精神所积淀的深厚文化底蕴,是大气、细致,是书院精神的真实写照。

新加坡学习,领略异域风情,感受中华文明,传承中华文化

金秋十月,我们首届烟台名师工程人选一行 41 人到新加坡考察学习。

期盼已久!但又有点忐忑和激动,担心语言不通,担心风俗迥异;激动的是我们可以去领略异域风情,感受不同的文化,学习先进的教育理念。当我们真正踏上新加坡的土地,融入新加坡川流不息的人群中时,却全然没有身在他乡的窘迫,相反,有点宾至如归"家"的味道。因为新加坡大多数是华人,长得和我们几乎一模一样,说话也是亲切的汉语!(当然他们的英语也很地道。)即便有几个黑种人或者马来人,也会语速很慢地说"Hello!你们来自中国?学习 or 旅游? Welcome!。"

曾有人说过这样的话,适合的才是最好的。我也同意,学习他人不要盲目,要反复推敲思量,根据自己的实际,确定学习方向。本次新加坡学习考察,我又有了新的想法,既然是好的,哪怕我们暂时不具备推广学习的条件,也要创造条件学习借鉴,使好的东西得以传承和发扬光大。如新加坡的中学实行三级管理制度,我认为非常好。其实我们当老师、搞教育这么多年,道

理懂的可以说不少，不是所有的人都适合读书，有的学生可能在某方面有特长，但他们在学术研究领域不可能有造诣，强压着他们学习，他们也就是浪费时间，做无用功。如果能因材施教、因需而领，相信他们会在自己喜欢的岗位上如鱼得水，畅快淋漓、自由自在的发挥特长，为社会做出自己最大贡献。

名师培训，使我羽翼渐丰，实至名归

不知不觉，时间的年轮又增加了一圈，我已经48岁了，工作28年，外出学习参观的机会不少，也收获了很多，特别是2009年评上烟台市首届名师人选后，每年都有外出学习的机会，并且都是高层次的洗礼，接触的是专家教授，接受的是高深的理论和最前沿的教育理念，每一次和大师对话后，都是心灵的洗涤、智慧的开启，我俨然大家风范了。"取法乎上得乎其中，取法乎中得乎其下"的道理，人人知之，我其实是在"踩着巨人的肩膀"，肯定会越走越远，越飞越高！持续不断的学习、思考，在实际工作中反复实践，使我这个底蕴本不够厚实的老师，现在羽翼渐丰、实至名归了。

一、羽翼渐丰

写作和讲座本是我的弱项，可通过这几年的学习培训，我常常有写作的冲动和愿望，并能即时付诸行动；常常能长篇大论，有时也短小精悍。我觉得培训学习使我文思泉涌，文笔流畅，或直抒胸臆，或委婉含蓄，不管怎样，都能表达我真实的心境和意愿，且能把准时代的脉搏，跟上改革的节拍，体现教育的本真，追求教育的真谛。

二、实至名归

我本是分管业务的副校长，自我成长和教师专业成长是我的首要任务，也是我日思夜想的问题。我羽翼渐丰的过程，也是教师成长的最佳时期。我把学到的结合自己的理解，经过优化处理，转变成教师需要的、能接受的学习资料，传达给教师，最大限度实现优质资源共享。有时是书面形式，有时是现场讲座。每次学习归来，我都不辞辛苦，夜以继日地整理、筛选资料，尽量在第一时间呈现给教师。每次都是带着任务和要求，让教师学有所得，得为所用。

由于一个人的力量太渺小，于是我在校内部成立了名师办公室，成员是各科骨干和学科领导，以期以点带面，全面开花。五年来，我以课题研究带动教师专业化成长，以人格魅力引领他们进步，以亲力亲为、以身作则感染他们行动，效果很好，我校涌现出一大批优秀教师，有特级教师 1 名、烟台优秀教师、教学能手多名、第二届烟台名师工程人选 1 名，烟台市级及以上优质课 50 多节。实现了我的期许"一枝独秀不是春，百花齐放春满园"。

给学生上课，我更能做到灵动、风趣，因材施教、因需而领。我不仅从知识面上拓展，让学生瞪大求知的双眼，目不转睛地盯着我，仿佛一不留神，就错过了许多新鲜、有趣的环节；还从思想上、行为上、习惯上引导他们正直、善良、担当、规范、细致、坚持，同时把我所看所想适时渗透到教学活动中，让他们大开眼界、大饱耳福，经常是下课铃声响了，他们还恋恋不舍地目送我走出教室。

学而不思则罔。我把一些先进的理念和经验，经过梳理、思考，筛选出一些适合的融于学校教育教学中，并大胆改革、创新，辅以课题研究，带动学校教学工作高效推进，大大调动了教师的工作积极性。学校每学期都有新举措、新思路，使师生们不感到烦琐重复无新意，所以工作累并快乐着，精神面貌好、心情好、效率高，各项活动成绩斐然，常常有兄弟学校来我校参观学习取经。我们从不吝啬，因为我知道，好的东西只有大家分享，才能体现其价值，也不枉我外出学习之辛苦。2012 年 5 月，我代表学校在烟台教科研之旅走进海阳系列活动中，针对我校校本课堂建设作了《探索规范发展——有效实施校本课程》经验交流，受到与会人员的高度评价，同时，作为范本，在海阳各小学进行推广宣传。我参加山东省小学数学年会，现场点评烟台市芝罘区杨克誉老师的《人体的奥秘》，受到山东省数学教研员徐云鸿主任的认可；指导孙玉梅、修俊丽、张敏、于晓华、董莲等老师取得省优质课证书，自己执讲的《比例尺》荣获全国中青年教师课堂授课比赛二等奖。

特别值得一提的是我校的教导主任张敏，她工作勤勤恳恳、兢兢业业，有能力、有魄力。当她取得成绩时，我会第一时间祝福她，同时委婉地指出她工作中依然有问题，希望她能在此基础上，总结反思，打造一个完美有感召力的领导。当她情绪低落时，我会开导她，人生不如意十之八九，遇到坎坷波折是最正常不过的，只有经历风雨，彩虹才会显得弥足珍贵！

几年来，她从一个普普通通的教师，成长为省教材编写组成员、烟台市教学能手、省优质课执讲者、山东省特级教师，可以说凤毛麟角，人人羡慕。

这当然与她自己的努力分不开,我自信与我的正确引领也有很大关系。从她身上,我看到了我工作的思路是正确的,我的能力是被认可的,我的内心是无私的,我的付出是值得的。

所以,我可以问心无愧地说:五年来,我在烟台市师训科的正确引领下,通过四次集体培训学习,经过自己平时的孜孜不倦,积累了大量的优秀的人生不可缺少的资本,它丰富了我的知识、涵养了我的素质、提高了我的能力、提升了我的境界,使得我羽翼渐丰、实至名归!

衷心感谢"烟台名师工程人选"培训这一平台,希望这一平台能给更多的老师提供学习发展提高的机会!

第四部分　专业成长与引领

　　我们是小县城,对教师专业化成长不重视,所以,我自毕业以来,备课、上课都是自己琢磨,上课好与赖,没人过问,只要考试成绩好就是好老师。其实,想重视也心有余而力不足,因为学校几乎都是老教师、干部家属,大多是民办教师,转正后调进县城当了城镇的公办教师,说一口流畅的家乡土语,写的大字不美观但正确。大概是 1992 或 1993 年开始吧,偶尔有上级领导到我校听课,据说他们是带着问题来学校进行调研,现在看来就是课题研究。可我们当时孤陋寡闻,不知道什么是课题研究,只要上级领导来听课,就推选年轻的教师讲,并不是器重,也不是有意培养,而是因为年轻就应该勇挑重担、迎着困难上。我是当时学校唯一的一个小中专毕业生,并且年方二十几岁,这个重任自然而然就落到了我的肩上。尽管不知道课应该如何上,但还是义不容辞地上了。就这样,我每年也能讲一两节研究课,尽管没有什么章法,但因为我天资聪慧,再加上用心去上课,所以效果比较理想。每次领导评课时,多是表扬和鼓励,当然,建议也有一两条。学校领导一般不参与意见,不说好,也不说不好。我呢?刚开始自然是忐忑的,可次数多了,也就习惯成自然了,只要有领导听课,我就大大方方地讲。不过平时备课更用心了,因为不知道哪节课领导会来,听课都是临时通知,事先并不知道。慢慢地,我不紧张了,偶尔临场发挥一下、拓展一下也是有的。慢慢地,我大致知道好课应该是什么样子的了。首先知识要对,其次,要有顺序和环节,更重要的是学生要主动参与、要有学习兴趣。于是,我备课时,就在这几方面下功夫,想尽一切办法调动学生学习的积极主动性,改掉过去师道尊严、教师高高在上的弊端,培养和学生相同的爱好和兴趣,拉近和学生之间的距离。偶尔也看看书,借鉴一下优秀教师的教学案例,所以我的课堂越来越自然流畅,师生关系越来越融洽,教学成绩越来越优秀。毕业半学期后,我在课堂教学方面就成为同行中的佼佼者。当然也因为领导的表扬和肯定给了我信心和勇气，所以我每一节课都用心准备，经常查找大量的资料，丰富课堂知识，活跃课堂气氛。课堂上，时不时地穿插一些游戏、比赛环节，大大调动了学生的学习热情。同时我也开始琢磨课堂流程和活动的设计，慢慢地，我的课堂严谨了、风趣了、生动了，效率自然而然高了。我感激当时的随心所欲，感激领导给我们提供宽松的环境，没有给我们规定备课上课的框架，让我们自由自在地发展、呼吸，才得以有我今天自己独特的教学风格、优秀的教学思想。

二十世纪末，教师专业化成长被重视了，领导决定首先从课堂入手，口号是"提高课堂效率，减轻学生课业负担"。教研室经常组织一些比较优秀的教师执讲观摩课，其他教师听课后，领导点评。当然是优点和不足都指出来，目的是让听课的教师知道课应该如何上。我自然而然又成了执讲公开课、观摩课的人选了。

记得第一次讲观摩课，恰逢学习"布鲁姆愉快教育法"时期。为了体现并推广布鲁姆的"愉快教育法"精神，教研室决定在全县组织一次观摩课。我因为有过讲课的经历和经验，并且还被领导认可，所以重任又一次落在了我头上。教研室的领导反复听了我几次课，把"愉快教育法"的精神讲给我听，让我体现在课堂上。当时的我懵懵懂懂，但因为我之前就很重视学生的学习兴趣和情感，所以体现"愉快教育法"的精神实际并不难。根据教学进度应该讲《分数的基本性质》，这一节课的知识不难，是在学生学习了《分数的意义》和《分数与除法的关系》的基础上展开学习的，我用了一个星期的时间，精心备课，组织教学流程，设计教学环节，制作幻灯片——可以说，胸有成竹。

可当黑压压的二百多领导和教师坐在教室的过道上、边边角角上，挤得我几乎无法走上讲台时，我慌了，我急了，毕竟我太年轻，资历太浅。学生们也从没见过如此大的阵势，个个瞪着小眼，圆溜溜地看着我，仿佛都屏住了呼吸。为了缓解紧张气氛，鼓励学生也鼓励我自己，正式上课前，我组织学生唱歌、做游戏、深呼吸。稍稍稳定了一下情绪，正准备上课，我忽然发现备课不翼而飞，课本也不知藏到哪儿去了。屋漏偏逢连夜雨，我心情糟糕透了，但还是强打精神，硬着头皮开始上课。当时想得最多的是不能给领导丢脸，却没考虑自己能不能挂在讲台上，丢人现眼。

刚开始上课时，我是战战兢兢、忐忐忑忑、如履薄冰、满头大汗。好在我当时年轻,也就二十五六岁,事先备好的课全装在脑子里,与例题相关的练习题在第几页第几题,我都清楚。第一环节:复习。复习以前所学的"分数与除法的关系"和"商不变的性质",为本节课学习新知做好铺垫。当一张张幻灯片出现时,立刻吸引了学生的眼球,学生既新奇又喜欢,大大调动了学生的学习积极性,也激活了学生思维,所有问题都以抢答的方式顺利完成。那些听课的领导老师也都瞪大了眼睛,紧紧盯着像放电影一样的幻灯机,眼神中流露出来的是惊奇和羡慕。

复习环节完成后,我和我的学生们都不再紧张,而是渐入佳境。我们自然进入下一环节:学习新知。我让学生把课前涂的 1/2、2/4、4/8 长方形纸条摆放在桌子上,四人一小组比较谁的正确?为什么?这个问题难不倒学生们,他们根据分数的意义,解读 1/2、2/4、4/8,我选出一位学生的作品,用幻灯机放出来,结果学生异口同声地说:"对"!顺势我问:"从这三幅图,你能发现什么?"太直观了,又是异口同声:"相等"。当然我引导学生说出:涂色部分相等,也即这三个分数相等,表示为 1/2 = 2/4 = 4/8。"分子分母各不相同的三个分数,值却相等,太神奇了!你们能试着写出几组这样的分数吗?写好后,小组交流评判是否相等,为什么?"我挑衅性的口气,激发了学生探究奥秘的欲望,很快写出许多组,但我通过学生的眼神能读懂他们的喜悦与疑惑,写出几组相等的分数容易,可"为什么相等"却难住了他们。我适时提示:"仔细观察每一组分数的分子和分母的变化规律,再结合我们复习的内容。"一石激起千层浪,同学们纷纷举起了小手,有的忍不住就抢先报出了答案,"分子、分母扩大相同的倍数","对""对""对"……此时,由于激动,课堂秩序有点乱,但我知道,强行压制没有效果,因为学生为自己发现了规律而兴奋不已,都有宣泄和被肯定的欲望,所以,我微笑着,用鼓励称赞的眼神扫视每一个同学,并且双手高高举起,跷起了大拇指。此时无声胜有声!同学们很快安静下来,但依然掩饰不住喜悦之情。我抓紧时间夸张地表扬并渗透正确的数学学习思维方式和完整的表达方式:"真了不起!观察细致,反应灵敏,学习积极性高涨,老师喜欢你们。数学是严谨的,语言表达要简练准确;数学思维是缜密的,逻辑性很强,要从正反两个方面阐述。我们如果能更全面地分析,正确地迁移以前所学相关知识,把所有特点都总结出来,会更好!我相信下一个起来回答问题的同学一定能不负众望,完整全面总结出答案。"

　　小组合作学习因需而定。我没有让他们讨论，但这个问题比较有难度，靠一个人的力量很难概括全面，所以他们自觉地展开了讨论，声音不大，你一言、我一语，发表自己的意见，补充同学的遗漏，我也参与其中，边搜集信息，不时暗示性提点儿参考建议。很快有两个小组就给出了非常准确全面的总结："分数的分子分母同时乘以或除以相同的数（0 除外），分数的大小不变。"我非常高兴，不动声色地问："0 为什么要除外？"一个小男孩抢着说："分数的分母不能为零！"理直气壮！说明他懂了。另一个同学补充："除数不能为零！""数学学习就需要有这种一丝不苟的精神，把所有可能的问题都想到，才不至于丢三落四。"我做了总结。

　　接下来的环节是起名字、敲难点、学以致用，很顺利。当下课铃声响起时，我们全体师生还沉浸在学习探究的喜悦里，包括听课的领导和老师。我至今还记忆犹新，有部分领导和听课老师纷纷涌向讲台，有的咨询幻灯机的有关用法，有的向我索要备课，更令我意外的这里面还有我初中时的数学老师，他现在已是学区校长。他笑眯眯地走过来，说："课很精彩！了不起！有前途，好好干！"不好意思地点点头，谦虚地说："老师，我讲得不好。"其实，心里甭提有多高兴了，能得到老师的表扬，又是在众目睽睽之下，心里比吃了蜜还甜。我仿佛在梦中，迷迷糊糊开始寻找备课和课本。原来干事把幻灯机放在了我的备课和课本上面，难怪找不到呢。好在没影响我的发挥，我心里暗暗慨叹：好事多磨！领导现场点评了我的课，当然优点多，不足少，要求听课的领导和教师活动后，把"愉快教育法"的课堂授课模式、思路带回学校，推广学习。

　　这一次的经历对我的教学生涯影响很大！以后的日子里，不管走到哪儿，都有熟悉的面孔、亲切的问候和赞美的声音，我几乎成为海阳县小学数学界家喻户晓的人物了。从此以后，公开课、观摩课、优质课经常光顾我，学校、教研室不管组织什么活动，只要有听课环节，我首当其冲，我的课堂授课风格越来越成熟，思路清晰、活动丰富、知识全面系统、语言风趣灵动、课堂气氛活跃、学生思维敏捷。我对教材的分析、把握越来越到位，对学生的了解越来越真实深刻，为我以后成为一名优秀教师打下了坚实的基础，也为参评山东省特级教师和烟台名师积累了资本。

　　成长的路没有一帆风顺，不知道在什么地方就会遇到挫折和失败。当时的我，可以说顺风顺水，我也顺势而为，经常参加数学教研活动，并且意见独到、风格迥异,很受领导和教师推崇。现在想来,那时的我傲气十足,被成绩冲昏了头脑,不知天高地厚。

年轻好,但年轻涉世不深,也容易犯错误。

1997 年秋,我顺理成章地有资格执讲烟台市优质课。对于当时的我来说,就是小菜一碟,不用紧张。因为我觉得我的讲课风格已经非常成熟,具备了执讲烟台市优质课的能力和素质,达标课、优质课、创新课都讲过,公开课、观摩课更是讲过很多遍,可谓久经沙场,作战经验丰富,应对突发事件能力突出,所以,我胸有成竹,独自来到栖霞县实验小学,参加“十百千万工程”烟台市优质课比赛。

配合我上课的是栖霞实验小学五年级二班的师生,当我熟悉学生时,就有如鲠在喉的感觉。走进教室,感觉不到老师的存在,因为,整个教室乱哄哄的,有坐着的、有站着的、有趴着的,还有坐在桌子上的……一个不起眼的小男孩眼尖,看到我这位不速之客,立即跳下桌子,大摇大摆地走过来,问:“你找谁?”语气不卑不亢,俨然这屋里的主人。我非常客气、友善地说:“小朋友好!我找你们班主任,他在吗?”“啪啪”,随着两声拍手掌的声音,教室顿时安静下来了,“老师,有人找。”又是干脆利落,不卑不亢。这时,一位身材足有 180 厘米高、背朝讲台、坐在学生桌子上的男人,一跳连同转身,一脸的灿烂向我走来,并问:“找我有事吗?”我从他脸上能看出,刚才和同学们谈论得很热烈、很高兴,也能感觉到他和同学们打成一片,绝没有高高在上的师道尊严。

我说明了来意,又做了自我介绍,希望能得到老师和同学们的配合。老师也干脆利落,痛痛快快地答应了,并简单介绍他们班级的情况,大意是:他们班的同学很活跃,很自我,平时他对学生的要求不严,经常和学生疯疯闹闹,课上课下分不太清,总之,就是很民主,我可能一时半会儿适应不了,学生也短时间内适应不了我。

我是谁?什么样的学生我驾驭不了?什么场面没见过?我心里暗自嘲讽他,但嘴上却说:“这样的教学氛围我喜欢,没事,你忙吧,剩下的问题交给我即可。”

我要讲的是五年级下册《工程问题》,他们的进度快,已经学过了。那就更容易了,我心想。于是,只和学生简单交流几句,沟通一下感情,就胸有成竹地回宾馆休息了。

我的教育情怀

为什么说年轻浅薄、容易骄傲自满？我就是典型的例子。等我非常自信地走向讲台，很淡定地扫视一下台下听课的评委和老师，然后亲切地说"同学们好"时，场面就有点冷。学生们个个瞪着恐慌的眼睛，你看我，我看你，没有一个学生问老师好。我判定学生是紧张，所以想缓和一下气氛，就说："看来你们和老师一样紧张，来，跟着老师做几次深呼吸，把紧张赶走吧。"我闭上眼睛，自己很投入地深深吸气、呼气——我没有听到学生的呼吸声，却听到了满堂的大笑声，我睁开眼睛，顿时定在那里，学生们不但没做深呼吸，反而对我指指点点，仿佛在嘲笑我，所以引得听课教师哄堂大笑。我尽管有点尴尬，但也觉得没什么大碍，孩子嘛，偶尔出点小状况可以理解，所以继续上课。

课上，我丑态百出，现在能想到的不雅词汇都用上也不足以描述我当时的窘迫。我讲，学生不听，因为他们已经学过了；我问，学生不答，因为他们不懂，不知道如何回答；我让他们自学，有不懂的问题提出来，他们不学，因为他们不知道学什么。如果当时有地缝，我真的能钻进去。我脑袋轰轰地响，眼睛花花地乱，好想大声哭泣，抱头鼠窜。可理智告诉我，不能意气用事，要沉住气，慢慢梳理思路，急速分析原因，寻找应对措施。

漫长的四十分钟终于熬到了头，我像霜打的茄子——蔫了，耷拉着脑袋，拿着我的教学用品，贴着墙边，灰溜溜地溜出了大礼堂，然后一刻不停地逃回了家。一路上，我欲哭无泪，欲说无语，欲思无脑。我怕见到熟人，更怕有人问我讲课情况。回到家，整整病了一个星期，茶饭不思，整日萦绕在脑子里的就这么几个问题："为什么？这是怎么了？丢死人了！"我当时认识不深刻，反反复复寻找学生的原因，而忽略了自我反省，所以，我好长时间走不出失败的阴影。

"一朝被蛇咬十年怕井绳"。以后许多年，不管是什么时间、什么地点，只要涉及讲课，我就心跳加速，往事不堪回首啊。担任学校领导以来，不得已要给教师指导课，也常常惴惴不安，内心深处的那份疼依然存在，脸会不由自主地红一阵，需要深呼吸几次才能稳住情绪。

直到 2009 年，烟台市差异优质课评选，我是课题实验教师，是学校唯一符合条件的参与者，如果不参加，学校这个名额就浪费了，给学校加分的机会也没有了，所以我便硬着头皮报了名。很长一段时间，我都在矛盾中度过，自己和自己斗争了很久，一个声音说还是算了吧，不去了，另一个声音又说，还是去试试吧，经过这么多年的积淀，我已经脱胎换骨了，现在的我，已经非常成熟稳重，有个性、有担当，并且能很好地驾驭教材和学生，教师讲座都能口含珠玑、出口成章，而且多次指导教师参加烟台市优质课比赛获得一等奖，其中有三位代表烟台参加省优质课比赛都得了奖。我对教材的理解、对教育理念的把握都有独到见解，深受领导器重。所以最后还是决定参加比赛。

　　我反复研读通知，深刻领会其要义，又对差异教学进行细致认真地分析，把握其精神实质，然后选课、备课、试课、录课，根据课堂授课，我又反复推敲，最后，结合课题研究和课堂呈现，我准备了大约 3000 字的说课稿。我在课件制作方面又别具匠心，有了新的突破，所以，在海阳市小学、初中、高中三个学段的说课比赛中，脱颖而出，以绝对领先的分数，代表海阳参加了烟台市差异教学说课比赛。记得当时高中数学教研员高老师比赛后对我说："特级教师就是不一样，你的设计非常新颖，思路清晰、创意独到、简单流畅大气！可以做一次经验介绍。"听了这样的评价，我非常高兴，但还是客气地谦虚一番。自此，我彻底走出了课堂上失败的阴影，一个心中充满自信、脸上洋溢灿烂微笑的我重现了。

　　为了尽快提高教师的专业素质，学校、教研室经常组织听评课活动，出示观摩课、公开课的教师大都年轻有为，基本素质高，可塑性强。但这部分人毕竟是少数，我们的目的是让大部分教师都能胜任教师这份职业，所以，组织听课活动就变得尤为重要。

　　说实话，刚开始听课时，我感觉比讲课难多了。我拿着笔，不知记什么。记环节，就三大步，复习、新授、练习；记板书，就是例题的重复抄写；记老师的话，上句还没记到一半，下句已经说完了，我的听课记录本上常常是空的，偶尔有几句不完整的话，课后我自己都不知道是什么。为了应付检查，我常常听课时只带耳朵和眼睛，课后找同事的听课笔记抄抄了事。

　　2003 年 8 月，我被提拔为学校的教导主任，肩上的担子更重了，除了督促自己进步外，还承担着学校的教学研究任务。在其位谋其政！我不得不对自己提出更高要求，于是看书学习又有了具体目标和重点，看教学案例、看教学设计、看专家点评。《山东教育》《江苏教育》《黑龙江教育》成了我的至爱，因为我可以从这几本刊物里汲取我所急需的养料和养分，我如饥似渴、孜孜不倦，白天看、晚上学，慢慢地，我的听课笔记不再空洞，我不仅知道记录什么，还不时地在评价栏目里，写下自己的意见和建议，更可喜的是能提出建设性改进意见。

随着我听课笔记内容的不断增多，我的听课评课能力也由简单的几句套话，到具体详细、一针见血，由开始的照本宣科（即提前根据听课记录整理评课稿，然后照着读）到后来的现场评课，并且点评到位，包括教学目标、教学环节、师生互动、教学效果，更重要的是能高瞻远瞩，给教师提出改进意见。

我自毕业以来一直从事小学数学教学工作，包括被提拔为教导主任以后，依然担任数学教学工作，分管学校教学工作，所以，在常人眼里，我能听评数学课不足为奇，语文、英语及其他学科，我肯定是外行。可我偏偏就是这样一个喜欢打破常规的人、能创造奇迹的人、让人心生羡慕嫉妒的人。记得第一次参加语文听评课活动，不知校长是考验我，还是提供给我展示风采的平台，当着全校四十多位语文教师和全体业务领导，第一个点名让我评课。五十多双眼睛一齐盯向我，有好奇的、有惊讶的、有替我捏把汗的、有看热闹的，当然也有幸灾乐祸、看我糗事的。我不慌不忙，拿出我的听课记录本，先总体评价隋老师的综合素质很高，驾驭课堂能力很强，字写得漂亮，板书规范，提纲挈领。这些套话大多数人都会说，也能说，我也不能免俗，许多人这样认为，觉得我也就是说说套话而已。接着，我却话锋一转，从导入入手，一个环节一个环节细评，优点、不足及如何改进，就连教师评价学生的语言，我都做了具体而详细的利弊分析，并且提出"如果把老师空洞的评价学生'你真棒！你真了不起！'改为'你读出了儿子的坚信，因为他相信爸爸一定会来救他的'或者'你读出了爸爸的决心，因为他和儿子有过约定，无论发生什么，他们都会在一起'，学生是否更能接受，是否更具引领作用？"尽管是征求意见，但相信每一位在场的领导和教师都能感受到，我的征求只是礼貌，因为我所提出的修改意见完全符合课改理念，符合学生求知需求，符合教育教学规律！

评课结束后，和我一起被提拔的徐主任给予我高度评价，我认为是发自肺腑的赞美。他说："你什么时候开始对语文教学进行研究了？你的点评让我大吃一惊，我教语文这么多年，也不敢现场评课，更不能像你一样全面具体，且改进意见更是有高度有深度，让人不得不佩服！"几个语文教研组长追着要我的点评稿学习，对我的崇拜之情溢于言表。"台上一分钟，台下十年功"，其实，谁也不知道我台下付出了多少心血？仅语文课程标准我就读了三四遍，并且对着教材一个学段一个学段地比较，再结合各种刊物教学案例进行分析。

在我担任教导主任的四年里，我不仅看书无数，还亲自去烟台、威海、青岛、济南、牟平、莱阳、栖霞、文登等地去听课学习，听过著名特级教师于永正、支玉恒、雷丽英、华应龙、吴正宪、李烈、窦桂梅的课，并和于永正老师、支玉恒老师、吴正宪老师面对面交谈过，亲耳聆听大师的教诲，受益匪浅。

真正让我对课堂教学有了自信的是两件事。第一件事：我校年轻教师孙老师参加烟台市优质课比赛，在教研室骆老师的指导下，我们取得了烟台市优质课一等奖，并且取得了参评省优质课候选人的资格。为此，我们非常激动，因为这是海阳市首次取得参赛省课的资格，我们非常珍惜这次机会，并为之努力拼搏。那段时间，我和孙老师，除了上课之外的所有时间，包括周六、周日，我们几乎都在研究数学，研究数学课堂教学。我们反复研读课程标准，反复推敲知识点的呈现方式和学生的生活经验，努力体现数学来源于生活、服务于生活的思想。孙老师一节课一节课地试讲，我一节课一节课地听，然后我们讨论修改完善，再讲再听……就这样，我们几乎整个学期没有休息一个完整的星期天，整个人都泡在数学里，她选课备课，我研究课标、教法学法、评价语言。当烟台市教研室徐主任到海阳试听时，孙老师忐忑地问我："韩主任，我们能行吗？""放心吧，我们一定行！"我既是给她鼓励，也是给我打气，底气十足地说："我认为，徐主任非常赞赏我们的教学理念，因为我们的教学理念符合教育教学规律，符合课改理念，更符合数学教学思想，符合学生学习需求和成长需求。"下午第二节课，罗老师电话通知我们：烟台市教研室通过层层选拔，推选出孙老师等十二名教师代表烟台市参加省优质课比赛。孙老师心里的石头落了地，我悬着的心也归了位。

在一个经济不发达的小县城，教育相对落后于兄弟县市的海阳，一个普通的小学教师能参加省课比赛，是一件值得骄傲的大事。这不是孙老师个人的荣誉，也不是我这个分管领导的光荣，这代表我们海阳教育的崛起。为此，教研室主任也非常重视，亲自过问，并时刻关注，我们受宠若惊，也大受鼓舞，所以就更加努力，为这一搏付出再大牺牲也无怨无悔。我经常会半开玩笑半认真地说，我就是为教育而生的，我对教育情有独钟，我对教育悟性很大。努力工作、辛勤耕耘的人很多，为什么我们就会一个荣誉接着一个荣誉光临呢？既有机缘，也有巧合，当然，更与我们热爱教育、心系教育的情怀以及努力学习密切相关。

第二件事：省里举办小学数学年会，几个教育教学工作开展得比较好的地市教师代表献了课，不知是有意安排，还是无心插柳，当时主持会议的领导打破常规，没有直接请专家领导做会议总结，而是现场互动，请在场听课的领导和教师自由发言，对本次会议或者课堂教学进行点评，说优点可以，说不足也可以，提合理建议更加欢迎。由于时间有限，人员多，大约三千左右，主持人限定了自主发言名额只有 6 个。首位发言的是济南市小学数学教研室主任，第二位是临沂市小学数学教研员。我因为多次参加课堂研讨活动，对课堂教学有了清晰的认识，对听评课的要求了然于胸，特别是一节好课好在哪里，更是胸有成竹，所以，听课过程中，我拿着课程标准这把尺子，衡量教师的基本教育理念，判断教学目标的确定，看教学内容处理是否得当，课堂结构是否按照学生的知识结构和认知水平安排的，教师既是学习的组织者、设计者、指导者，更是参与者，是否充分调动学生的学习积极主动性，等等。我根据自己的理解，觉得我有能力点评这几节课，但众目睽睽，又是高规格的会议，在场的领导教师，大都来自大城市，见多识广，我与他们比，就如井底之蛙，所以，我矛盾纠结，真想展示一下自己，并给自己一个接受专家评判的机会，又担心说不到点子上，闹出大笑话。正当我犹豫不决时，第五位教师已经发言结束了。此时，我来不及多想，拿着听课本就走上了主席台，和我同时站起来的还有一位五大三粗的男士，估计他也在犹豫不决，不知上好还是不上好，所以，我领先他一步，已经上了主席台。主持人好像非常了解我的忐忑，示意我可以坐着发言。我感谢主持人那么善解人意！如果他不让我坐下，估计我会因为紧张而晕倒的。记得当时我的双腿颤抖得厉害，因为被挡在桌子后面，台下的人看不到；双手在台面上，一抖就会被发现，所以，我把听课本放在桌子上，边说边翻。说了大概三四分钟吧，我有点自如了，眼睛才敢离开本子，朝台下扫一眼，正好和吴正宪老师、省小学数学教研员徐云鸿老师对上了视线，她们微笑着频频点头，说明她们非常赞许我的观点，这给了我莫大的勇气。我腿不再颤，手不再抖，眼睛离开了听课本，自由发挥，努力把我的观点表达完整。当台下响起掌声时，我脑海里一下子跳出了歌词"孤独站在这舞台，听到掌声响起来，我的心中有无限感慨。多少青春不在，多少情怀已更改……"我的眼泪真的忍不住掉下来了，我也曾经失败过，等待过，徘徊过，但那些酸甜苦辣都已成为过去式，烟消云散了。尽管没有鲜花、没有证书，可在我心里，掌声比鲜花证书都重要。

其实，上天给我们的机会是均等的，就看你是否能抓住，或者说你是否想抓住，只要你努力了，付出了，相信成功一定会在不远处向你招手。

我的评课越来越娴熟，越来越深刻，在评课的同时，我会即时拿出教学设计，给教师正确的引领，让教师有章可循、有据可依。下面就是我听课后给数学教师出示的教学设计。

今天听了两节数学课，感慨很多。数学学科在我校已被公认为薄弱学科，从上学期开始，我们已经开始弥补，如成立数学研修团队，制订研修计划，确立研修目标，明确研修任务，规定集体研修活动时间和内容，从而使研修团队成员从数学思想、知识体系、教材编排意图等方面有所提高，以期先点后面，辐射带动全体教师，推动我校数学教学工作的长足、有序进步。

为了推荐选拔参加烟台市数学优质课比赛，我校组织了年轻教师优质课比赛。通过听课评课，我发现课堂教学效率不高，数学意识不浓，特别是教师为教学而教学现象严重。课下我进行了长时间的反思，又找了几位教师进行座谈，分析原因大致有以下几条：一、关键在我，我是业务领导，在业务上没能带领大家走出困境，我需要反思；二、分管领导引导不利，方向把握不准（分管数学的领导是刚由教语文学科改的）；三、研修团队成员工作机械成分较大，没用心去研究教材、教法，有应付之嫌；四、数学教师多由老教师、音体美专业改行过来的，数学知识贫乏，对数学学科的理解肤浅。怎么办？工作中出现问题是很正常的事情，发现问题不改正或者发现不了问题才会导致严重后果，我们下一阶段的对策是：1. 我全程参与数学团队活动。既是团队的指导者也是团队成员之一，参加研修团队计划的制订、方案的确立、内容的选编、目标的达成，参加数学研修团队的所有活动，包括听评课、学习体会交流等；2. 每次活动目标明确、要求具体、主题鲜明、措施到位，凡是不符合要求或者没完成任务的领导教师一律实行补课制度；3. 学校成立领导小组，我担任组长，谭主任担任副组长，专门检查督导团队成员作业完成质量，实行跟踪指导，落实每一项任务；4. 邀请教研室数学教研员骆老师定期到我校指导工作，进行专题培训；5. 定期对团队成员进行考核，不合格的必须进行补课，直到合格为止。总之，研修团队目标不贪大、多，只求实、细，要一步一个脚印，争取两年内，研修团队成员要成为我校乃至海阳市数学学科领军人物。要有丰厚的数学学科知识,有深厚的数学文化底蕴,吃透课标,十册教材全装在脑子里,知识体系成串,知识与知识之间的联系脉络清晰,并具备灵活驾驭课堂能力。

要想达到此目标,需要过程,更需要引领,于是,我又一次下水作文,给团队成员抛砖,以期引玉,备了《认识左右》一课,发给数学教师研讨,教师在试讲的基础上,找这节备课的优点和不足,并提出改进措施。

附《认识左右》教学设计

《左右》一课是义务教育一年级上册课程,内容是认识表示方位的"左右",包括上下、前后。

教学目标:

1.结合现实情境,能辨别认识左右、上下、前后,初步学会用前后、左右、上下描述物体的相对位置;

2.会判断左右、上下、前后,并能说明判断依据;

3. 知道数学来源于生活服务于生活,培养学生喜欢数学、热爱生活、善于观察的良好习惯,感受数学与生活的紧密联系。

教学重难点:重点认识左右;难点判断左右的依据以及用左右描述物体的相对位置。

教材分析:本节课是学习"空间与图形"知识的起始阶段,对引导学生建立初步的空间观念,培养学生对数学的兴趣具有重要的意义。因此,需要根据学生的年龄特点,切实组织好动手操作和主动观察的数学活动,吸引学生在亲身体验中学习知识。

学情分析:学生在家庭、学校、商店等多种场合都经历过,如:走路靠右边,学校在家的东边等等,但对用前后、左右、上下等方位知识描述物体的相对位置有一定的难度,其中在对面判断左右困难更大,将通过设计多种情境让学生在活动中学习新知,从而掌握本节课的所学。

教学流程:

一、谈话导入

同学们,你能描述一下老师和你们现在的位置吗?(了解学生对左右前后知识的生活经验和知识基础)学生可能会说,老师在讲台上(上边,习惯上,讲台要比教室的其他地面高一些,给人感觉教师高高在上),我们在下边;老师在前边,我们在后边。师:你是如何判断的?引导学生回答:以说话人为标准,面对的叫前,背对的叫后。如果老师说该怎样说呢?引导学生想到,同学们在教师的前边,老师在同学们的前边。

师小结:上下前后都是相对的,是以什么为标准来判断的,同时表扬同学们是生活的有心人,小小年纪就很会发现问题,有一双数学的眼睛。今天我们来学习有关描述位置的知识"左右",板书并读题目。

二、认识左右

1.了解学生对左右的了解

采用交流讨论的形式,让大部分学生对左右有初步认识,知道判断左右的依据是以自己的右手为标准,和自己右手在同一方向的为右,反之为左。练习设计可以找身上的左右朋友、听口令做动作和介绍身边同学的位置。

2.理解位置的相对性

(1)介绍文具的位置。(出示图片)

最近,蓝猫商店进了一些学习用品,小朋友,你们想去看看吗?有哪些学习用品呢?先自由说文具的位置,再集体交流。

(2)提问:谁来说一说铅笔的摆放位置。(学生交流)引导:为什么铅笔一会儿在左边,一会儿又在右边?(对于尺子来说铅笔在它的左边,对于笔盒来说铅笔在它的右边)

(3)设疑:第二个是什么文具?是尺子还是笔盒?同学们可以讨论讨论。请代表上台辩论,明确物体的位置是从右数还是从左数。过渡:同学们用左右为我们介绍了蓝猫商店的文具,大家说得很好,下面咱们来轻松轻松。

3. 巩固练习

(1)学生齐唱《健康歌》。

(2)喜欢这首歌的同学请举右手(学生举手),老师也非常喜欢(师举起右手),我举的是右手吗?有不同意见吗?为什么?明确:站立的方向不同,因此左右也就不同。

(3)同座位的同学握手,再次验证左右的相对性。

三、应用

描述生活当中的左右。走马路靠右边,上下楼梯靠右边,并说明为什么。

四、谈收获

生活中因为有了左右,认识了左右,方便他人,方便自己,生活质量更高、工作效率更快。

经过一段时间的正确引导，教师成长非常快，期中，我们组织了教师评课比赛，首先分管领导带领大家集体备课，然后，选一名优秀教师执讲，数学教师限时评课，效果很好。

通过批阅教师的评课，我甚是欣慰。教师们慢慢地走进了数学，走进了研究。所以，我更加认可专家的话：教师能走多远，关键是看领导站的多高、指的多远。一直以来，我始终和教师走在一起，了解教师的所思所想，所以能把准教师的脉搏，适时指导，才不至于让教师过多地走弯路。我会一如既往地走下去，不管多累多忙，只要教师受益、只要孩子幸福，甘心做教师成长的领路人、铺路石。

评课成为我指导教师成长的渠道之一，我无论多忙，只要是听了的课，一定抽时间点评，如果实在太忙，我会集体点评，当然，鼓励的多，批评的少，以期教师们朝着积极向上的方向发展。下面是集体点评五位数学教师的课。

根据学校工作安排，我们第九周对各级部推选出的级部授课成绩第一名的教师的课进行了观摩学习，历时三天，现已全部结束。本次听评课分四个系列，语、数、英（包括常识课）及音体美。根据课程标准和新课程理念及学校有效课堂、高效课堂的评分标准，对五名教师的数学课简单点评如下。

今天听了5节数学课，感触颇深，也很欣慰。功夫不负有心人，前一阶段的集体备课、级部研讨课初见成效。现在的数学课较以前有了很大进步，有的老师已经可以和语文教师相媲美了。（从前总认为语文课可以精彩、语文教师年轻、素质高。通过这5节课，我认为数学教师和语文教师可以并驾齐驱了。）这五节课共同优点是：

① 老师对新授课的课堂授课模式掌握得很好。

② 重视知识产生的过程（导入）和知识掌握的过程。

③ 体现了数学来源于生活、服务于生活的思想。

④ 充分体现学生自主学习和以学定教的新课程理念。

⑤ 教师激励评价学生语言精练、亲切、得体，过渡自然，能充分利用学生已有知识经验解决新问题，在教学过程中教给学生（新旧知识迁移）学数学的方法，渗透一些数学思想。

下面具体分析于老师的《按比例分配》：教学思路清晰，教学环节设计科学合理、自然流畅。一是导入（知识产生的过程）。创设学生熟悉的校园卫生区划分这一情景,学生自然而然地进入了学习按比例分配的学习情景,同时也潜移默化地对学生进行了公平公正、尊老爱幼的情感教育,弘扬了我国几千年来的传统美德。二是学习新课(掌握知识的过程)。首先放手让学生根据已有的经验自己解决问题,教师巡视学生具体情况,了解学生的学习动态,以便及时了解学生以往经验的程度,然后合理组织下一环节小组合作学习。当学生们大多能自己解决此问题时,就不需要小组合作学习,如果有部分同学不能独立完成学习任务,那就需要小组同学的帮助或老师的帮助。三是应用所学知识解决生活中的问题。

听评这5节课的目的,是为了进一步探讨有效课堂、高效课堂的有效模式并推广,为此,我们既要找出值得推广学习的环节,还要找出不足,并提出我们的修改意见,进一步完善规范我们的课堂教学,使每一节课真正有效、高效,最终提高教育教学质量。

这五位教师的普遍问题是:钻研教材不够,对知识所包含的题型,梯度把握不精确,放手让学生自主学习不够大胆,还是牵着学生或者扶着学生走,我们要相信学生有能力自己学习、有能力自己学会。

最后提点要求:

1.加强学习,提高专业和学科素质,包括:①细读课程标准,知道小学阶段学生都应该掌握哪些技能技巧,各学段之间的联系与区别,培养孩子热爱数学、关注数学,引导孩子用数学的眼睛看世界、用数学的思维认识世界;②多看教育教学刊物,如:《山东教育》《人民教育》《上海教育》《江苏教育》(每人订一份对自身专业成长有帮助的刊物),这些刊物既有对教材内容的分析,又有课例,还有设计意图,当然也有名人成长经历和政策法规,是综合性刊物,所以多看一定会促进我们的专业成长,提高我们的综合素质。

2.加强集体备课力度,严格按学校发的集体备课要求和范例备课,钻研教材,不妨借鉴语文阅读课教学的方法:初读、精读、朗读、背诵等步骤,做到对教材深入了解,融会贯通。①初读:教师通过初读教材知道这节课的知识名称、知识点;②精读:教师通过精读教材,分析知识体系和所处的地位,找出知识点所包含的所有题型,并通过集体备课进行修改完善;③朗读:在集体备课的基础上,加上自己的感受,结合自己班级的实际,制订具有个性化的执行教案;④背诵:知识体系和教材所处的地位弄清了,知识点找准找全了,教学环节也胸有成竹了,所以要把这些都背下来,印在脑子里,上课才有精力组织调控学生,关注每一个学生的每一点变化和进步(包括学生在学习过程中遇到的困难),及时调整教学时间和习题梯度,真正使每一个学生在 40 分钟时间里最大限度地发挥最佳水平,真正做到课堂有效高效。

在帮助教师成长的过程中,我也受益颇深。既提高了我对课堂、对教材、对学生的认识,同时,也锻炼了我的表达能力,提高了写作水平。

在听课的过程中,我发现,我们学校尽管在海阳已属名校,可许多教师仍不会上课,不知道怎样上课,也就是正常的课堂教学程序、流程都不知道,经常违背教育教学规律,课堂效率非常低。如语文课,有的老师专题学习生字词,大约用掉 30 分钟的时间,用剩下的 10 分钟学习课文;有的上来就学课文,在学课文的过程中,解决生字词的学习,把一篇文章分解的支离破碎。数学学科,有的老师整节课在讲解,反复讲,唯恐学生不懂,学生练习巩固的时间都没有,只好布置大量的家庭作业来弥补;有的老师讲了半天,自己还不知道本节课的重点是什么,难点是什么,等等。

作为分管业务的领导,我既要为学校负责,也要为学生负责,更要为社会负责,所以,多次请教教科所的领导,分析原因,发现课堂教学低效的原因是多方面的:一是观念滞后,教法陈旧;二是沿袭经验,缺少理论;三是认识偏差,理解肤浅;四是以教定学,轻视学法;五是注重考试,忽视过程。

为了改革课堂教学,适应新课程改革的需要,2006 年,我们成立了《新课程背景下有效课堂教学模式的研究》课题组,我担任主持人,学科领导承担课题主要研究任务,40 名年轻骨干教师参与研究。在专家的指导下,我们反复调查,经过课题组成员的共同努力,三年时间,我们基本完成了研究任务,探索出各个学科、各个课型的课堂授课模式,各个授课环节的大致用时我们都反复进行了实验,取得了较好的成效。

1.语文:新授课在教研室"三读式"模式的引领下,我们经过一段时间的探索,研究出了适合我们学校的小学语文"单元主题"课堂教学模式。这个模式的教学环节可概括为"自读质疑(课前预习)——细读研讨(课内探究)——自我回顾(巩固提高)——开拓延伸(课外连接或习作练习)"四个步骤。

复习课:小学语文复习的课堂教学模式的基本结构为"激趣明标、整理归类、训练测评、总结提高"。

讲评课：讲评课的教学步骤一般可以分成"小组自读互改——佳作欣赏提示——病文集体诊断——对文自评自改——集体交流成果"。

2.数学：形成了"情景导入——自主探究——小组合作——质疑解惑——点拨总结——提高应用"六环节有效课堂教学模式。这个教学模式是把教学过程看作一个动态发展的教与学统一的交互影响和交互活动的过程,其内涵是在已有知识的基础上创设学生熟知的生活情境,使学生产生探究的欲望,再通过师生共同研讨、交流,合作、互动,达到理解知识、掌握技能、实现教学目标的目的。最后进行知识归纳,教师点评总结。基本的课堂教学结构模式是：激发兴趣、导入新课——自主学习、享受快乐——小组交流、资源共享——师生互动、加深理解——归纳拓展、总结评价。

复习课模式：复习课基本的课堂教学结构模式是：激发兴趣、导入新课——自主学习、享受快乐——小组交流、资源共享——师生互动、加深理解——归纳拓展、总结评价。

讲评课模式：有关讲评课基本的课堂教学结构模式是：概述测试成绩——讲评试卷——课堂小结——巩固、反馈（①做错的题；②旧题新做）。

3.英语：形成了"五环节"（激发兴趣、师生互动；贴近生活、创设情景；听音模仿、对话表演；情景演练、积累应用；学以致用、课外延伸）有效课堂教学模式。

课堂教学模式研究过程中,我们还对"有效备课模式""有效提问模式""小学语文课前预习习惯研究""低年级'观——思——描——仿'写字指导模式""低年级合理有效评价学生策略研究""'以问题场景'开启学生思维之门的数学教学方法研究""有效课堂教学评价标准""有效教学反思""有效作业布置"等进行了研究,其中"小学语文课前预习习惯研究""低年级'观——思——描——仿'写字指导模式""低年级合理有效评价学生策略研究""'以问题场景'开启学生思维之门的数学教学方法研究"已经结题。

在研究的过程中,我们发现：规范办学行为之后,语、数、英三科的教学内容没有改变,课节却减少了一半,如何在单位时间内完成教学任务,又是摆在我们面前的亟待解决的问题,为此,我们又提出了《"快节奏、大容量、高效率"课堂教学改革实施意见》。

1.语文：语文课堂的学习时间缩短,一周仅七节课。这七节课不仅仅要完成课本的教学任务,还要引领学生进行大量的课外阅读。因为语文的学习"三分靠课内,七分靠课外。"引领学生进行课外阅读是语文教学改革的必然趋势。

根据这一情况,我们又对原有的教学模式进行了创新与改革,正在探索"四课时、四环节"语文教学模式。"四课时"即每单元学习内容尽量用四课时完成,抓住主要问题细读深思,缩短文本的学习时间。"四环节"即"课前预习,课堂检查,细读感悟,课后延伸。"用预习卡片引领学生掌握科学的预习方法,课前进行整个单元的预习学习。然后用一节课的时间进行预习检查,检查内容为"生字、词语、句子以及课文的朗读"。第二、三节课抓住主要问题或特色问题找到整个单元文本的共性,对整个单元的文本进行整体的细读感悟,可以穿插主题学习丛书的内容。第四节课用本单元习得的阅读方法或者是习作方法进行拓展阅读或者是练笔,提高学生语文能力。这样我们就可以节省出大量的时间进行课外阅读、积累和背诵。这项实验正在进行中。

2.数学:提高课堂教学效率的最佳途径是小组合作学习,如今合作学习已经成了学生学习数学的重要方式,许多学校都在研究小组合作学习,但是建立在学生"需要"基础之上的小组合作学习还没有一个很好的模式,多数小组合作流于形式。在有效课堂教学模式的探讨中研究出实用的、易于操作的小组合作交流模式是必要的,也是必需的。我们现在正探索"一课时、四环节小组合作学习模式",即教师通过集体备课确定好课前预习性作业,学生课前完成;课中,首先小组合作学习,交流课前作业的收获和困惑,通过学生交流讨论,完成知识的初步认知;其次集体交流、质疑、解惑,确保全班学生对知识的深入理解;然后学生一起练习,达到巩固提高的目的;最后拓展延伸,达到学以致用、举一反三的效果。

经过近年来的实践与探索,我们在课题研究方面取得了一定的成效,不仅构建了各学科有效课堂教学模式,对备课、上课也提出了具体翔实的要求,大大促进了教师的专业化成长。2009年9月结题前,我校已有25人执讲过烟台市级优质课,3人执讲过山东省级优质课,50人取得了海阳市级优质课证书。语、数、英、科学、音体美等学科教师都对有效课堂教学模式进行了深入研究与探索,90%以上的教师可以执讲公开课。教师撰写教育教学论文、教学随笔、教育故事等800多篇,有30多人次获国家级一二等奖;

50多人次获省级一二等奖；6人次参加烟台市读书与专业成长演讲比赛荣获一等奖；5人次被评为海阳市级优秀读书人物；1人次被评为山东省特级教师。课题研究受益更大的是学生，我校3000多名学生的精神面貌焕然一新，在校园浓郁书香的浸润中，尽情享受有效高效课堂的愉悦。连续两届市小学生运动会，我们的体育代表队蝉联冠军，艺术月活动中我校也名列前茅，2007年，五年级学生参加"新华杯读书知识竞赛"荣获海阳市、烟台市一等奖，参加"齐鲁杯英语口语大赛"也取得了海阳市一等奖的好成绩，多人次在《当代小学生》《快乐读写》等刊物上发表文章，本学期五年级又有2名学生考上了山东省艺术学校。

我们学校的课堂教学水平突飞猛进，每一次听课都有惊喜。有一次青年授课大比武结束后，我写道：通过这四天的听课，我收获颇丰。我们学校的课是越听越有滋味，越听越有兴趣，可以说，既有共性，"快节奏、高效率、大容量"，又有个性，总之就是异彩纷呈、百花齐放、百家争鸣，充分体现了我校近几年校本教科研取得的丰硕成果，特别是十一五课题《新课程背景下有效高效课堂授课模式研究》取得了重大突破，为我校顺利结题提供了有力的依据。

本次课堂授课的共同特点有：

一、文本解读到位，目标确定科学合理；

二、教学环节清晰具体，各个环节目标明确；

三、课堂充分体现学生自主学习、自由发挥，教师灵活处理预设与生成的关系，能及时把握生成，调节教学活动安排；

四、拓展环节更是每节课的重要组成部分，是课堂教学的延伸和升华。

五、多媒体使用更是此次讲课的亮点，每位教师的课件制作精美，水平高超，特别是每个课件都很好地辅助了教学，对学生解读文本、理解知识起了很重要的辅助作用，是非常理想的课堂组成部分，使课堂效果明显提高；

六、教师的板书有了新意，既对教材提纲挈领，又不呆板，令人赏心悦目，给人美的享受；

七、教师不仅关注知识的传授，更重视学生学习方法的指导；

八、评价学生语言具体生动，更有激励作用和引导作用；

当然，此次讲课也暴露出我校课堂授课中的不足。如：一、学生朗读指导不到位，特别是学生对文本感情理解不到位，教师指导的方法技巧不明确,学生含糊不清,不知道如何体会文字所表达的意义和情感;有的学生朗读时习惯拖腔,教师没有及时纠正;二、拖堂现象严重,说明教师对教材理解深刻,但对学生基础经验了解不够,造成教师设计的环节不能如期完成;三、不能关注全班学生,有一半的学生一节课没能回答一次问题,而有的学生一节课差不多回答五六次问题;四、给学生思考的时间太少,有的问题刚提出来,马上要求学生回答,当然好学生是没有问题的,可中下的学生几乎还没有想就被迫中断思路,勉强听其他同学发言,可谓食而不知其味,囫囵吞枣,久而久之,学困生就产生了。

改进措施:一、和教师面对面评课,肯定优点,指出不足,跟踪指导,直到问题解决为止;二、加强集体备课,特别要增加备学生这一环节,要充分分析学生的认知基础,做到胸有成竹,有的放矢,因材施教;三、加强小组合作学习,多给学生提供展示自己的机会,对每一个学生要做到公平公正,让每一个学生都能充分享受到课堂上展示自我的快乐;四、提问要有效,要考虑能牵一发而动全身的问题,一节课也就一两个问题牵着学生的思维,引领学生自主学习,不能满堂都是问题,教师问学生答,或者学生问学生答,这样的课堂也不利于学生自主学习。

评课由原来的片段向整体发展,特别是对教师的专业成长由局部到整体跟进指导。下面是我针对青年教师的成长做的正面引导,评课写成了文章,既是对执讲人的肯定,又对青年教师成长有所帮助。

享受他人的进步是一种幸福

今天上午第二节课听了孙老师的语文课——老舍先生的《猫》,心情非常愉悦,走出教室,忽然发现柳树不知不觉已经泛绿了,走近看,毛茸茸的小芽开始萌动,仿佛是急不可待地要冲破寒冷和春天打招呼呢。此时我也体会出暖洋洋的春意正在我身上涌动,呀,春天真的悄悄来到了校园,来到了我们身边。

孙然(化名),早闻大名,来我校之前就经常听同行们议论她。工作不积极,迟到早退是家常便饭,只注重外表修饰、缺少底蕴、内涵浅薄。上班化浓妆、穿时装,教育教学成绩极差,谁都不愿和她搭档……就是个"另类"。可我是学校领导,既要对教师负责,更要对学生负责,我们无权选择教师来源,但我们可以打造教师，提升教师素质。所以经过精心策划，我们决定从于老师的课堂授课切入，寻找解决问题的突破口。

我还没有走近教室，远远地就看见孙老师拿着拖把在教室门口拖地。我相信孙老师拖地的目的一定不是为了给我看，而是让我对她管理的班级留下整洁、卫生、美观的好印象。由此可以看出，她还是希望得到领导的认可和赞美的。一股暖暖的春意涌上心头。有了这个亮点，我就可以在鼓励她的同时向她提出进一步的要求。

走进教室，学生精神面貌很好，大声问老师好，地面整洁、桌凳整齐，卫生工具规规矩矩地摆放在门后，墙壁装饰得美观大方，黑板擦得干干净净，"孙老师是个非常爱'好'的人！"我在心里暗暗地发出感叹，一种愉悦之情油然而生。

孙老师的开场白简单精彩，比我想象的还好了千倍万倍。谜语导入，直接点题：伟大的语言学家老舍先生家里就养了一只猫，让我们一起走进先生的家，来认识一下他家的猫是什么样子。导入课题后，孙老师按照我们语文阅读教学的"三环节"，开始了学习。第一，检查预习环节。首先是生字词的读音，接着是字形分析，最后是意义解读。三个小环节重点突出，目标明确，过渡自然，特别是即时鼓励评价学生的语言准确到位，非常有针对性、指向性。如：第二个小环节，当学生分析"凝"是以前学过的"疑问的疑字加两点水"，"性"是姓名的姓字把女子旁换成竖心旁，孙老师及时给予了极恰当又有激励作用的评价："你用了熟字加偏旁或者是熟字换偏旁的方法，真了不起，脑子里装着小字典！"这一评价更渗透了记字方法的教学，充分体现了教育无痕、润物无声的最高境界，我对孙老师更是刮目相看。当学生解析"贪"字的写法，指出"贝"上面是个"今"字，不能写成"令"字时，孙老师说："你是个细心观察的孩子"。在结束预习检查环节过渡到课文学习时也非常自然，"你喜欢刚满月的猫还是成年的猫"一下子就把学生的注意力引到了文本里。下面的教学环节有精彩也有不足，我就不一一分析了。

给孙老师评课的第一句话是"你这节课讲得很好"。孙老师不好意思地笑了，说："一般情况"。就针对她的"一般情况"开始了评课话题，我首先对她的精彩之处大加赞美，并且是发自肺腑的肯定，让她有受宠若惊之感，因为在这之前，她没享受到他人特别是领导的夸奖！当然，我也指出这节课一些有待商榷的问题,特别是这节课的教学目标没完成,课文还有两个自然段没学习。此时,孙老师打开了话匣子,说她原来是如何设计的,并且设计得最精彩的就是还没讲的部分。就着她的话题,我开始了对她的正式引导:人就要把精彩的一面展示给大家看,只有大家看了你的精彩,才会认可你的精彩,仅靠自己表白效果不明显。比如说这节课的最精彩部分我没看到,我肯定想象不出精彩的程度;再如,你到校的时间,每天几乎是和铃声同步,我们工作的性质特殊,有许多孩子的家长上班早,他们不得不把孩子早早地送到学校,我们中为老师有责任和义务照看早到的孩子,给他们提前打开教室的门,不使他们在校园里被寒冷的北风吹着、冻着,教他们如何打扫卫生、整理教室,培养孩子们珍惜早晨的美好时光,养成大声读书的良好习惯等等。

孙老师边听边点头,并不时诚恳地检讨自己的不足及今后应注意的问题。"心急吃不到热豆腐",对一个人的打造不可能一气呵成,要考虑她的承受能力,至于化浓妆、穿时装等问题要等时机成熟再提出来。所以我及时刹车,在对孙老师进行充分肯定后,提出了一个合理的要求,本周写出这次听评课的体会,打印成稿交给我,孙老师非常愉快地接受了,我们的谈话也圆满结束了。

所以有了开头一段的描述,心情好时,天会更蓝,水会更清,小鸟的叫声清脆悦耳,孩子们的顽皮是童趣的可爱,老师的懈怠也是生活的小插曲,只要我们善于捕捉闪光点,相信惊喜一定在某个地方、某个时间等着我们;只要我们有一颗宽容博大的心,春天就会唱着歌、哼着曲,欢快地来到我们身边。

无论是工作还是生活,我们一定要关注阳光、空气和水给人们带来的幸福,尽量忽略生活中的不如意。关注他人的进步、放大他人的优点,既是荡涤我们心灵的春风,更是给他人进步的台阶。我享受,享受他人的进步,享受内心境界的升华,享受赞美他人的幸福。

听《去年的树》有感

我是教数学的,自毕业至今已有二十一个年头了,每听一次成功的语文课例,我都会激动好一阵子,心潮澎湃,久久不能平静。教语文多好啊!教师可以完全忘掉自我,走进文本与文本对话,谈心交流,与作者、主人公一起或悲或喜、或忧或乐；和学生一起慢慢体会文本所要表达的情感,步步深入,直到高潮迭起,还沉浸在文本所描绘的意境里,流连忘返。一会儿是诗人,一会儿是画家,一会儿是歌唱家,还可能是哲学家、思想家……整个人都文学化了,品位十足,总之,我觉得语文教师是幸福的人、快乐的人、诗情画意的人、情感丰富的人。所以我对语文教师、语文课情有独钟。只要有名师讲课,我必定挤时间去听、去评、去品味、去思考、去反思,以此提高自己的文学修养和文学品位。

暑假期间,教研室邀请了烟台市金城小学特级教师张肖华来海阳,举行了"名师引领启迪智慧"小学语文教学论坛,我收获颇丰。张老师深厚的文化底蕴、生动丰富的实践经验、鲜活的事例、幽默风趣的语言,无不令我崇尚和羡慕,我因此写下了《教师应做到"激情教育"》,表达我对文学的渴望,对语文教学的期盼,对名师的眷恋。

今天,我又有幸听到了张肖华的《去年的树》一课,我感受更深,也有许多感悟,所以迫不及待地拿起笔,把它记录下来,和大家共享。

《去年的树》整篇充斥着淡淡的忧伤,开头以鸟和树的对话确立了本课的主题,为了信守承诺,小鸟历尽千辛万苦寻找它的"朋友树"。张老师的设计恰到好处地体现了这一主题,同时也凸显了语文教学的人文性。

一、语文教师要引领呼唤学生对文学作品的兴趣。

"同学们,我们每天的生活都离不开书,张老师知道我们班级里有许多的小书迷。从书中,我们获得了许许多多的知识,同时呢,我们也通过读书结识了许多了不起的大作家。能告诉张老师你都读过哪些作家的作品吗？"多么富有感召力的话语！一席话激起了千层浪,学生们个个虎视眈眈,都想把自己知道的告诉大家,张老师适时地、恰当地也参与到了大家的谈话中:张老师最近也通过读书结识了一名外国作家,同时,张老师还带来了他的一段话:(大屏幕打出了下面的话)

"我的作品包含了我的天性、性情和远大的理想。……假如几百年几千年后,我的作品能够得到人们的认同,那么我就可以从中获得第二次生命！从这一点上来说,我是多么的幸福啊！"

"这位作家的作品不仅得到了人们的认同,而且受到了世界人民的喜爱,这位作家便是日本著名儿童文学家——新美南吉。今天我们就来学习他的著名童话,题目是——去年的树。"

张老师创设的这种情境就是引领学生进入文本、进入角色,与作者、文本融为一体。

二、紧紧抓住学生心理,想学生所想,急学生所需,让学生在自主快乐的氛围中学习。

学生齐读了题目《去年的树》后,老师没有问你读了题目有何感受或有什么疑问,而是改为"同学猜一下,老师一开始读这个题目时可能会想到什么?"学生猜老师是如何想的,其实也就是学生看了这个题目的想法,不过,换一种提问方式,更亲切自然,富有挑战性,更能激发学生的求知欲望和学习兴趣。学生们个个精神抖擞,小手举得老高,当学生"猜"的答案和老师的一致时,学生那种成就感跃然脸上,骄傲自豪的神情亲切可爱,这不正体现了课改的理念,充分张扬学生的个性,让学生主动学习,自主提高。

三、语言幽默风趣、过渡自然恰当,富有感染力。

引导学生学习的语言、鼓励学生自主探索的语言是那么自然、流畅,一点刻意雕琢的痕迹也没有。如:"有些孩子的学习习惯真好,读完了一遍课文,又回过头来再读一遍。'书不厌百遍读',每读一遍都会有一遍的收获。"其实,这就是教给孩子们读书的方法,但又没有丝毫强加的意思,真正体现了教育无痕、润物无声的教育技巧。

谈话的语气亲切自然,声调抑扬顿挫,语速的快慢和表情的处理,都恰到好处,仿佛少听一句话,少看老师一眼就会落下很多东西,所以学生的耳朵一直是"竖着"的,眼睛瞪得大大的,即使这样也担心漏掉什么。

四、教材挖掘到位、重点突出,感情处理适当。

教材的挖掘、处理、重点把握得很到位,树和小鸟的深厚友谊和欢乐生活的场景是本节课的重点,在这儿用了浓墨重笔来描写,因为它是后面感情的基础,承诺的支撑,所以小鸟才能历尽千辛万苦去信守诺言,找寻朋友树,这也是为唤醒学生对友谊、承诺的重视。小鸟和树的对话在整堂课中先后出现了四次,感情的处理一次比一次强烈,张老师这样处理的目的是让学生充分体会小鸟和树之间的深厚感情,以及小鸟对感情的专注和对诺言的信守,浓墨的渲染使情感升华水到渠成。

音乐的适时插入,渲染了离别的伤感、相思的痛苦以及对重逢的渴望。当学生已经初步理解了课文内容,加上一段比较凄美的音乐,让学生配乐朗读:"幸福的日子就这样一天一天地过去了,寒冷的冬天就要来到了。鸟儿必须离开树,飞到很远很远的地方去。"因为有音乐的伴奏,同学们的朗读不自觉地就慢了下来,而这正符合了此时小鸟和树分别的心情,孩子们即便不曾经受过分离,此时对分离也会有深刻的理解。

文章的最后,当老师说:"同学们,你就是那只小鸟,那只曾和树朝夕相处,快乐无比,承诺明年一定要回来给树唱歌的小鸟,看着摇曳的灯火,似乎在叙述着一个动人的故事,小鸟们,请睁大你的眼睛,再睁大一些,看着这灯火,说出你想说的话吧。"此时,不知那灯火是否有情,如若有情,可曾记起曾经的分别?孩子们仿佛已真的变成了那只小鸟,瞪着大眼睛,对着摇曳的灯火,唱起了歌。画外音:再见了,小鸟!明年春天请你回来,还唱歌给我听。好的,我明年春天一定回来,给你唱歌。请等着我吧!张老师又一次再现了两个人承诺的对话,使老师和孩子们都沉浸在文章所呈现的意境里,久久不能平静。

"唱完了歌,小鸟飞走了,火柴用完了,一切都成了过去,但老师分明感觉到了弥漫在我们心头的一种感动。请同学们敞开心扉,把你的感动告诉灯火吧"。"树啊,我很想念你,也想念我们曾经的幸福、快乐。当我一个人孤独时,我就想起了我们的承诺,所以我历经千辛万苦,终于找到你了。"这是孩子们发自肺腑的感叹,是对友谊的赞美,对信守承诺的赞许。

淡淡的文字淡淡的伤感,却透射出一种真挚的情感,久久地盘桓在我们的心头,挥之不去。而这也正是新美南吉的作品让人难忘、让人喜爱的理由。这里张老师还带来了新美南吉的另一篇童话——《蜗牛的悲哀》。课文已经学完了,可老师的教学并没有停止,而且把眼光放在了课外,进一步让学生了解作者新美南吉和他的作品,培养学生阅读的兴趣,指导学生,在阅读中感悟、成长。

耳目一新的数学课堂

一提起数学老师、数学课,人们自然就会想到数字、算式、推理、论证,仿佛都是干巴巴的骨架,无血无肉,既没有优美的语言,又没有优美语言描写出的意境,师生感受不到美的熏陶启迪。整个数学课堂就是几大步:复习、引入新知、学习新知、巩固练习、拓展延伸。学生回答问题和老师的讲解要简洁明了,只要能说明问题即可。为了省时间,学生只需列出算式,计算步骤、计算结果和答案都可省略。这样久而久之,读应用题时,老师都是领学生抓重点词语和关键词语,修饰成分尽量去掉。如五年级的分数应用题,只要学生能从题目中找出单位"1"的量,和单位"1"的几分之几,即可列出乘法算式,根本不需理解题目所表达的生活意义,更无须华丽的辞藻、恰当的比喻、精彩的心理描写。所以教数学的教师期末总结也只会第一条、第二条……具体工作过程中所经历的艰辛、成功后的喜悦,都不会描述,更不会提炼、加工、润色,尽管语言干巴巴,但思维蛮清晰,一点不乱,让人一听就知道是教数学的。

自课改以来,特别是从 2004 年 8 月开始,学校组织课堂授课大比武,我校课堂教学来了个翻天覆地的变化,特别是数学课堂更给人耳目一新的感觉,听完三节数学优质课后,有些语文教师都发出感慨:上数学课这么有趣,这么美,我也想改行教数学了!要知道,这样的话以前都是数学教师听完语文课后的感慨。

下面,我就简单介绍一下我们学校通过课堂授课大比武推荐出来的三节数学优质课。

一、"交换律"(四年级上册第一单元,王雪燕教师执讲)

这节课本身是"加法交换律",如果仅仅是学习加法交换律,对于四年级的学生来说未免太简单了,"交换两个加数的位置和不变"这一规律,一年级的小学生也很容易理解,因为我教一年级,像这样的问题,从学生一接触加法时就渗透进去了,如妈妈今天给小明买了 2 个本,明天又买了 3 个本,一共买了几个本?学生凭生活经验就能列出两种算式:3+2=5、2+3=5,因为他们知道,只要把两天买的合在一起即可,无所谓先今天再昨天,或是先昨天再今天。所以,我认为单从理解"加法交换律"这个规律上讲,学生很容易接受,至于应用,对于四年级的学生来说,也不难,无非是有一些计算,运用加法的交换律能简便一些。以前的课也就仅此而已,剩余的时间就是大量的练习,以提高学生的计算准确性和速度。学生由于重复做题而单调乏味,教师因为学生厌倦而心烦意乱,一节课也就在这样沉闷的气氛中熬过了。王雪燕老师肯定也认识到了这一点,但她对新课标的要求有更深层次的理解。她把教材做了合理大胆的调整,"加法交换律"只作为一个触点,"减法中是否也会有交换律?""乘法、除法中呢?""两个数交换位置和不变,三个、四个数交换位置,和又会怎么样呢?"这一串新问题则是原有触点中诞生的一个新的生长点，整合到一起时，作为某一特定运算的交换律知识被弱化了，而"交换律"本身"变与不变"的辩证关系、"猜想——实验——验证"的思考方向、由"此知"即"彼知"的数学联想等却一一获得凸显，成为超越于知识之上的更高的数学课堂追求。看似不经意地提问，却如平静的湖面上投进一粒小石子，激起层层涟漪，同学们思维的闸门一下子被打开、被激活，纷纷举手，发表自己的见解，由讨论变成争论、由争论变成分析，最后达成共识。学生通过自己动手动脑、讨论争辩，猜想、实验、验证顺利完成了本节课的教学目标，并形成了数学思维和意识。整堂课既简单又自然，既掌握了知识，又形成了能力，更激发了学生探究的兴趣，特别是老师在学生心中埋下了数学思考的种子，相信我们定会等来花开时的灿烂与芬芳。

二、"认识分数"（三年级上册第一单元，孙玉梅老师执讲）

"认识分数"是小学生第一次接触分数。分数与整数有很大区别，它不再有具体的一个个实物和它一一对应，对于三年级的学生来说，比较抽象，不容易理解。而孙玉梅老师设计的许多生动有趣的生活场景，让学生亲身经历了分数产生的过程，在动手操作过程中，发现生活中整数已经不能满足人们的需要，有些数仅靠整数无法描述，于是发明创造一个新的数的愿望就适时产生了，这就是数学的生活必要性。

孙老师是这样导入的："同学们，教师给你们带来了8张长方形纸、4张正方形纸、4张圆形纸、2根火腿肠，你们想做点什么？"因为这些东西是上课用的，学生自然就会想到把他们分给每一位同学，如何分呢？有两种分法，一种是每人一样东西，即1人分得8张长方形纸，1人分4张正方形纸，1人分4张圆形纸，1人分2根火腿肠，这只是分类的一种方法，学生一般不可能这样。如果出现了，学生自己也会很快予以否定。另一种分法是平均分，即每人2张长方形纸，1张正方形纸，1张圆形纸，火腿肠每人半根。"半根"显然与前边的2、1不协调，怎么办呢？学生头脑产生了大大的疑问，这就是分数产生的背景。学生有了疑问，孙老师随即点拨：我们能不能创造一个"数"，也像2、1来表示半根呢？此时学生已产生冲动，跃跃欲试，但他们可能因为找不准创造方向而漫无目的，更可能因为目标不清而放弃创造欲望，所以，孙老师把线一拉，说："请同学想一想，一半是如何得出的"？学生又重新回想、操作、演示，梳理得出"半根"的过程，即把一根火腿肠平均分成了 2 份,其中的一份就是半根。这还不够,如果想得到长方形纸的一半、正方形纸的一半、圆形纸的一半怎么办?学生很快就想出了结论:不管是火腿肠、长方形纸、圆形纸,只要把它们平均分成 2 份,其中一份就是它的一半。所以要创造的这个新数的特点自然而然就被学生发现了:把"1"平均分成 2 份,其中的一份就是这个新数的条件,即发明这个新数必须包含这三个因素,缺一不可。1/2 就这样产生了。孙老师的一句评价更是一石激起千层浪,画龙点睛:"数学家们经历了几百年甚至几千年的探索,最后的结论和你们的想法不谋而合!"这对学生来说是多么高的评价!是比任何表扬、甚至是物质上的奖励都大的鼓励!相信孩子们会为之激动、为之兴奋、为之受益一生!

多么精彩的导入!多么恰当的评价!教育无痕,润物无声,学生经历了 1/2 产生的过程,成为创造 1/2 的主人,饱尝了创造的艰辛,体验了成功的喜悦,我相信这是任何给予所无法比拟的快乐。这样的课堂还会显得单调乏味、无人喜欢吗?答案不言而喻。

三、"可能性"(二年级上册九单元,刘晓桦老师执讲)

"可能性"属于统计与概率范畴,是新课标中新增加的一个内容,也属于起始教材(一年级学生接触过统计与概率中的初步统计)。其实几句话可以概括:有些事情一定发生;有些事情可能发生;有些事情可能这样也可能那样。刘晓桦老师没有简单地说教,而是给学生准备了几袋玩具(以颜色来区分,一袋全是红色,一袋里有红的又有绿的)。首先让学生猜想,"同学们,从这两个袋子里可能摸出什么颜色的玩具?"接着让他们来做"摸玩具游戏",把每次摸的情况作简单的记录,每个学生摸 4 次验证猜想。学生得出的结论是:验证的结果和猜想一致,即可得出定论。刘老师没有给予评价,而是说:"一个例子究竟能说明什么?"同时提醒学生,"结论的得出需要大量的事例来证明"。之后刘老师又设计了掷硬币、掷骰子、摸扑克牌等活动,让学生边操作边记录,最后得出的结论与猜想都一致。这样就可以判定猜想的合理性、准确性。

数学是什么,数学可以留下些什么,数学可以形成怎样的影响力?正像北京师范大学数学科学院副教授曹一鸣所说的:数学可以在人的内心深处培植理性的种子,可以让你拥有一颗数学的大脑,学会数学地思考,学会理性、审慎地看待问题,关注周遭、理解世界。这三节数学课,充分体现了数学课堂本该拥有的文化气度和从容姿态。

为精彩喝彩

有幸参加了烟台市小学数学第十三届年会,历时两天,共计听课13节,尽管非常累,但收获颇丰。

一、教师素质普遍提高,驾驭课堂能力加强。

这十三节十三位教师,是各个县市区选拔的最优秀的教师,代表各个县市区的最高水平。首先普通话标准,评价学生的语言丰富恰当。如海阳的刘云霞老师,当学生说出身边处处有钟表的答案时,刘老师的评价是:你真是生活的有心人!当学生发现了钟面的小秘密时,刘老师的评价是:你观察得真仔细,学数学就得有一双会发现的眼睛!招远的纪美凤老师评价学生更是别具一格,当学生发现了排列的规律时,纪老师为了鼓励学生灵机一动:我们就管这种排列方法叫晨辉排列法吧。叫晨辉的同学激动万分,学习积极性更加高涨,其他同学受到感染,也积极思考,争取也来个某某方法。栖霞的修晓华老师启发引导学生的语言值得推广学习。如分析解决问题的策略有多种,当学生说出了可以从条件入手,知道了速度和时间,根据速度乘时间等于路程就可求出路程,修老师首先肯定了此学生的思维清晰敏捷,接着又问:还有其他方法吗?避免学生思维定式,老朝着这一种思路用力,所以学生很快就想出了可以从问题入手来解决问题的策略。当学生想出了把纷繁的条件整理列表,使问题简单化,修老师表扬学生说:"老师发现同学们非常聪明,遇到复杂的问题用列表的方法来解决,遇到新知还会用转化的方法转变成以前所学,真了不起!希望同学们在以后的学习生活中也多动脑筋,想出好的解决问题的方法"。其次是处理预设和生成问题机智灵活,使课堂丰富多彩,精彩纷呈,如牟平的曲冬梅老师在讲最小公倍数一课时,曲老师设计的学生用长方形纸片摆正方形的游戏,本来很简单,可学生由于紧张怎么也摆不出正方形了,曲老师没有紧张,而是借题发挥,让学生讨论正方形边长相等的特点,只要边长相等的四边形就一定是正方形(前提是长方形来摆),这一下把学生的思维打开了,学生摆出了大小不同的正方形,有的学生很奇怪,好几种摆法,能对吗?又生成了一个新问题。"是啊,对吗?"曲老师不是给学生现成的答案,而是把这个问题又抛给了学生,让学生们讨论,老师看"热闹"。不一会儿工夫,学生就把答案找出来了:1. 摆出多个大小不同的正方形时,凡是长方形的长和宽的公倍数都可作正方形的边长;2. 通过摆正方形又发现,能摆无数个正方形;3. 两个数有无数个公倍数,最小的只有一个。曲老师本来设计了好几步来解决这个问题,没想到学生不按老师的设计走,反而简化了本节课的重难点。最后是课件设计精彩、实用,的确起到了辅助教学的效果。海阳的刘云霞老师的时分的认识一课,如果让学生感受真正的时间,如1分、5分、10分、1小时,恐怕得几天的时间来完成教学任务,有了多媒体课件,分针的变化、时针的变化直观形象,时刻与时段的区别也一目了然,节省了时间,也节省了老师的讲解,事半功倍;莱山的平行与相交问题更能体现课件的优越性,直线的特点是向两方无限延伸,只有课件才能表现出无限的效果,以及平行线之间宽度相同的直观信息。

二、学生真正成为学习的主人。

以往的优质课评选,重视的是教师课程设计是否精彩,教师教得如何生动风趣,讲得如何精彩和投入,教师的基本素质占的比例要大一些。本次年会,最明显的特点是教师抓住了数学的本质,教学设计生活化、教学情景学生化,学生成了课堂的主人,教师是学生学习的参与者和辅助者。如周长的认识一课,有四位教师执讲了这节课,他们都是从生活中让学生寻找数学,并根据生活经验来认识周长,最后计算周长。解决问题的策略一课,一共学了四种解决问题的策略:看一看、想一想、画一画、列表整理等,都是学生自己根据以往的学习经验进行总结和整理出来的,老师只起了点评引导激励的作用,如小红每分钟走70米,5分钟走的路程距中点还有180米,求这段路的距离。此题如果让我们做恐怕一眼就看出了答案,对三年级的学生来说就有点难度,仅靠看、想不容易解决问题,列表也不适合,所以老师就进行了点拨启发:通过前面的学习老师发现,我们的同学真会动脑思考,简单的问题看一看就解决了,稍复杂的问题看一看再想一想就解决了,数据多的问题还会用列表的方法,用转化的思想,真了不起!我相信这道题同学们如果用看一看、想一想、画一画的方法也会自己解决。学生们很快画出了线段图并列出了正确的算式。最小公倍数一课,当学生拼正方形这一环节出现困难时,教师没有提示,大胆放手让学生自己探讨,学生不仅拼出了正方形,而且拼出了大大小小多个正方形,并且总结出了"凡是长方形长和宽的共同的倍数的数做边长就可以拼出正方形"这一正确科学的论断,为继续学习公倍数是无限的以及最小公倍数,打下了坚实的基础。

三、今后数学课的发展方向。

数学是严谨的,来不得半点马虎和似是而非,所以教师首先要深钻教材,研究课标,掌握数学的知识体系和数学本质,语言准确精练,能高度概括数学知识和数学概念,不给学生产生歧义的空间。如在周长的认识一课中,认识周长的定义是重点,但从数学本质来看,计算图形的周长也应该在此训练,不要求学生掌握周长的计算公式,但周长是所有边长的和是要学生知道的;再如,五年级的排列与组合,尽管本节课只要求学生初步认识排列的有序性,但排列的几种方法的计算也要让学生掌握,这是为后续学习复杂排列打基础做准备;只有这样才能培养出学习严谨、作风扎实、表达准确、思维灵活且具有创新精神的学生。

其次要多看书,特别是教育理论和教育教学方面的知识,不仅能提高教师的文化素养,还能提高教师灵活驾驭课堂的技巧,提高应对课堂生成的机智,语言丰富有趣,评价得当且有激励作用。我们经常感慨:听专家的课真好,课堂上有陶醉的感觉,有震撼的感觉,有快乐的感受,有悲伤的心情……简直就是身临其境,自己俨然是作品里的一员!听后很有想试一试学一学的决心,可怎么也学不来。为什么?我们缺少专家的丰厚底蕴,缺少专家经年累月的文化积累和生活积淀,缺少他们的熟能生巧,等等,才导致我们的课尽管设计精巧,但上起来却很乏味、苍白无力。

同时还要研究数学与生活的关系,让学生知道学数学是为了解决生活问题,生活一时一刻也离不开数学,只有认真扎实地学好数学才能改造世界,创造美好未来。

让课堂像呼吸一样自由
——有感于四年级数学教材培训

前天,我参加了四年级数学教材培训。开始时,秩序井然,参加培训的教师听得很认真,看他们如饥似渴的眼神,就知道他们在教学实践中遇到了困难,有许多难题困扰着他们。因为他们是初次课改实验,没有现成的教参或经验可以参考借鉴,教学过程中,全凭自己边实践边摸索,经常走弯路、碰壁,所以,这次培训对他们来说就像久旱的禾苗遇到了雨露,他们拼命地吸吮、储存养分,以润泽自己饥渴的教学生命。他们边听边记边思考,他们有时频频点头,有时皱着双眉,有时豁然开朗,这次培训对于四年级的教师来说,就是"及时雨"。

可当教研员讲到简易方程求解的几种方法和依据时,教师们开始议论起来,开始是交头接耳小声议论,当教研员欲制止时,议论声反而更大了,简直就像"安静的湖面掀起了轩然大波",教研员本想讲完这部分后教师再讨论,可眼下的局面,就算强制也不会有好的效果,于是他就顺水推舟,给了教师十分钟的讨论时间,一会儿交流讨论结果。交流时真可谓仁者见仁智者见智,大家畅所欲言,各抒己见,最后归结为四种方法(以 600+x=826 为例):(一)用数数的方法求出 x=226;(二)根据天平平衡的原理,左右都减去 600,结果 x=226;(三)根据加法各部分之间的关系求出 x=226;(四)根据减法是加法的逆运算也能求出 x=226。讨论的激情被释放了,交流的结果也令人满意了,教师们又安静下来继续听课了。事后我与教研员说起这件事情,他一语道破了天机:当你急切地想知道某件事情的真相时,别人却卖关子,我相信你是不会喜欢他的!如果此时他还想以此要挟你为他或者别人做某事时,我相信你肯定会心不在焉!因为这不是你愿意做的。

"像呼吸一样自由"就是不加一点外力,不加任何雕琢,是天然的、天性的,全凭自己的需要,课改后的课堂也应该像呼吸一样:不加外力、不加雕琢,是天然的、天性的表现。

反思我的课堂教学,何尝不存在严重的压制现象?当我无意间一语惊起千层浪时,给予学生的不是自由发挥的空间,而是仍然按我提前设计的思路继续讲课,学生不听时,我或提高声音以示警示,或稍做停顿以制止讨论的学生,或用眼神提醒学生,实在不行就用教鞭狠劲地敲桌子、大声责怪学生——总之,就是强制执行!我就没想到,让学生自由自在地学习,当他们需要讨论时让他们讨论,当他们需要思考时让他们思考,当他们遇到困惑时及时给予解惑,当他们学习累了的时候让他们稍微休息一下,当他们心情不好时及时给予他们温暖——学生是有血有肉会思考的人,不是学习的机器!所以我应该也必须改变教学思路,以尽快适应课改要求,加入到以人为本、以学生为本的人文教育大潮中。

首先,我要充实提高自己,增加文化底蕴,做到腹有诗书气自华。读中外名著、教育名篇、教育教学刊物,加强修养。要提高专业素质,增强灵活驾驭课堂的能力,巧妙处理课堂生成。要时时处处树立以人为本的观念,当课堂偶发事件与学生发生冲突时,一定以学生为本,给他们自由呼吸的空气,让他们在被尊重被认可的氛围中自由成长。

其次,我要认真备课,既备学生,又备教材。备学生的已有知识生活经验,在学习中可能出现的问题以及应对策略;备教材中的知识点与学生生活的联系,知识产生的过程,从生活中建模,既张扬个性,但又要体现算法最优化,也就是备课时尽量考虑全面,教学思路清晰,符合知识生成、学生认知的规律。

总之,在今后的教育教学生涯中,我要调整自己的角色,尝试用新课程的理念打造教学实践和教学行为,积累丰富多彩的、鲜活的、富有时代气息的教学思路和经验,借用华应龙老师的题目:让课堂像呼吸一样自由,为学生自由自在的发展奠基。

这是我当时有感而发,其实也说出了教师参加培训的必要性、急切性,所以远程教育恰逢其时,是及时雨,可以适时润泽教师心田,哺育教师快速成长。谢谢远程研修!

我的评课水平随着听课数量的增多日渐成熟,由刚开始的片段性、三言两语,到现在的全面具体,完整成文,是实践锻炼了我,是勤奋成就了我。

第五部分　写作

　　我曾提到过我不会写文章。写作一直以来就是我的短板。记得上中学时，语文老师就因为我不会写作文，让我回家多读书，把书上的好词好段抄在笔记本上，最好能背下来，以便写作时引用。可父亲不同意我读书，现在分析原因，一是可能怕耽误学习，二是怕花钱吧。其实，也有我自己的原因，我不太喜欢看书，我对数字情有独钟，我从小就对数学有一种说不清的情结。记得上小学的时候，父亲经常给两位上了初中的姐姐辅导数学。可能因为家境贫寒，也可能是父亲对两位姐姐寄予厚望，总之，父亲对两位姐姐很严厉，姐姐们常常被父亲吓得不敢说话，或者是被父亲的严肃吓着了，以至于不能思考了，要不怎么连一些简单的一元一次方程、二元一次方程都解答不出来，常常小声向我索要答案。我不负所望，每次都能轻松地告诉她们正确答案。当时父亲很好奇，问我是如何算出答案的。我说："我不知道，就是顺口说出来的。"巧合只能是一次两次，若每次都能说正确，一定是有天赋。为此，父亲都想让我跳级——不读五年级，从小学四年级直接升初中。可天不遂人愿，因为母亲病重，我不得不在读完四年级后，休学一年在家照顾母亲，顺便负责一家大小的饭食，跳级一事也就成了传说。

　　初中读了四年，数学、物理、化学、英语等学科一直在级部名列前茅，语文成绩却平平，语文老师一直批评我，说我不用心学习语文。相对其他学科来说，我真的不怎么喜欢学习语文，特别是不喜欢写作文。初三下半年，语文老师为了提高中考成绩，几乎每天晚上布置写一篇作文。写作文对于我来说就是折磨，加上父亲的纵容，我索性就一个字也不写，语文老师仿佛知道我没写，上课第一个交流作文的就是我，结局就是以罚站作为惩戒。罚站惩戒几乎成了我初三下半年的专利，语文老师过几天就罚我一次站，他想用这种方式激励我学语文再努力一点，可我当时不理解老师的用心良苦，自然是和老师对着干,我行我素。当我顺利地考上了人人羡慕的师范时,语文老师非常自豪地说,若他不罚我,我语文怎能考出108.5的高分!奇迹!我自己认为是奇迹,奇迹真是奇怪,不知什么时候就会发生。现在想来,语文老师大量的写作训练,对我的影响是潜移默化的,特别是一些优秀的同学经常交流他们的作品,使我耳濡目染,受到了熏陶,当中考语文试卷发下来时,我看到熟悉的作文题目,自然是一气呵成,成绩好是理所当然的。

师范三年,我遇到了一位非常好的语文老师,她性格温柔,气质高贵,谈吐优雅,既漂亮又文静,特别是她知道的东西特别多,是我崇拜的偶像。可我的写作水平没有一丝丝的长进,原因是什么,至今我也没找到答案。

她每讲一篇新课文,都是先介绍作者,再分析写作背景,然后开始学习课文,这样我们就不会孤立地为了考试而学习,而是为了需求而学习,并且是知其然还知其所以然,应该学得非常有价值。我们大多数同学都喜欢上语文课,她语速适中、语言流畅、词汇丰富,面部表情和肢体语言都能恰到好处地体现文本所要表达的语境,我经常不由自主地模仿语文老师说话时的语调和姿态。我喜欢语文老师,从而喜欢上了语文,"亲其师而信其道也",我以后在教学过程中,努力让每一个学生都喜欢我,从而喜欢我教的数学学科,得益于我师范的语文老师。

她每次讲课我都聚精会神,全神贯注,一个字一句话都不舍得漏掉,我的语文书上记得密密麻麻,作者生平、喜好、成就,作品时代背景,作品所表达的情感和突出的主题,都是我记录的内容。就是这样一个喜欢学习语文的我,每两周一次的作文课,依然是我的负担。老师讲解时,我的思绪跟着老师的脚步,海阔天空、信马由缰;可一旦拿起笔,大脑就一片空白,怎么也写不出来。直到第三周又要上作文课了,课代表宣布,"谁再交不上作文,期末考试为不及格",我才不得不东拼西凑,应付了事。我自己都不愿意读的作文,语文老师却要认真批阅并修改,可以想见,我的语文老师经受了多大的煎熬!

参加工作以后,写作依然是我的弱项,被逼得实在没办法,我就在这篇文章中抄一段,那篇文章中截一段,组合起来算是完成任务了,好在不发表,也算不上剽窃。写总结和事迹材料时,由于不同的人做法和事迹不同,硬搬照抄不好使了,只好我口述大致,求人代笔完稿。有时,我也想亲自写,可写出来的东西自己都不忍读,更不敢示众,索性就不写了。久而久之,形成了恶性循环，也就越来越不会写了。习惯成自然，不会写理所当然了，我从此不再纠结了。

叶圣陶在《怎样写作》一文中有一段话，我深受启发。他说："写文章这件事，可以说难，也可以说不难。难不难决定在动笔之前的准备工夫怎么样。准备工夫够了，要写就写，自然合拍，无所谓难。准备工夫一点儿也没有，或者有一点儿，可是太不到家了，拿起笔来样样都得从头做起，那当然难了。准备工夫不仅是写作方面纯技术的准备，更重要的是实际生活的准备，秘诀是没有的。实际生活充实了，种种习惯养成了，写文章就会像活水那样自然地流了。"

我的写作大致也是这样的。随着时间的推移，我工作的经历越来越丰富，读的书越来越多，工作干得越来越顺手，一些优秀的做法和先进的理念，不自觉地就蹦了出来，写作的冲动时常搅动心弦。因为以前对写作有抵触情绪，所以，我在写与不写之间徘徊犹豫了好长时间。

2000 年，也就是我重返数学教学岗位不久，由于大量的读书积累，我对教育教学有了新的认识，思想觉悟也有很大的提高，领导干部述职一事也触动我，所以，我大胆地挑战自我，开始写作了。开始是随笔，记录点滴小事，记录教学心得，记录课堂上的闪光点，慢慢地就写成了文章。教学工作千头万绪，经常是计划没有变化快，工作中一些好的想法，如果没有及时记录下来，会因为忙乱而稍纵即逝，一些成功的经验，时间久了就会失去光彩，所以，我时刻需要把工作中的每一点每一滴及时记录下来，以便适时整理总结、修改完善，并指导以后的工作。多年来，养成了写教学随笔、生活日记的习惯。

2011 年 2 月 22 日

课堂教学研究，我们已进行了多年，可以说硕果累累，不谦虚地说，已经走在了海阳市前列。可每每听课时，总有不尽人意的地方，如语文的品读课文环节，本应是画龙点睛之笔，可我们的课堂，给人的感觉却是前期紧锣密鼓、高潮迭起，到了最关键时刻，也就是品读课文环节，却偃旗息鼓、平淡滑过，给人感觉就是没有余味，意犹未尽。即便是最优秀的教师，走到这儿时，大同小异。这是制约我们课堂建设升华的瓶颈。

分析原因，就是老师对教材编排意图不甚了解，对整篇课文所要表达的深意不清楚,不能高屋建瓴,不能提炼出一两个精品问题统领全文,情感分配不科学,老师太过焦急,入戏太快,持续性太短,以至于到了品读环节,需要感情充盈时,我们已经宣泄完了,致使一堂好课虎头蛇尾,就好像给人一个好大的希望,结果以失望而告终,非常难过。

今天刘老师讲的《窃读记》就非常明显。老师一上课就非常投入,话多,问题多,情感饱满,但有深度、有价值的问题不多,学生往往不需要思考就能顺利地回答,看似一个问题接着一个问题地回答,课堂气氛活跃,学生学习积极主动,但热闹的背后,有审视、有质疑、有发现吗?每一个问题提出后,几乎没给学生思考的时间,那学生学会了思考、学会了甄别、学会了发现吗?总之,这样的课堂,既不能培养学生良好的思维,更不能培养学生优秀的能力,同时也扼杀了学生的学习兴趣。一节课结束后,学生们在热热闹闹的气氛中,所学所知都如蜻蜓点水,飘浮在空中。所以,从本学期开始,我们想在这方面搞突破。我初步设想,进行单项比赛,语文就品读环节比赛,时间为 20 分钟,期望有所收获。

2011 年 2 月 23 日

开学三天来,通过对课间操的巡查,我发现五年级学生纪律、认真程度还不如一年级。分析原因,有以下两方面:

1. 五年级的教师对学生管理不到位。他们认为五年级学生已经长大了,自我管理能力提高了,学校的规章制度只要告知即可,不需要老师检查督促。课间操时,尽管老师都在现场,但对违反纪律的学生没有及时制止、提醒,任凭学生自由散漫;有的老师三三两两站在一起聊天,根本没看学生是否按要求在做。导致五年级整个级部课间操秩序混乱,动作不整齐。提醒:五年级的学生依然是孩子,离开了老师的管理,他们依然无所适从。

2. 五年级的学生自认为长大了,再像一年级的孩子那样认真规范,似乎显得自己很幼稚,所以,尽管他们知道这样做不对,依然想表现自我、突破自我。

一年级是启蒙教育时期,老师知道学生小、不懂事,老师教什么,他们学什么,只有从一年级开始严格要求,一丝不苟,才能养成良好的学习、行为习惯。所以,课间操时,一年级的老师双眼紧盯学生,在路队周围不停巡查,发现问题第一时间纠正,以期在老师的严格要求和时时处处看护下,逐步养成严谨的学习、行为习惯。

要求五年级的教师参观学习一年级的课间管理经验,反思自己工作失误的原因,写出整改措施。从下周开始,一年级、五年级两个级部同时做课间操,以期工作在比较中提高,在比较中完善。

2011 年 2 月 24 日

今天上午,我参加了海阳市教研室组织的校长、副校长会议,深受启发,同时我也反思了本校的工作,找出了差距与不足。我们的工作思路、工作方向是正确的,但细节不明确、不具体。

回校后,我立即组织四名中层干部学习有关学校的经验和优秀做法,我带头修改学校教学工作计划,并要求她们重新修改完善各学科教学工作计划,科学细致地安排教学配档,一星期内向教研室领导汇报,邀请领导给予指导认证,意见成熟后实施。

语文:品读环节比赛,大约 20 分钟,如何有效品读,如何提高教师驾驭品读课文能力? 将是本学期语文教学研究的重点,争取本学期有 2/3 的教师在品读课文环节有突破。

数学:如何提高小组合作学习的实效性? 课前导学作业的设计技巧,教师在小组合作学习时的角色定位。

英语:学生由被动学习变为主动学习的探讨。

2011 年 2 月 25 日

一、领导干部的执行力是干好工作的根本保障。周二校办公上,会我强调了每周五上午放学前,分管领导和级部主任一定要把下周要开展的工作、举办的活动交给我,以便于我安排下周工作。周四上午徐主任交了,下午张主任交了,周五上午张校长交了。如果每位领导都能这样守时、认真,我们的工作就会开展得有声有色。

二、早读检查:非常好。五年级学生的自我管理能力强,只要老师适时加以指导、约束,效果就会非常好。前天我对五年级教师课间操管理学生不用心提出批评后,看来有效果。今天早读检查时,发现五年级教室里秩序井然,有的班级在集体朗读,有的班级在领读,有的班级在默读……所以,要求五年级的班主任提高对学生课间操、路队等方面的管理意识,相信只要教师想到了、点到了,学生一定会做好。

三、李主任在和崔老师谈话,我走近一听,是在指导崔老师如何上课。一年级今年的管理非常好,与李主任的细心耐心和身先士卒分不开,李主任成熟了,工作方法既科学又灵活,极易被人接受。

今天下午,我在抽查级部检查学生作业记录单时发现:"作业时间"一栏,领导不知填什么,我进行了修改,变为"完成作业时间",这样就一目了然了。学生完成质量包括数量和质量两种情况。教师批改要包括符号和文字两方面,既要看是否规范,又要看语言评价有无交流、沟通、激励作用。

从谭主任检查的情况,我又发现:抽查学生作业时,要检查同一个学生的所有学科作业,这样便于了解学科之间是否协调,作业是否超量,以及学生对教师、学科的认可度。

2011 年 3 月 1 日

今天上午第二节听了一年级崔老师的语文课《邓爷爷植树》,我很高兴。崔老师尽管很年轻,才二十几岁吧,但基本素质很好,思路清晰,教态自然大方,特别是环节与环节之间的衔接特别娴熟,经过短时间培养、指导、磨炼,就可以执教公开课、观摩课,下学期可以参加市级的优质课比赛。

她的问题也很明显,很典型,即品读环节处理得无章法、零乱、牵强,所以,本学期,语文在这方面搞突破是明智之举。相信通过我们的努力,语文课堂教学一定会走出现在的高原反应期,朝巅峰顺利挺进,展示出新元小学的精彩,给我市的两效课堂建设注入活力。

建议:给崔老师两个月的时间进行自我提升,第三个月走出级部,执讲校级公开课。相信通过李主任的指导和崔老师的努力,一定能行。

2010 年 3 月 3 日

评比有一个致命的弱点——只能看到最表面的东西，人性深处所隐藏的东西（个性、情感、价值观、能力、创造性）都是无法评比或很难评比的。所以学校的评比是一种非常可怕的导向，它往往使师生只注意最表面的行为、最贴近的结果的表象，于是师生只能日日肤浅浮躁，这是在培养庸人和小市民。多年来老师素质提高不明显，这是一个重要原因。

通过这几天的观察与反思，我有这样一个疑问，我们加强管理的目的是什么？一定不是为了评比、划等，目的是为了规范，形成习惯，最终目的是为了不用管。所以当我们出台的政策能被师生接受并自觉去执行时，是否就不用强行划分等级了。有感于最近一段时间的检查评比，由于教师的重视程度提高了，有的级部主任也非常重视，所以，在检查时发现班级与班级之间的差别不大，如早读、卫生、路队都非常好，正副班主任非常负责，时时提醒学生应该如何做，并不时地把发现的优秀学生做法推荐给全班同学，以身边榜样的力量去感染教育学生，效果非常理想。我们检查时很难分出伯仲，所以，有了以上感慨，我觉得，只要好就可以都是优秀。

2010 年 3 月 4 日

我终于看见希望了！今天是周五，是我执勤一周的最后一天。领导执勤，包含的内容很宽泛，老师的、学生的，即学校的一切教育教学工作都在执勤范围之内，由于我工作认真，一点死角都不想放过，又赶上天气降温，身体出了点小状况，这一周把我累的，简直找不到合适的词汇表达。本想执完勤，正好休息两天，可我又感冒了，周五这一天就开始眼泪一把、鼻涕一把，更可气的是，头疼，耳朵疼，嗓子疼。不过，看着师生良好的精神面貌，井然有序的学习工作状态，我虽苦犹乐。

2011 年 3 月 7 日

拖拉是非常有害的坏习惯，如脑中一闪而过的好想法、好题材，可能因为拖拉,埋没在萌芽状态,还没出世就夭折了。去年我写了一篇自认为还不错的文章,本想寄到《教师月刊》编辑部,因为他们当时正好征集这方面的文章,可能我工作太忙了吧,一直没有时间修改,文章躺在电脑里睡了三四个月的大觉。现在再发肯定不合时宜了。不管怎样,我争取这一两天修改完发出去。

在修改的过程中,我发现上一周执勤有许多新的发现,有不期而至的收获。如五年级教师对学生学习成绩非常重视,但对于学习之外的事情关注不够,这说明我们的目标责任制考核还有待完善细化;如育人是长期工程,短时间不容易看出成效,如何考核教师是我们当领导的必须思考的问题之一,我们要提高教师的认识,不能目光短浅,要放眼未来,为国家为民族大局着想,以培养全面发展、具有时代精神的开创性人才为己任。

领导的格局决定教师的格局。如我校领导普遍到校早,来到学校后就各司其职各负其责,有的在校门口迎接师生、有的在校园巡视安全和卫生、有的在教室记录学生早读情况……我们的教师们大多和着领导的脚步,执勤的教师负责校门口学生安全过马路、负责环境卫生的教师手把手地指导学生打扫校园卫生、有早读的教师在班级认真指导学生早读。披着晨曦的校园暖融融的,自然形成一种"不敢高声语,恐惊天上人"的学习意境,我非常喜欢,能生活学习在这样的环境中是幸福、是享受。

2011 年 3 月 9 日

第一节去五年级五班听了于老师的英语课。于老师英语发音很标准,口语也很准确流利,特别是指导学生发音技巧方面很有章法,值得推广。但在指导学生朗读环节和调节课堂气氛方面,还有待改进。另外,汉语解释多,语气平淡,缺少惊喜和兴奋点。

听完课后,我和白主任进行了交流,建议:1. 加强英语课前预习指导教学。白主任先立标,交代清楚预习的内容和要达到的目标,其他教师在上预习指导课时,可根据学生的实际情况上一节或几节,直到学生真正学会了预习且能独立顺利完成预习任务为止。2. 进一步探讨课堂教学中课文品读、发音矫正、背诵等方面建设。英语教学将在以上这两方面搞突破,以前在英语教学研究的路上走得更远、更精彩。

三四节课参加了语文研修团队的语文品读课文环节立标选拔赛,我个人认为不精彩。可能是因为第一次组织这样的活动,领导教师都没有什么经验可以借鉴,总之,效果不理想。建议多看看特级教师雷丽英老师的课,可能有意想不到的收获。希望王主任带领全体语文老师进一步探讨此活动。

2011 年 3 月 10 日

今天陪同教科所车主任一行 5 人听了我校李主任一节数学课。

李主任上的是二年级下册有关计算教学中《整十数、整百数乘一位数的口算》,整节课思路清晰,教学目标明确,教学效果比较理想。我在评课中写道:李主任很适合教低年级数学,教态亲切、大方、自然,语言也极具感染力和激励性,相信学生们一定非常喜欢她。

"听君一席话,胜读十年书",在评课过程中,教科所李老师的观点,令我耳目一新。不过,我也深感惭愧,枉教了这么多年数学,对数学、对教材的编排意图却知之甚浅,如对于学生在计算中出现的错误,只简单归结为粗心、马虎,根本没深入进去逐个剖析错误原因,然后对症下药,有的的确是粗心马虎,这样的学生只要时时提醒,或者加大分值就会见效;有的学生时而对,时而错,算法说得头头是道,但算理没弄清,不论你让他练多少遍,他该出错时,依然出错;再如低年级的学生以形象思维为主,如何把他们的思维从形象思维转化到抽象思维上来,最核心的做法就是进行类比思维训练……这一切都是一个数学教师最基本的素质,而我却与之擦肩而过,失之交臂。

万幸的是,我现在醒悟了,亡羊补牢,为时不晚,在今后的教学中,我会继续研究教材教法,做一个真正的数学人。

2011 年 3 月 18 日

徐校长真是个想事做事的领导,从她的一举一动、一言一行中都可以看出来。前几天,我已经受她启发,写了一篇文章《管理艺术》;今天通过她的发言,我又发现了可以学习借鉴之处。孩子需要鼓励,可怎样鼓励很有学问,当他们优秀时,鼓励可以做到,当孩子犯错时,能鼓励他们,才难能可贵。同理,成年人同样需要鼓励,当然鼓励也需要技巧。

2011 年 3 月 22 日

下午放学后,分学科、分级部进行了说课交流。因为通过这几年的课堂授课研讨,我认为:我们教师的课,可以说很优秀了,但出现了一个现象,就是优秀的不再有突破,而落后的已经赶上了,仿佛迎合了现在倡导教育均衡发展的趋势,让每一个学生都享受优质的、均衡的教育,可一些优秀教师止步不前终觉遗憾,况且课堂上教师的表现也有点肤浅,究其原因,还是教师对教材的编写意图把握不住,又对课标研究不深,所以此次说课活动,要求教师深入钻研教材,深度解读课标。

2011 年 3 月 25 日

文化辅导课程经过一学期的实验,可以说是非常成功的。以往班级的学困生,令教师头痛。教师知道他们学习困难,可由于种种原因,教师很难找到合适的时间辅导他们,所以教师很无奈。自从学校每周五特色课程开设以来,我们专题开设了文化课程辅导,效果非常好。这些学困生不仅学习成绩有很大进步,学习习惯、学习方法也都有明显好转。

我进行了调查分析,原因主要有以下两个方面:

1. 这些学生学困的原因很多,有智力因素,有学习习惯因素,有家庭因素,也有学校因素,尽管各不相同,可又都有相同之处,即学习成绩不佳,学习习惯不好。针对此,辅导老师放慢速度,放低要求,从最基本的基础知识开始学习,从基本的学习习惯开始培养,学生学习起来得心应手,不再被拖着赶趟儿,吃夹生饭,所以,学一点,得一点。当学生把所学知识真正弄懂了,也就自然而然地产生了学习兴趣,更重要的是自信心形成了,不再认为自己低人一等了。

2. 由于两位教师辅导 30 个学困生,从时间和精力上都很充盈,可以面对面地辅导每一个学生,还可以跟踪指导,循序渐进,呈梯次跟进,所以学生一步一个台阶,进步越来越快了。

2011年3月30日

每一次听课都会有很丰厚的收获,无论是优秀的课堂还是有待商榷的课堂,因为每一位教师的生活经历和知识结构不同,对教材的解读和问题的处理就充分体现了个人因素,彰显了个性色彩。

以前听课,我关注的是教师对教材的解读,教学环节的设计、教材内容的呈现,只要这三方面到位了,就评判为优秀。可随着课改的深入,我对课堂教学的研究越来越细致,发现好课的标准远远不止这些。如学生的学习态度、学生的学习需求,特别是一些学困生,他们自己没有能力学会知识,也不具备随大流一起学习就能学会知识的能力,怎么办?这都是好教师、好课堂应该关注并要解决的问题,可我们的大多数教师,包括优秀教师恰恰忽略了这些关键因素。例:《2和5的倍数》课,姜老师设计的导学作业之一是:1. 试着写出10个"2"的倍数。仔细观察这10个数,你有什么发现?请把你的发现写出来。姜老师的设计意图是:希望学生所写的这10个"2"的倍数具有普遍现象,能代表一切具备"2"的倍数的特性。即这10个数的个位一定有0、2、4、6、8,那么学生就顺理成章地把"2"的倍数特征找到了。好学生做到这一步不难。我看了三个小组12个同学的导学作业,有9个同学基本上是这样做的,有的是自己想到的,有的是家长告知的,有的是看了数学课本了。不管怎样,他们的结果符合要求,我权当他们学会了。其中姜佳文、姜美君是这样做的:22、12、32、42、52、62、72、82、92、100。我的发现:它们个位都是2、0。可以看出,这两个学生是学困生,尽管他们写的这10个数都是"2"的倍数,但对"2的倍数"这一概念肯定不理解。当小组合作学习时,他们才知其所以然,也在100后面加上了"14、16、18"几个数字,自然,发现的2、0后面又添上了4、6、8。

评课时,我这样分析造成此问题的原因:此导学作业设计不科学,指向不明确,导致一部分学生出现了"2、22、32、42、52、62、72、82、92"现象,"100"这个数是学生为凑齐10个数而写上的。导学作业中"5"的倍数和"2"的倍数一样,只把"2"换成了"5",结果一目了然,可教师对这两个学生不闻不问,学困生就产生了。

　　通过这两个导学作业的重复出现，又引发了作业设计的有效性问题。课程改革以来，我们在教与学方式的改变上大做文章，在转变教师以"以教定学"到"以学定教"方面费了好大周折，因为教师已习惯了讲授、解惑，对学生自主学习一百二十个不放心，作业布置也是以基础知识为主，充分相信多写多练，就会出成绩，学生分数高就优秀。当我们走过了五年的课程改革历程后，教师才渐渐接受了"学为主体，教师是参与者、合作者"的观念，也认可了作业布置的多样性、综合性，设计作业的主旨也转向了培养学生能力。可通过听课及常规检查，我发现：作业形式虽然丰富多彩，可有效性科学性问题却没有引起教师的足够重视，如本节课的四个导学作业题所有达到的效果完全可以用一个题目涵盖，即：请你用喜欢的颜色在百数表内涂出 2 的倍数，用另一种颜色涂出 5 的倍数。通过涂色，你发现了什么？咱们比一比，谁的发现多？谁的发现有价值？

　　如果用此题做导学作业，既避免了学生找不全特点的弊端，又直观，学生通过对比，还可以发现个位是 0 的数既是 2 的倍数，又是 5 的倍数。学生在神奇中产生探究的愿望，体验成功的快感，学习就变成了学生的热爱和需求了。

2011 年 4 月 8 日

　　最近几天忙于准备烟台市优质课选拔，喜忧参半。喜的是教师积极性高涨，报名者很多；忧的是部分教师功利性太强，仅仅是为了评职称而做准备，平时工作不认真，对教学没有研究，更不用说钻研课标和课堂教学技巧了，所以说课成绩非常不理想。

　　我真诚希望这部分教师能走出功利的怪圈，静下心来，搞点教学研究，把主要精力放在如何提高自己的专业素养和道德修养上来，靠实力说话，靠水平与他人公平竞争！

　　当然，身为领导更应该以学校大局为重，关键时更应舍小家顾大家，"大河有水小河流"的道理人人皆知吧。

　　一个领导最应该具备什么品质？我想，首先是人品，其次是能力。人品好，以人格魅力感化教师，教师会不用扬鞭自奋蹄。当然，这是一种境界，不是每个人都具备的。

2011 年 4 月 26 日

今天,陪同姜主任听了修老师的科学课《密切联系的生物界》,听后感触颇深。

小学五年级的课,看起来简单,但教师一点也不能简单,教师要是这方面的专家,从而避免课堂上学生出现错误时教师不能给予正确的引导,让学生误入歧途。

机遇对于一个人的成长有重要的作用。修老师两年前从乡镇调到我们学校时,我做工作让她改科教小学科学,她所学专业是物理,毕业后一直教初中物理,教小学对于她来说已经是很大的挑战,再改科,困难肯定更大。可我们学校缺少年轻有为的科学教师,修老师是老大不愿意,老思想的校长也不舍得让她从事"副科"教学,因为她年轻、学历高,教两个班的数学最符合校情。我当时的想法是:数学学科年轻的带头人已有十二个,不管什么活动,他们都可以独当一面,学校的数学教学活动也开展得有声有色;而科学呢,一色的老弱病残,只能勉强给学生上课,至于新课程理念、实验教学、未知探索等新思想新理念,对于他们来说,只能是敬而远之,这对学生发展非常不利。至于上级教育行政部门组织的课堂授课比赛、科学实验比赛,我们就更是望而却步了。他们本就不专业,再加上身体的疾病、思想的守旧、不思进取、不求上进、得过且过是他们最真实的写照。这对学生是极大的不负责任,所以,我想通过修老师来带动这些老教师,不仅是为了学校工作的有效开展,更是为了学生能接受最先进的教育理念,开阔视野,培养他们探求未来的兴趣和本领,做到全面发展,所以我坚持她改科教了科学。

修老师的总体素质非常好,虽然现有情况在我校算不上拔尖的,可在科学学科却占很大优势,年龄小,34 岁,素质高,大学学历,自己也比较肯学,有上进心,学校领导又极力打造培养,所以第一次讲课,就赢得了姜主任的青睐,被选拔参加烟台市优质课比赛,又一举夺魁,代表烟台市科学学科参加 2011—2012 学年度省级优质课比赛!修老师已成为我校乃至我市科学学科的领军人物!机遇对一个人成长的作用不可估量。当然,机会都是为有准备的人提供展示才华的舞台,当你有了机会,又善于把握机会,成功就朝你招手了。

2011 年 5 月 9 日

今天,全体数学老师技能测试,骆老师说:"你也测测吧。"我一点也没感到意外,我知道骆老师是担心我工作忙,对数学研究放松了、懈怠了,所以想以此敲打敲打我。尽管已多年不教数学了,但分管教学工作理应对学科教学技能了然于胸,我不仅没有放松,反而加倍地学习积累,包括数学之外的其他学科,我都有了大量的"知识储备",所以,技能测试对于我来说,不是难事。

奋笔疾书了 2 个小时,我终于把题答完了。抬起头,看看其他同事,有的在奋笔疾书、有的在冥思苦想、有的在反复检查推敲……我深吸一口气,方感觉到累,腰酸胳膊疼,头昏眼花。岁月不饶人啊,毕竟我快 50 岁了。不过,我有很大收获,因为通过这次测试,我对自己有了进一步的认识。不教数学,不等于我不懂数学,对数学的情怀依然不减当年,跳出数学看数学,现在对数学的认识更深刻,一些理论性的习题,我答起来非常流畅;但对具体的知识结构和题型结构,却显得生疏了,真有再回去教数学的冲动!加上工作压力很大,非常怀念曾经教数学的惬意和安静,好想回到过去,踏着上课铃声走进教室,聆听学生那童稚的问候,解答学生一个一个的疑问,欣赏着学生豁然开朗的笑脸……当然,对于现在的工作环境,我也非常喜欢,因为我可以为更多的孩子提供优质的教育资源,累并快乐着。

2011 年 5 月 17 日

今天上午随四年级级部听了两节"品读环节指导课",总体还比较满意,但两个班的教师和学生表现差距却很明显。虽然从这两节课上可以看出集体备课的痕迹,可由于教师自身的因素,如性格、底蕴、驾驭课堂的机智等的差异,上出了两节完全不同的课。

课后我一直在反思我们以前在课堂研讨和教师专业成长方面所做工作的实效性以及我们总体思路的科学性。反思的结果是:我们的思路正确、成效显著。我们用三年的时间,以烟台市重点课题《新课程背景下有效课堂教学研究》为抓手,在课堂授课模式研究方面大做文章,研讨——立标——研标——定标——学标——推标——总结提升,经过这七个阶段的反复实践、研讨、修改、完善,最后经专家鉴定,我们的新授课课堂教学模式已成型,然后向全体教师推广。我们深知,模式有了,只是有了基本的骨架,需要再加上新鲜的血液和坚实的肌肉,课堂才能灵动丰盈。于是教师专业化成长的脚步加快了,读书、专业培训、理论学习、外出参观成了我们的重中之重。

　　总体来说,我们的教师进步很大,但随之而来的问题也凸现出来了,教师之间的差距越来越明显,一些年轻的、悟性较高的教师脱颖而出,成了学校的精英,有的在海阳市乃至烟台市都小有名气,可以不客气地说,属于本学科的领军人物,有很充分的话语权。学生能听他们的课,可以说是在幸福快乐中享受成长,真的是不仅收获知识,形成能力,更重要的是得到情感的熏陶,思维的提升,所以孩子们脸上洋溢着幸福的微笑。可不容乐观的是,由于主客观的原因,造成部分教师跟不上学校的发展和孩子的需求,尽管比自己以前进步了,但离现在的要求仍很远很远,怎么办?这是急需解决的问题。我有个初步设想:虽然教师的水平参差不齐,可学生应该享受同等教育,不能因为我们人为的分班,给部分孩子造成伤害,造成损失,所以一些优秀教师可以走班,到一些水平不是太高的教师班级,给学生上上课,改改作业,让这些孩子也能享受阳光雨露的滋润,健康茁壮成长。在写的过程中,我又产生了新的想法,可以采取结对子、捆绑式教学方式,就像现在的名校长、优秀校长可以兼任多个学校的校长,以便把他先进的教学理念、优质的教育资源辐射更大的范围。如果优秀教师能给多个班任教,其他教师做助教,负责批改作业,管理日常杂务,这样是否会对孩子公平一点?对教育更有利一点?

2011 年 5 月 27 日

　　阿基米德曾说过:"给我一个支点和足够长的杠杆,我可以把地球撬起来!"其实,人的能量真的是无限的,就看你给他提供什么样的舞台。

　　今天听了刘老师的语文课《冬阳·童年·骆驼队》,深受启发。刘老师平时工作认真,管理班级细致,可我个人认为她的文化底蕴不够丰厚,学科知识比较浅薄,所以每每课堂授课比赛时,我都戴着有色眼镜,提前给她定位，超常发挥也就是中上水平，肯定占不上优秀。她也不"辜负"我的期望，每次都很平淡，在我心中留不下任何痕迹。可这一次的班班通优质课比赛却来个180度的大转弯，她从一个平淡的丑小鸭，一跃成了美丽的白天鹅。她教态自然、大方得体、语言风趣、幽默丰富，把林海音笔下的冬阳、童年的美景诠释得淋漓尽致，连我这个教数学二十多年的外行，都感受到林海音一定是一个浪漫的、诗意的、细腻的叙事散文作家，对童年有着美好的回忆和很深的眷恋。

　　课后和她交谈，发现她变了，变得主动、积极、向上，变得深沉、睿智、厚重。分析原因是她观念转变了，认识到教育教学仅有热情远远不够，更重要的是要有爱心，要有深厚的文化底蕴和丰富的学科知识，才能灵活驾驭教材，充分调动学生的学习积极主动性，取得事半功倍之功效。于是，她平时非常注重积累，努力做到内外兼修，这次讲课又全力以赴，查阅了大量的资料，包括作者本人的身世、经历和写作背景、时代特点，更做到了不耻下问，虚心向身边的优秀教师请教，请教师听课、评课，可以说做了充分细致的准备。所以说，课堂上的挥洒自如和成功一定不是偶然的，它一定是为精心准备的人提供的机会！

　　为此，我总结出一句话：世上无难事，只怕有心人！给教师一个平台，他可上天揽月！

2011年9月5日

意外的收获

　　最近一段时间，由于一些外界的因素，我心情一直不爽，非常郁闷，经常会有一种无名的火气直冲脑门。可能是由于我从小接受的良好教育使然，我不会为了自己的不良情绪影响工作或身边的人，因为他们并没有错，所以我会自己寻找发泄的渠道，排解情绪。往日，不管有多么不高兴，从我脸上很难找到痕迹，因为我不善于把情绪写在脸上，也能适时调整自己。但这次，我不能静下心来看书、学习了，我又不喜欢和同事八卦，避免言多有失，或者说者无心，听者有意，曲解了或者误传了我的心意，造成不必要的麻烦。父母教育我要多做事少说话,其实不正是孔子倡导的"敏行讷言"吗?我时刻提醒自己不能忘了做人的根本。于是我选择了到琴室弹琴,既能修身养性,又能打发无聊的时间。

我在师范上学时,学过琴法,简单的曲目能比较流畅地弹奏出来。由于平时忙于日常事务,二十几年再没有摸过琴,再加上现在是电子琴,我竟叫不开门!本来心情就低落,这一刺激,竟落到了十八层地狱,我觉得我快万劫不复了。琴房的音乐老师开导我说:"你在其他方面已经非常优秀,谁能样样都第一?何况这么多年没摸过琴,连我们这些专业的音乐教师,时间久了,手都会生疏。不要焦急,慢慢就会好的。"我觉得有道理,在心里安慰自己说:"毕竟荒废了二十几年了,那就从最基本的音阶练起吧。"

因为比较简单,所以左右手配合比较默契,很快就找到了感觉。可随着练习难度的增加,我的手指开始僵硬,不听指挥,特别是两只手竟闹起了矛盾,右手弹,左手停;左手弹,右手就罢工,我简直想放弃了。可走出琴室,我又能去哪儿?继续练吧,哪怕一周就练会这一小段(说实在的,当时我还真没有那份信心,只是安慰自己罢了),也是进步。第一天,没有进步;第二天,原地踏步;第三天,心烦意乱;第四天,我想放弃,理由是:我不具备弹琴的基本素质,左右手协调能力差,节奏感差,总之,就是弹不好琴。

我从小就有个非常浪漫的愿望,在一所大房子里,家具之一就是一架豪华钢琴,休闲时,弹一曲贝多芬的《月光曲》,多美的意境!累了的时候,弹一曲《梁祝》,放松心境,跟着乐曲享受凄美的爱情故事;面对来自各方面的影响、压力,世俗的我们又不能对这些影响不闻不问,当我茫然、手足无措、迷失自我和方向时,弹一曲贝多芬的《命运交响曲》,会带来巨大的、无穷无尽的精神力量,让我的精神变得强而有力。就是这个愿望,让我坚持到了第五天、第六天。我成功了,我会弹了,我的左右手配合得不能说非常默契,但已经非常好了。我的心情朗润起来了,走出琴室,看到的天是高的,云是蓝的,树是绿的,花是红的;听到的小鸟的鸣唱是悦耳动听的。于是我的脚步也变得轻快了、欢乐了。为此,我也验证了一条真理:成功是为失败了一百次仍坚持不懈地朝着一百零一次失败前进的人;量变到质变可能在一瞬间完成,只要你坚持,就会有质的飞跃!我庆幸,我就是那个失败了一百次仍朝着一百零一次失败前进的人,我就是坚持到量的积累达到一定程度而质变的人。我成功了!

由此我也联想到我的教学生涯,从一个名不见经传的普通师范毕业生,到现在的山东省特级教师、烟台市优秀教师、烟台市首届名师人选、海阳市首届百名优秀人才、海阳市记三等功奖励、海阳市第十五届人大代表,在省级以上正规刊物发表过三篇文章、两次执讲烟台市级优质课、多次执讲海阳市级优质课、公开课、观摩课,多篇论文、随笔获奖的小有名气的名人,一定有我特别的地方,能坚持、肯吃苦、会反思、善总结,这可能就是成功的原因吧。得失得失,有得必有失,有失必有得,我在失去心情时,得到了更有价值的提升,相信经历这件事之后,我今后的路会更精彩,因为我自己悟懂了道理,它会陪伴我一生一世,指引我每一步都走得踏实有效,特别是体会了坚持的重要性,相信今后不管遇到什么困难,我都会坚持下去。所以,我在未能和别人一争高低的同时,得到了意外的收获。我高兴,我快乐,我战胜了自我、挑战了极限、超越了世俗,完善了自我。

上传统文化课给我带来的意外的收获

给三年级上传统文化课已半年有余,感慨收获颇多,经常会有与人分享快乐的欲望,也有写作的冲动,可学校事务繁多,总是拿不起笔。最近一段时间,本校分管英语的白主任几乎每周四都要和我汇报她女儿上完传统文化课的欣喜,周三提醒我她女儿今天又有传统文化课,女儿早已迫不及待,期盼我去上课……因为女儿喜欢,并且每每把学习所得与她分享,以至于她都喜欢上了传统文化,经常要求女儿多说几遍,以便自己也能解其意以记之,然后用以指导评判自己的言谈举止,做一个堂堂正正的中国人。白主任说话快,经常没有标点符号,她的喜爱之情一气呵成,我也找不到该在哪儿停顿,于是就由着她宣泄,我只做听众。

我国历史悠久,文化博大精深,值得我们学习研究的课题非常丰富。作为教育者,传承文化、教书育人,义不容辞。所以我用心研究、深入思考,依据课标、深挖教材,设计科学合理的教案,创设学生喜闻乐见的活动,以至于我的学生对每周一节的传统文化课是盼之又盼,以至于我工作再怎么繁忙也不忍心给他们耽误课。

回顾这半年多以来,学生变化很大,我整个人也变了许多,我感觉自己又厚实了、丰富了、健康了、豁达了、刚毅了、成熟了。

我的教育情怀

教了多年五年级《品德与社会》，本学期，学校工作需要，我改课教三年级的《传统文化》。记得第一次去三年级上课，我还没走到教学楼，就听见尖利的叫嚣声、嘈杂的疯闹声，等见了面，我更是心灰意冷，整个楼道充斥着的就是一群疯子：你跑我追，你跳我打；教室里也是人声鼎沸，吵吵闹闹，桌椅东歪西倒，学生们一个个就像小花猫一样，汗液夹杂着灰尘，有的甚至跳在桌子上……由于我是第一次上课，学生们也不认识我，所以对我的到来根本不在意，没办法，我只好跑去找班主任"告状、诉苦"。一石激起千层浪，三年级的大多数班主任都是一脸的无奈，委屈地说："这帮学生不好管，说了也没有用，他们已经习惯了，下课把办公室的门关严实了，把讨厌的声音关在门外即可，上课铃响了就好了。"

我目瞪口呆，本来是去搬救兵的，可现在只有靠自己了。我硬着头皮返回教室，边走边想对策，我的牛脾气又上来了，不信管不好这帮小屁孩。上课铃声响后，我先做自我介绍，给他们个下马威，因为我是副校长！然后每个班进行说教，告诉学生"学校是个集体，是学习成长的摇篮，说话要慢声细语，东西要轻拿轻放，走路要端庄稳健，学习要全神贯注……"一周下来，累得我口干舌燥，却几乎一点效果也没有，我非常失望。我有偏头痛的毛病，经过这一周的劳累和烦躁，几乎一晚上一晚上睡不着，吃药作用微乎其微，只好天天晚饭后出去点着脚后跟走路 1 小时，累得全身像散了架似的，回家倒头就睡。这个方法好，我天天坚持，一个月后不仅偏头痛的毛病好了，更可喜的是，我想出了一条管理学生的捷径：每天拿着摄像机上课，把学生的一举一动全部囊括在里边，每个班级播放，评选优秀班级和优秀学生，当然也捎带着把调皮捣蛋的学生曝曝光。尽管我知道这个方法治标不治本，但当务之急是让学生安静下来。

学生安静下来了，我就开始从知识入手，让学生知道大声喧哗是对人的极大不尊重，同时，也是对人基本素质的践踏。我给他们讲人性的善良，后天教育的重要，特别是当我讲到"孩子身上有父母的影子"时，大多数孩子瞪大眼睛，惊奇之余，还有懊恼，我相信，他们肯定不想让老师从他们身上探知自己父母的缺点。"养不教父之过"也沉甸甸地敲打着他们的心，当然，我也把老师的责任承担起来，"教不严师之惰"，所以对学生严格要求是我们老师的天职。

从此，我的课安静下来了，课间也安静下来了，我们师生徜徉书海，背诵

"人之初,性本善。性相近,习相远"。体会"玉不琢不成器;人不学不知义"。敬佩"头悬梁锥刺股。彼不教自勤苦"。感受"弟子称师之善教,曰如坐春风之中;学业感师之造成,曰仰沾时雨之化"。我们想做"花中君子"、崇尚"梅萼之冰清玉骨"、愿做"萱草可忘忧"、更希是"屈轶能指佞"。每当我们觉得苦和累时,孟子的教诲就会浮现在眼前:"天将降大任与斯人也,必先苦其心志,劳其筋骨,饿其体肤,空乏其身,行拂乱其所为,所以动心忍性,增益其所不能。"当我们懒惰时,晏子的话语响彻耳畔"为者常成,行者常至"……

一年来,在"经典驿站"里,我们感悟到了我国传统文化的魅力,聆听到古人圣贤关于做人、处世的语重心长的教诲;在"名人长廊"里,我们看到了中国几千年历史上,我们中国人曾活得多么大气、多么自信,品格是多么高尚!在"名胜佳境"里,我们欣赏到了具有浓郁文化气息的山山水水,每一处风景,都有历代文人墨客留下的足迹;在"艺术乐园"里,我们领略了流传几千年的民族艺术。

一年的传统文化教与学,让我受益匪浅,我觉得作为一个中国人,真的自豪和骄傲,我喜欢上了"传统文化"。

2012 年 11 月

最近几天,我根据学校工作安排,对教师进行推门听课。一周的时间,听了 27 节课,总体感觉很好,教师的自信、成熟写在了脸上,灵动了课堂。这应该归功于远程研修。当然也存在一些问题,我正在整理听课反馈意见,筹备下周召开全体教师会议,肯定成绩,指出不足,布置下阶段课堂研讨重点。

我走进课堂,不再看到羞涩的浅笑、尴尬的手足无措,因为他们对知识已胸有成竹,对学生已驾轻就熟,对课标已心领神会,所以,不管什么时间、什么场合,不管什么人物,走进课堂,他们都会按照备课有步骤有计划地进行教学,如果有生成,因为课前做足了功课,也不会手忙脚乱,他们会恰到好处地及时处理。

学习是一件快乐的事情

放学了,喧嚣一天的校园顿时安静了下来,我一天的忙碌也暂告一段落。打开网上远程研修,一行行一篇篇,字里行间无不充满着感激、激动和幸福,因为我们在成长、在进步!以前出现困惑时,经常因为无人问询而苦恼,现在我们可以随时随地和同伴交流、和专家对话,不是面对面,胜似手把手。两周的时间不长,却洗尽了铅华、荡涤了心灵,知识的提升积累是收获,心灵的慰藉、思想的升华才是硕果。我爱远程研修,我享受共同成长的快乐!

写作就这样不知不觉走进了我的生活,成了我的陪伴,我不再惧怕写作,不再为写作而发愁,工作总结、述职报告信手拈来,经验交流一气呵成,教学随笔、读书随笔时有见报。闲暇之余,我还注重观察生活、体验生活,我会为春天悸动,写下了:季节就是季节!今年春天气候反常,温度一直提不起来,棉衣脱了又穿,穿了又脱,一直找不到春的感觉。前天,我到朋友家串门,无意间抬头看了一眼墙外的樱桃树,不禁感慨万千。尽管春寒料峭,樱桃依然顶风冒雪,露出甜甜的笑脸,小樱桃竟有黄豆那么大了!"满园春色关不住,一枝红杏出墙来"。生活中的琐事也经常困扰着我,但我不会怨天尤人,而是摆正心态,如今天早晨起床后,发现家里停水,要做饭、要洗刷,必须有水,所以我就急忙到楼下提了两桶水。当我气喘吁吁地爬上楼,却发现水来了!你说可气不可气。按以往,我肯定会埋怨几句,可我发现我的修养越来越好了,竟说"权当我锻炼身体了"。看,这就是生活态度,一种健康快乐的心态,能影响人一生的生活质量。

写作使我的生活丰富多彩,写作的同时,我长大了,成熟了,发现美、赞美美的能力越来越强。

启动幸福之门的雪

2010 年的圣诞节是一个我不能忘记的日子——圣诞老人给我们送来了一场多年未遇的大雪!随雪而至的还有不期而至的幸福感……

我生在北方长在北方,经常能欣赏到雪景,随着年龄的增长,对雪也没有什么特殊感觉了。近几年，由于乱砍滥伐、大气污染等原因，家乡的冬天几乎看不到大雪，偶尔下雪，也只是在天空中飘了几片片，刚落到地上就化了，下一小会儿，只能感觉到地面是湿润的，根本看不到雪。今天这场不期而至的大雪，让我也激动无比。

我踏着轻快的步伐，行走在去学校的路上。一路上，我边小心翼翼地迈动着步子，边观看来来往往的行人。路上行走的人大多是学生和学生家长。他们脸上的表情明显不一样，一个是小心翼翼，满脸的担心和焦虑，一个是左顾右盼，满脸的兴奋和激动。从他们脸上我没有看出"冬天麦盖三层被，来年枕着馒头睡"的喜悦之情，可能生活在城镇的人对此感受不深吧，他们关心的是上班的天气、单位的经济效益以及孩子的安危。

我家离学校走路也就5分钟的距离，我很快来到了学校。学校可热闹了！满校园都是人，熙熙攘攘：领导、教师、学生。领导、教师和部分学生在打扫雪，学生说是打扫雪，其实就是跟在老师屁股后面当陪衬，他们根本不会扫雪，几个男领导和男教师甩开膀子干得热火朝天，几个女教师正拿着扫帚干得很起劲，我也拿起扫帚加入扫雪的队伍中。久违了的扫雪动作，还是那么娴熟，那么得心应手，可几下后就有点力不从心，但我还是坚持和大家一起干。不一会儿工夫，学校一些重要的通道已露出地面。为了师生的安全起见，我们还得大面积清扫。最活跃也最幸福的还是学生，特别是那些男孩子，他们如久旱的禾苗见到了甘霖，满脸洋溢着幸福，不怕冷、不怕凉，个个手里捧着雪球，小脸红彤彤的，看到老师后就不好意思地把刚刚抬起的手放下，但绝不舍得把手中的雪球扔掉，等老师刚转过身，他们就忍不住朝"对手"开火。其实老师并没有要制止他们的意思，可他们在老师面前还是有点腼腆，不敢放开手脚，随心所欲。我经常慨叹，课程改革已经五年了，老师也努力地在拉近和学生的距离，努力地让学生做自己喜欢的事情，但几千年师道尊严的影响根深蒂固，在学生心中留下了浓浓的阴影，只要有老师在的时候，他们还是放不开手脚。欢快的打雪仗场景充斥着校园，老师和孩子们脸上洋溢着幸福的微笑。

此时，我想起了竣青写的《第一场雪》，我细细地观察雪后的景色，与书上写的进行了对比，差别太大了。经过师生打扫后，校园的雪已经不再是纯白颜色，而是夹杂了泥土的颜色，只有大的树枝上才挂着一层窄窄的雪条，细枝上根本就没有雪，但却像刚刚洗过一样，湿润鲜活，有些还没落尽叶子的树，就像挂了片片的鹅毛，在半空中飘荡。办公室门前的宝塔松是最漂亮的，一层一层的薄雪，晶莹剔透，仿佛宝塔松开了满树的冰绒花，确有点竣青笔下的雪的景致。

我在雪地里走着、欣赏着，仿佛又回到了童年时代，不经意间作了几个滑冰的动作，尽管不优美，但心里却有说不出的高兴，因为我找到了幸福的感觉。有位哲人曾说过："幸福就装在自己的口袋里，只要你想幸福了，就从口袋里拿出来。"多么富有哲理、多么诗情画意！的确，因为下雪了，我想起了口袋里的幸福，于是把她拿出来，在如诗如画的雪景里，享受幸福、享受快乐，同时把这份幸福和同事、朋友分享，于是《启动幸福之门的雪》的构思在脑海中酝酿。

其实，在任何情境下，我们都可以把装在口袋里的幸福拿出来，和同事、朋友、家人分享，让幸福传递幸福，让希望传递希望。

百善孝为先（烟台晚报 2014.12.10）

妈妈病了一辈子，吃了一辈子药。自我记事起，她就和药打交道，什么西药、中药、偏方，几乎天天顿顿都得吃药。以至于什么病吃什么药、什么药治什么病，她都能说个大概。有时候，邻居有个头疼脑热、小病小灾的，去医院麻烦，都来找妈妈，妈妈也不负众望，都能给诊断个八九不离十，且能给配出药到病除的良方。由于当时年少不更事，听着邻居夸妈妈是半个医生时，还很自豪，以为有个了不起的妈妈。

随着年龄的增长，妈妈的身体越发不济了，前几年查出了尿毒症，药物已经不能再维持生命了，需要换肾，可医生不建议换肾，先不说肾源和昂贵的医疗费用，就是年已过古稀、常年有病的妈妈的身体状况，就可能吃不消，那只有"血液透析"了。

"尿毒症"？什么是尿毒症？我们不了解，咨询了医生后还是似是而非、懵懵懂懂，对病的严重程度认识不到位，以为医生小题大做，对血液透析也不十分认可。

"血液透析"一词，现在许多人知道，血液透析器俗称人工肾，它仅是代替了没有功能的肾脏来保证人体代谢的运作，不具备治疗肾脏疾病的功能，是通过小分子经过半透膜扩散到水（或缓冲液）的原理，将小分子与生物大分子分开的一种分离纯化技术,是一种使体液内的成分通过半透膜排出体外的治疗方法。可对于六七年前的我们,不了解病情,不了解血液透析,更不知道妈妈做血液透析需要吃很多苦,再加上工作比较忙,所以每次血液透析都是爸爸陪着妈妈去做。

年复一年,日复一日,妈妈由原来的半个月透析一次,到后来一周一次,到现在一周三次。通过透析的次数和频率就可以看出,妈妈的病情越来越重,可我们犯了"青蛙在温水中失去战斗力"的错误,对一天天病情加重的妈妈熟视无睹。直到去年春天,爸爸的工资已经承担不起妈妈透析的费用了,我们才仿佛如梦初醒,感觉到问题的严重性了,姐妹五个凑在一起一商量,决定每人每年拿出 4000 元用于母亲透析,其他费用根据自己的经济状况和孝心大小,自愿孝敬父母。同时,我们回家的次数相对以前多了,对父母的辛苦和妈妈的病痛也开始了解了。

我们姐妹五个,无男性兄弟,由于父亲是退休教师,每月的退休金养活二老足够了,所以,我们结婚以后,父母没有要求我们每年交养老钱,赶上年节什么的,都是我们自己主动给父母吃的穿的用的,当然,有时也给一部分钱,但数量都不多,只表达心意而已。尽管这样,由于我们姐妹多,一人给一点,父母过得也比较富裕,村里的邻居都羡慕父母养了 5 个孝顺的好女儿。我们姐妹五个也不负众望,经常大包小包往家里拿,但经常送回家就急着走。我们的虚荣心在作祟,只关心父母是否能吃饱穿暖,没想到他们会想我们,也会孤单,所以经常以忙为借口,"忙"自己的吃喝玩乐而心安理得。

今年春天,妈妈大病了一场,着实把我们吓着了。妈妈在透析的过程中,一下子失去意识,随着血压、心跳也急剧下降,脸仿佛一张没生命的白纸,用医生的专业术语说"生命体征在慢慢消失",我们听出了母亲"生命危在旦夕"的警告。这一惊非同小可,爸爸一个趔趄,栽倒了,头昏眼花,天旋地转,闭着眼睛,呕吐不止。父母二人同时住院了。一向由爸爸全权照顾妈妈的重任落在我们姐妹五人身上了。开始,我们很慌乱,不知如何是好,因为以前我们一直把爸爸当成我们的脊梁、主心骨,不管遇到什么事情,只要爸爸在,就不害怕。可现在爸爸也病恹恹的躺在病床上,双眼紧闭。我们的心一下子被掏空了,六神无主。在病房里,妈妈躺在 26 床,爸爸躺在 29 床。我们姐妹站在两床之间,都不敢说话,也不敢走动,个个小心翼翼,仿佛喘气都能惊动了似睡非睡的爸爸,我们偶尔用眼神交流一下无助的心情。唉,我词汇太贫乏了,不知用什么语句能表达出当时糟糕的心情。

爸爸尽管闭着眼睛仿佛在睡觉,可他又仿佛什么都知道,缓缓地、声音低低地、却很坚定地说:"我没事,一会儿就好!不用担心,照顾好你妈!"我们五个不约而同地眼睛红了,可是眼泪没有流下来,我们都咬着牙,让眼泪在眼圈里转了几转,又慢慢流回去了。因为我们知道,父亲很坚强也很要强,因为我们都是女孩子,他想永远保护我们,他不想看到我们六神无主!所以他不想病倒,也不能病倒,他希望我们姐妹永远在他的呵护下快乐生活!

爸爸很快就"康复"了!医生说爸爸没什么大病,年龄大了,眼看就八十岁了,经不起惊吓,也不能太劳累,偏偏照顾妈妈的重担全部由他承担了,再加上刚才的惊吓,再刚强的爸爸也扛不住了。尽管这样,对我们也是警示,我们再不能把照顾妈妈的重担全部压在爸爸一个人身上了,他也是年过古稀、需要子女照顾的年龄了。所以,我们姐妹不约而同地回家的次数多了,回家后帮着做饭、洗碗、打扫卫生,陪着二老聊聊天,日子过得相对悠闲。

深秋的早晚有点冷,妈妈的身体就承受不了了,反应也很明显。前两天晚上呼吸有点困难,医生建议住院治疗。我决定下班后回家看看。走在回家的路上,我不经意看到一位清洁工人,为了捡一个被人丢弃在垃圾箱旁边的破椅子,自己的小三轮车却急剧地滑向马路中间。老人又想抓住车子,还不舍得放掉手中的椅子,身体的大半已经倒向了马路,此时正好是下班时间,马路上来往的车辆很多,速度也很快。我看着呼啸而过的汽车,心悬在了嗓子眼,生怕哪一辆车不小心刮到了老人。快跑几步,急忙伸手帮老人拉住了三轮车,扶着老人移到了马路边。并嘱咐老人,"遇到这种情况,要先放好车子,再去拣椅子,椅子又跑不了,被车碰着就得不偿失了。"

清洁工人大约六七十岁的样子,常年风吹日晒,满脸沧桑,衣服破旧,一看就知道生活不富裕。他告诉我,他在打扫马路的同时,拣点破烂,好一点的留作自己用,其他的卖点钱贴补家用。在帮助老人的那一刹那,我脑子里浮现出了爸爸那稍微有点驼的身影,我想:如果人人都在老人需要帮助的时候帮一把,我爸爸也会遇到像我一样"陌生的好人"吧。帮完老人,我默默地走了,因为我不是为了得到赞美或是表扬而帮他,只是发自内心深处的一种自然行为,也是多年尊老爱幼教结果使然,所以没感觉多么值得骄傲。

走出不远几步,老人骑着三轮车赶上了我,对着我笑了笑、点点头,算是打了声招呼，我也笑了笑，算是回应。尽管没有话语，但我能感觉到老人的那份感激和欣慰，他一定在为遇见好人而宽慰，在为好人默默祝福！我的脚步不由得轻快了起来，心想，其实做点好事就是一举手的事，没有多么难，却能得到意想不到的快乐和收获。为了年迈的父母，为了传承中华传统美德，我要勤搭把手。

到了父母楼下，有卖鲜活螃蟹和鲳鱼的，我随手买了几只螃蟹和几条鱼，正好遇见来看父母的妹妹，我们一起进了家门。爸爸很吃惊地给我们开了门（因为我们每次回家都提前电话联系），有点不好意思地说："怎么这个时间来了？我还没做饭，看看你们想吃什么，我这就做。"我说："没做正好，我买了新鲜的海货，我来做吧。"于是我挽起袖子，开始洗菜、做饭。在做的过程中，我应和着爸爸，探讨他开荒种的菜。于是爸爸打开了话匣子，说他如何开荒、如何选种、如何浇水、如何留苗，昨天把萝卜窖到地里去了，大白菜还得等几天，地里现在还有部分小白菜，等霜冻前一起除了，拿回家包包子吃，此时，我插了一句，说："前几天我也用小白菜包了一锅包子，全家都很爱吃。"爸爸一听，立即出去了，我在伙房听爸爸和妈妈说："我一会就回来了，等她走的时候拿着，咱自己种的菜绿色、无污染。"我就那么顺口一说，爸爸就要去菜园子拔菜。我知道拦也拦不住，可又不放心，都五点多了，天已经黑了，于是关了火，说："走，我和你一起去吧，回来我们再做饭。"

爸爸开的荒，我来过一次，地理位置很好，离家很近，大约五六分钟的路程，在山脚下、水塘边，浇水特别方便，不需太用力，正因为这样，所以我们没太反对，他干点农活，既能活动活动筋骨，又有精神寄托。还没到地方，远远的爸爸就指着一块块地说："这是芋头地，前几天刨了，今年长得不好；那是花生，能留出种子；这块是茄子，长得很好，现在不结了；这是秋葵，刚听说前一段时间是炒作，它也就是一普通蔬菜，对糖尿病没有特殊功效；这是几颗无花果，你妈妈去年压的，已经活了，明年要移到别处，这儿土质太差。白菜长得好，芯儿硬的像石头！你试试。"说着话功夫，我们已走进了菜地。我顺着爸爸手指的方向按了下去，"嗯，一点也没夸张，的确很硬很硬！"爸爸喜欢我们表扬，一表扬就满脸乐开了花。爸爸捡了两棵最大的拔了出来，用剪刀把根剪掉。我要把外面的叶子扒去，可他不让，说这样可以保存很长时间，什么时间吃，什么时间扒，新鲜。我说拿着太沉了，爸爸却很轻松地说："不沉，我都是这样挑着。"他依然坚持不扒，我也没再坚持，担心惹爸爸不高兴。但看着爸爸不再灵便的手,吃力的、一点点剪菜根的刹那,我又忍不住泪水横溢。爸爸真的老了,他手脚远没有从前那么利落了,腰身也不再挺拔,可他依然把我们当成小孩,什么事情都是他来扛。我们一直习惯爸爸的呵护和照顾,从没想过爸爸其实很需要我们的照顾和关心了。我强忍着哽咽、轻轻地说:"爸,我来吧,天黑了,看不清了,别剪着手。"忙着去泥、剪根,抑或是由于天黑,也可能是我伪装得好,爸爸没感觉到我情绪的变化,边干活边说:"你哪行,我干惯了,很快就好。"

回家,依然是爸爸挑着,我跟着走。我想为爸爸减轻点负担,常常用手帮爸爸扶着,爸爸却说:"别动!一动就不平衡了。"于是,我又放下了手。就这样反反复复,我们到家已经六点多了。

妈妈吃饭有许多讲究,不能吃酱油、不能吃海米,豆制品也得少吃,所以我们炒菜、下面条都得清淡一点,要不就得单独给妈妈做,可每顿饭要做几个菜,如果个个单做太麻烦,所以我们索性就将就着妈妈,改变了口味,只要能吃即可。晚饭比较丰盛,爸爸妈妈非常高兴,话也多了,一会儿点评这个菜、一会儿点评那碗汤,妈妈感慨地说:"现在条件就是好了,快到冬天了,还可以吃到如此鲜美肥硕的螃蟹!新社会就是好!"听着妈妈的感慨,我的心又震颤了一下,是啊,现在条件这么好,又有我们姐妹五人在身旁照顾,父母一定觉得很开心快乐,所以我们更应该全心全意地照顾体贴他们,让他们多活几年,以享天伦之乐!

回到家后,我拿着爸爸给我的小白菜,仔仔细细地摘,只要还能吃的部分就一定留着,生怕浪费了爸爸的心血。我突然发现我"长大了""懂事了"。以前我浪费的吃的、穿的、用的,太多太多,有的没拆封就丢掉了,从来没心痛过。上小学一年级的时候,就学过"锄禾日当午,汗滴禾下土。谁知盘中餐,粒粒皆辛苦。"可我从没像今天这样深刻地体会面朝黄土背朝天的劳动人民的不易!于是今天,我怎么也不舍得丢掉爸爸给的一棵菜,哪怕是一片叶子!

"慈母手中线,游子身上衣。临行密密缝,意恐迟迟归。谁言寸草心,报得三春晖。"歌曲《母亲》《父亲》的歌词一句句萦绕在耳畔,我哭了,尽情地、放声地哭了,父母养我们多么不易!天下的父母对儿女的养育之恩比天高、比海深!我要把以前的不懂事、所做的错事全部哭尽,从今天起,一个全新的我,一个经历了凤凰涅槃、身上流淌着中华五千年文明新鲜血液的我,诞生了。

妈妈住院的一个星期里,我们姐妹天天去陪伴,顿顿变着花样做妈妈喜欢吃的饭菜,看着一天天好起来的妈妈、精神越来越矍铄的爸爸,我们由衷地高兴。"百善孝为先",孝敬父母会让我们越来越成熟、越来越健康、越来越朴实、越来越快乐!

我自认为写这篇文章很真诚,是内心最深处的声音,我把它作为一份教育教学资源读给学生听,希望我的传统文化课能上的得丰富多彩,也希望我的学生们能从小养成尊老爱幼的良好品性。

因为是自己写的,所以读的时候不需要眼睛紧盯着文章,我边读边观察学生的反应,效果非常好。当我读到"爸,我来吧,天黑了,看不清了,别剪着手"时,好几个男孩子眼里已噙满了泪水,几个女孩子已抽噎不止……一个男孩还没等我读完,就急不可待地站起来,带着哽咽说:"老师,父母养育我们很辛苦,我们长大了,一定要好好回报他们、孝敬他们,让他们幸福地安度晚年!"

一石激起千层浪!学生们纷纷举起了小手,要求发言,表达对父母的感激和感谢,并表示长大后要经常回家,孝敬照顾父母。更可贵的是有个女孩子竟说出了"我们要现在就孝敬父母,听父母的话,别等父母不在了,我们想孝敬父母却没有机会了",我适时给予肯定,并做了提升,中华民族历史悠久,文化博大精深,传统独特而伟大,我们不但要继承,更要发扬光大,同时要汲取精华,去除糟粕。"'树欲静而风不止,子欲养而亲不待'是我国古代著名的教育家孔子教育其弟子的一句名言,出自《孔子家语·卷二,致思第八》。原文如下:

孔子行,闻哭声甚悲。孔子曰:"驱,驱,前有贤者。"至,则皋鱼也,被褐拥镰,哭于道旁。孔子辟车与言曰:"子非有丧,何哭之悲也?"

皋鱼曰:"吾失之三矣,少而学,游诸侯,以后吾亲,失之一也;高尚吾志,间吾事君,失之二也;与友厚而少绝之,失之三也。树欲静而风不止,子欲养而亲不待也。往而不可追者,年也;去而不可见者,亲也。吾请从此辞矣。"立槁而死。

孔子曰:"弟子诚之,足以识矣。"于是门人辞归而养亲者十有三人。

这句话用于感叹子女希望尽孝时,父母却已经亡故。风不止,是树的无奈;而亲不待,则是孝子的无奈。后人便以"风树之悲"来借喻丧亲之痛。

原话当是出自皋鱼之口，并非出自孔子之口。但是历来被当作孔子之语。

同时我又进行了拓展延伸，引出了孟子的"老吾老以及人之老，幼吾幼以及人之幼"的推己及人的观点，教育学生传承中国文化，发扬传统美德，做新时代的"四有"新人。

教师本身就是有利的教育资源，是非常丰富的课程资源，我们可以把身边优秀教师的教育教学先进经验和先进事迹，把优秀教师的治家策略，把优秀学生的学习经验和尊老爱幼的模范事迹，写进校本课程，编成教材，作为师生身边最具说服力的课程，让师生不再认为优秀离我们很远，遥不可及，只要我们稍稍努力，我们就会成为优秀的人才，成为社会的脊梁。

有一位妈妈的名字叫"无私"

今天儿子大学开学，早晨5点多钟，我和老公送儿子去车站，回来做饭来不及，耽误上班，于是就在路边买点油条豆汁充当早点。当车一停下，一个熟悉的身影映入眼帘：五十多岁的中年妇女，腰身有一点佝偻，腿脚有点蹒跚，正在满脸堆笑，忙前忙后地招呼客人。咦，这不是我的婶子吗？她不是在我家楼下饭店打工吗？怎么又在地摊上卖早点了呢？难道我看错人了？带着这一连串的问号，也夹杂着些许好奇，我又仔细打量起面前的这位老妇人。

大约一米六的身高，不到六十岁，头发已花白，满脸沧桑，深浅不一的沟沟壑壑填满了黢黑的已经不再饱满的面庞，眼神平淡平和，浅浅的笑一直挂在嘴边。是的，是她，我的婶子，一个自己家远房的婶子，我们关系非常好，过年过节都来往的，所以我对她家里的情况大致了解。她在我家楼下一家饭店打工，负责洗菜刷碗，我几乎每天下班都能看到她忙碌的身影，怎么又换工作了？因为买饭的人多，我不便和婶子说太多，只简单打了声招呼，就匆匆忙忙带着疑问上车了。

婶子打工饭店的老板人比较善良，对工人不刻薄，所以婶子干的得很是舒心，每每谈起工作，总会眉飞色舞。我几乎每天上下班都能看见婶子，有时打招呼，婶子忙的时候，我也就只看她几眼，匆忙回家做饭。时间久了，仿佛已成习惯了，我们经常不说话，只是一笑就算是打过招呼了，我没听说过婶子辞职不干了，也没听说老板裁员啊。这到底是怎么回事？

　　还没等我问，老公先开口了，说："大婶真不容易，为了能让海涛早日买上房子、娶上媳妇，为了给海涛多攒俩钱，自从上次被海涛的女朋友骗了以后，每天打两份工，早晨天不亮就起床，来地摊帮人家卖油条，一天挣15元钱，上午8点以前再赶到饭店，劳作一天，晚上十点以后才能回家，月工资2000元左右，两份工作合起来，每月大约2500元左右的收入；大叔也这样，两口子都不在家里吃饭，几乎没有什么费用，平时也不舍得买衣服置家具，一年能攒5万元左右。唉，何时能攒够一栋楼房？！"

　　听了老公的话，我心里对大婶大叔既钦佩又疼惜。婶子家境还可以，在村里算得上中上游水平，夫妻两口感情还过得去，就是农村最朴素也最相依为命的那种，没有海誓山盟，也没有轰轰烈烈，是经人介绍，见了一次面就定下嫁娶日期的普通农民。婚后生了一个儿子，视作掌上明珠，自小就享受吃小灶的待遇，至今已三十有四，大学毕业后在一家地市级医院放射科工作，待遇不错，算得上顺风顺水，可感情就不敢恭维了，开始几年，在网上结识了一位女朋友，据说是安徽的，二人从开始的不认识到认识，到相知到相爱，很快到了难分难舍的地步，尽管父母百般阻挠，可二人是吃了秤砣铁了心了。我的这位堂弟根本不顾父母的反对，在情海里尽情遨游，当然把所有的工资也全搭了进去，这还不够，因为他们开始谈婚论嫁了，两家父母见了面，定了亲，我的婶子不得不把毕生的积蓄全拿了出来，给女方作聘礼，同时结婚的具体日期也定了下来，好像是年底。因为我的堂弟毕竟年龄很大了，已经过了而立之年，农村的伙伴孩子都好几岁了，父母再怎么不愿意，总得靠他们传宗接代啊。

　　因为我们两家关系一直非常好，所以我听说堂弟要结婚了，着实跟着高兴，早早就准备好了红包，就等着喝喜酒了。眼看着结婚的日子越来越近，可婶子家里一点动静都没有，小道消息说，堂弟被未婚妻甩了，人家把钱财都卷走了，婶子家里正闹纠纷呢。堂弟认为钱财丢了就丢了，可婶子老两口却咽不下这口气，一辈子的积蓄，就这样被骗走了，心疼钱财更心疼儿子，所以逼着堂弟去女方家里讨回来。堂弟心里如何想？谁都不清楚，他躲在单位不回家，打电话也不接，气得大叔大病一场，也只好不了了之，没了下文。

　　婶子两口子一辈子操劳，做着农村最辛苦的工作，养过猪、种过地、看过大门，甚至拣过破烂，到老了，基本安定下来了，婶子在一家饭店当洗菜刷碗工，大叔则在一家工地给建筑工人做饭，不是太累，也不算轻松，老两口每人每月二千五百元的收入,还算客观。

堂弟不听话,从小就折腾父母不得安宁,不仅要求吃好的穿好的,还什么家务也不做,典型的衣来伸手饭来张口的主儿。值得父母安慰的一点是学习还可以,也不做太过分的事情,比如打架斗殴、营私结党、危害社会等事情,都不会与他接边。我教过他,属于先天资质比较好的孩子,不努力但成绩中游偏上,所以高考没有悬念地考上了一所本科医科大学,因为专业比较好,也没费太大周折就被市中医院聘用为放射科医生了。因为从小娇生惯养,尽管我是老师,他看见我主动打招呼的次数却很少,我也见怪不怪,听之任之,偶尔我会主动和他交流几句,毕竟我们是一脉相承的亲戚,又是他的老师,我总觉得我有责任和义务开导他、教导他,使他能够敞开心扉,与家人分享一切,包括孤独和无奈。可由于他内心封闭太紧,不喜欢与人沟通,所以总是蜻蜓点水,一掠而过,没有深谈,所以对于他的内心世界就无从深解。

转回头,大婶的身影已经模糊不清了,可我的心紧紧地揪在了一起。我有个习惯,一动情就想唱歌,唱抒发感情的歌,此情此景,一首特别熟悉的歌曲涌上了心头,我忍不住动情地哼了起来:你入学的新书包有人给你拿,你雨中的花折伞有人给你打,你爱吃的(那)三鲜馅有人(他)给你包,你委屈的泪花有人给你擦,啊,这个人就是娘,啊,这个人就是妈,这个人给了我生命,给我一个家,啊,不管你走多远,无论你在干啥,到什么时候也离不开,咱的妈。

哼唱着这首歌的同时,我母亲的身影也一幕一幕浮现在我脑海中,"包好饺子了,中午回家吃吧。""我蒸的包子,捎几个给你,早晨来不及做饭,热热吃吧。""天凉了,多穿衣服,别只顾着爱俊,着凉了。""晚上不要经常熬夜,工作不要太累了,照顾好自己的身体。"……

我的眼睛湿润了,母亲不再挺拔的身影模糊了。父母给予子女的爱深似海、大于天,我们都是偎依在父母掌心里长大的,又在父母的呵护下成熟的,还是在父母的牵挂中也变成了父母,方知父母之爱比天大比海深,而父母要求子女的回报就是健康、快乐、幸福,只要我们幸福,他们就会感到无比欣慰和幸福。我的手不由自主伸向了口袋,拿出了手机,拨通了妈妈的电话,我要告诉她,妈妈,我爱您。可听到妈妈熟悉温暖的声音,话到嘴边,却变成最直白的不带半点感情的话:"妈,我中午回家吃饭。"电话那头是母亲快乐的回应:"哎,我这就叫你爸爸去买菜"。我能想象得出,妈妈布满皱纹的脸上肯定笑开了花；我也能想象得出妈妈催着爸爸："快去，丽丽爱吃这个，爱吃那个，多买点。"此时，我已无法阻挡内疚的泪水，当然更是幸福的泪水，让它尽情挥洒吧。那些已被我习以为常的"唠叨"，此时是那么清晰，如一汪清泉，在我的心里流淌……再华丽的语言在母亲宽大的胸怀前都显得那么苍白无力，母亲总是用一颗无私的心陪伴着孩子的左右，直至自己生命的尽头！

世间有爱

当周遭的景致被日渐紧张的气氛所渲染，当留有一丝温存的心灵在彼此的竞争中变得漠然，我们便习惯走进曾经的回忆中，急切地去寻觅那些曾经的温暖。年少时，是否还记得邻居奶奶的那一碗热汤面？那捧在手里的温度常会令人心存感恩。有人说，柔软的心最有力量，的确，如果我们人与人之间真的能以诚相待，平心静气地交流，便会让由心底铺开的画卷少些浓墨重彩的生涩，多些由笔尖而生的灵动。

今年的冬天对于我来说不同寻常。可能由于天气太暖的原因吧，我感冒了，但不严重，所以就没有吃药，想扛过去。可事与愿违，我越扛越重，以至于两个星期后，我开始发烧，没办法，只得吃药。吃了两天后，感觉好点，于是又停了药。参加政协会议时又受了点风寒，也就是俗话说的"重了茬"，再次感冒来势凶猛，症状严重，我胸闷气短，全身无力，好想赖在床上，躺上一整天。

可年过四十，又恰好是父母年迈，时时处处需要人照顾的特殊时期。妹妹电话通知我母亲感冒了，父亲横隔肌受刺激，打嗝不停，需去医院针灸。唉，屋漏偏逢连夜雨，我不得不强忍病痛，拖着疲惫不堪的身体，去银行取钱，买点好吃的，给父母改善一下生活，补充一下营养，让身体快点好起来。

我走进银行大厅，满眼都是人，坐着的、站着的、倚着的，应有尽有。我有心理准备，因为每一次来银行取钱都得经过漫长的等待，所以很淡定地取了号，拿出事先准备好的《读者》，边看书，边打发无聊的等待。

时间过了大约一小时，我前边才办理了四五个业务，轮到我还有十个。身体不适，加上担心父母，我的病情又加重了，心慌得厉害，一阵紧似一阵，经常有憋气的感觉，仿佛我不深呼吸就有憋过去的危险。于是，我在鼓了几次勇气后，最终下定决心，满脸堆笑地走向大堂经理，希望她能照顾我一下，先让我取钱，以便早点离开。

　　大堂经理没有答应我的请求,她说:"快了,你再坚持一下,马上就到你了。"本来我就没抱太大希望,可被拒绝还是有点难过,但我没有怨言,因为漫长的等待对谁来说,都是煎熬!何况也许等待的人中,也有像我一样身体欠佳,或者有非常紧急的事情需要处理的。所以我又回到座位上,继续看书,耐心等待,并不时地用右手按压一下左胸,同时辅以深呼吸,以缓解胸闷心慌的症状。

　　我平时就是个很会换位思考的人,遇事经常站在对方的角度看问题,所以我想:大堂经理不是不解人情,而是她的职责就是顾全大局,服务每一位来办理业务的顾客,不能因为我的一点小事打乱秩序。正想着,大堂经理笑眯眯地朝我走来,非常亲切地说:"大姐,你不舒服,先去3号窗口办理吧。"我一下子没反应过来,以为听错了,因为就在刚才,好像也就一二分钟之前吧,她一点商量的余地都没有,突然之间,让我先办理,反差太大,让我一时真的转不过弯来。大堂经理从我疑惑的眼神中读出了我的疑问,又重复了一遍。我才如梦方醒,急忙地、高兴地站起身,边走边真诚地说:"谢谢!谢谢!"

　　原来,大堂经理离开我之后,找到即将办理业务的下一位顾客,说有一位大姐病了,希望她能通融通融,照顾一下病号,那位顾客答应了,所以她才过来通知我。

　　当我坐在窗口前办理业务时,心里十分感慨:谁说现在人情淡薄?!我与她萍水相逢,是陌路人,可她却默默地、悄无声息地为我这个陌生人去游说,去说情。如果说她是职责使然,那么那个愿意让我的顾客,既与我不相识,又没有义务照顾我,为何却浪费自己的时间,成全一个素昧平生的人!所以,人间有爱,处处见真情!

　　就在这时,身后传来了几声私语,声音很低,却清晰地传入我的耳朵:"这个人真有心眼!她没叫号,用自己病了骗取大堂经理的同情,让她先办理业务,害我们又要等好长时间。"另一个人附和:"什么人都有!真可恶!"语气很不屑。

　　我当时好想回过头去解释"我真的病了"!或者什么也不说,只要他们看见我的脸,一定能读出我生病的迹象,会原谅我的。可我没有勇气,因为我觉得我的任何解释都显得苍白无力。病了就可以理直气壮地浪费别人的时间吗?病了就有理由加塞吗?病了为何不早点来?病了为何不让家人来办理？如果真有人装病而享受特殊待遇，岂不是对安分守己的人来说太不公平！所以，我诚惶诚恐，如坐针毡。我低着头，积极配合着工作人员，以便尽快办理好业务，好让下一位，也就是让我的好心人，快点办理。

当我拿着钱，转身欲走的时候，发现我的右后方已经站着一位女士，她手里拿着一摞资料，眼神中可以看出，她等得有点不耐烦，因为她正在十分不友好地瞪着我。我歉意十足地、偷偷地瞟了这位不知姓名的、好心的姐妹一眼，像贼一样快速溜出了银行大厅。

回到娘家，已是中午十二点一刻。我急忙挽袖撸胳膊，洗菜做饭。可那些姐妹的话和眼神一直萦绕在我眼前，挥之不去。我深刻地反思：其实那姐妹的心是柔软的，她尽管误会了我，但还是让我先办理了业务；尽管她对我不友好，但依然给了我方便；尽管她心里不舒服，但却没有失去风度。我后悔没有及时与那位好心的姐妹沟通，以至于让她做了好事却感受不到幸福的喜悦，更没享受感激和报答，反而因为我的胆怯扭曲了她那颗善良的心，在她那美好的心灵上种下了怨恨的种子。如果我当时勇敢一点，心里阳光一点，大胆地转回身来，表达我的感谢和歉意，相信她不仅会欣然接受，还会为自己不经意的善举而感动，并且会发扬光大，继续广泛播散爱心，只要有人需要，她都会义无反顾。

回到家，我拿起笔，把事情的经过写下来，以期得到那位默默帮助我的好姐妹的谅解，同时也借此机会，好好说声"谢谢"，"谢谢你有一颗宽容大度的心！尽管怀疑我欺骗，却依然没有当众揭穿我，给我留了自己反思改正的机会。"其实我更想大声地说："祝福天下好心人一生平安！好心好报！"

对我来说，这是经历了一次心灵的洗礼。在科技高速发展的今天，很多东西已经丧失了其原有的滋味，嗒嗒的键盘声取代了墨色晕染纸张的柔美，电子邮箱让开启信封时的欣喜化为了甜蜜的回忆尘封心底。即便这样，我们还是应该试着在这物欲横流的社会里留下最后的一丝美好。在很多东西都在追求精简，讲求速度的今天，仍然有很多事情需要我们做得精致，做得完美。因为每一个生命的个体都在期待着得到更多的关注与交流。要相信，只要人人都献出一点爱，世界将变成美好的人间！

2015.1.23

体 会

　　什么叫体会？就是经历过了以后的感受（既然是经历过了的才能叫体会，那么，空洞的说教往往效果不明显）。经常写体会，有读书体会，工作会，成长体会，学习体会，参加活动体会，等等。参加工作二十四年来，可以说写过无数次体会，有的体会深刻，有的体会肤浅，有的是发自内心的真情流露，有的是应付检查、完成任务。可体会到底是什么，还真没细细琢磨过。就是刚才，我认为我知道什么是体会了。今天是端午小长假的第二天，上午洗了几件衣服，打扫了家里的卫生，觉得有点累，所以午间休息时间稍稍长一点，起来就三点多了，看会儿电视，觉得没什么意思。前几天答应李主任给她改改稿子，所以就去了学校，一改就是两个小时，五点多一点，我把改好的稿子发给了李主任，让她再斟酌一下，看是否符合她本意。当然在 QQ 上免不了感激啊谢谢等客气话，聊了会儿天以后，我把自己前几天写的文章拿出来也再润色一下，准备投稿。不知不觉就六点多了，看看天暗下来了（今天有点阴天，仿佛要下雨），该回家做饭了。于是我关上电脑，走出了办公室。呀，冷飕飕的。我不禁吸了口冷气，因为已经到了夏天了，我出门时太阳还很晒人，只穿了件短袖的衣服，现在胳膊有点冷，于是我就活动了几下，一是因为刚刚写文章时间较长，有点累，活动活动筋骨，二是增加点热量。可做了几个动作，效果不大，胳膊有点麻、有点痛，更有点冷。心想，不至于吧，我以前可是最能经得起冷的，连冬天都不怕冷，怎么可能夏天还怕冷呢？尽管这样想，但脚下还是加快了脚步。我家离学校近，五分钟就到家了。可进了家门，我依然感到冷，依然感到胳膊有点麻，就随手拿起一件睡衣套在身上，慢慢地胳膊有点热了，不疼了，可露在外面的脚踝处却非常不舒服，于是我又拿了一条小被子盖在腿上。也就在此时，我想起了以前曾听说过的一个小故事，小雨是我村里的小男孩，因有先天性风湿病，所以即使夏天也要穿长衣长裤，当我们都诅咒夏天炎热难耐时，他还得披着一条毛巾被到院子里和家人一起"乘凉"。以前还经常听说，人老了，不禁折腾了，一会儿热一会儿冷，所以手里总得拿件衣服，以备不时之需。也经常听说，人老了，酸的、甜的、凉的，都不能吃了，牙疼、胃不舒服……怎么会呢？我一直都持怀疑态度，觉得这些人都比较矫情，夏天热得不穿衣服都嫌热，怎么会冷呢？酸的东西不吃可以理解，因为有人不喜欢吃酸的，可甜的东西人人喜欢，人老了也一样喜欢啊；凉的东西冬天不能吃，夏天吃下去多凉快啊！今天，我一下有了体会，且是真切的体会，因为我经历过了，不仅是今天，这一段时间，我经常会感觉到：胳膊疼，手疼，腿脚发麻，偶尔还会头晕眼花。真的是岁月不饶人，真的是疾病能难倒英雄汉啊！所以，我一下明白了什么叫"体会"。也因此明白为什么孩子总是和大人作对，学生为什么不听老师的话了。因为他们没有体会，总觉得大人们在危言耸听，在限制他们的自由。我们大人们认为防患于未然比亡羊补牢好，所以总是未雨绸缪，给孩子讲大道理，什么我走过的桥比你走过的路还长，我吃的咸盐比你吃的饭还多，不听老人言吃亏在眼前，我们是过来人，吃过亏，等等，可孩子们总是当成耳边风，一个耳朵进去，又从另一个耳朵跑出去了。当孩子撞上南墙了，知道疼了，后悔了，可为时已晚了。这就是体会！是经历后的感受，任何说教所不能替代的！

　　岁月能使人厚重，时间能改变一切。当我悟到了这个道理，相信在今后的教育教学生涯中，会少走弯路，会丢掉干巴巴的说教，采取最恰当的方式方法，用生动的事例说话，让受教育者心服口服。同时我也懂得了为什么要活到老学到老，要从小培养孩子们的学习能力，生存能力，就是这个道理吧。因为有许多东西，你不经历就不可能有体会，所以也不可能相信，也就不会"循规蹈矩"。

　　可人生苦短，就这么几十年，如果什么事情都亲身去体会，付出的代价就太大了，可能还会有生命的代价，这就不值得，所以，我们的祖先、前辈就把他们的经历体会用文字记载下来，写成了书，这就叫经验，我们可以借鉴他们或成功或失败的经验，少走或不走弯路，直达成功的彼岸。宋代皇帝赵恒写道："书中自有千钟粟，书中自有黄金屋，书中自有颜如玉"，所以说读书就是接受教育。我在此呼吁社会、家长、老师：培养孩子学会读书吧，他们从书中能找到他们需要的一切！因为孩子毕竟要长大，要离开父母、离开老师，唯一能陪伴他们一生的就是书籍！

　　有了这个体会，然后经过我的反思，又有了读书的升华，我很激动，因为在这个过程中，我成长了、成熟了，我骄傲，我是个有心人！我自豪，我能在平凡的小事中提炼人生的大道理！

三十以后的美丽

（这也是我自己的亲身经历，但为了不引起身边人的尴尬，我用了第三人称）

（我身边有许多三十几岁的女人，应该正是鲜花怒放的时候，可她们却一个个无精打采，脸色苍白，有未老先衰的迹象。原因是老公瞧不起她们，认为她们是老公的附属品，或者有的干脆被老公抛弃。我看了真心疼。追其究竟，我认为是她们自身原因造成的，因为她们有个共同的特点就是太依靠老公，结了婚以后就不思进取，一门心思用在老公和孩子身上，自己的本职工作当成了副业，可有可无，优秀没有她，先进远离她，上级检查，她退到最后，评职称，她说："老公能养得起，多挣几个少挣几个无所谓，只要照顾好老公和孩子就可以了"……结果就变成了上面所说的被遗弃的黄脸婆，我写此文章的目的就是想唤醒"梦中人"，让她们成为自强自立的一代新女性，不要成为男人呼来唤去的可怜人。）

莉莉不记得自己小时候的事情了，现在朦朦胧胧记得七周岁的时候，小伙伴英子、红红、海清、云龙都上学了，可她却去不了，于是她就哭、闹、嚷嚷，为什么其他小伙伴可以去呢？妈妈给她解释，人家都大，八周岁了，所以可以上学。莉莉不认为自己与他们有什么不同，也不认为自己比他们小，因为他们从小就一起长大，从天明玩到天黑，从春天玩到冬天，从没有人说过她小，不跟她玩。在爸爸的协调下，她勉强进了一年级（当时政府有规定，年满八周岁的孩子才可以上学，莉莉的爸爸是教师，也因为莉莉从小就比较聪明，长得也大，她算是走了后门才进了学校）。

莉莉又恢复了以前快乐的样子，和同伴一起上学、放学、写作业、做游戏……莉莉的确聪明，从上一年级开始，每次考试都是班上前几名，也经常考第一名，老师经常在其他学生家长面前表扬莉莉，莉莉也因此很自豪，走起路来抬头挺胸，像个骄傲的公主。那时候，学生心中根本不知道什么叫美丽，只要学习好就是同学们佩服的对象，为此，英子、红红、海清、云龙等同学都围着莉莉转，学习上的事问莉莉，生活上的事也问莉莉，有时家里的事也请教莉莉。莉莉是个热心肠的孩子，也愿意帮助他们。一次，英子的哥哥找了个对象，就要结婚了，嫂子的妈妈却又要 2000 元钱的彩礼，不给就退婚。20世纪 80 年代初，2000 元对农民来说不亚于天文数字，愁得英子的爸爸妈妈整日唉声叹气。伙伴们听了英子的烦恼，也很生气，可小孩子又管不了大人的事情，也只有摇头的份了。要不说莉莉人小鬼机灵，她给英子家出了个"馊"主意，蒙混过了关。莉莉的哥哥先给老丈人打个 2000 元的欠条，等年底决算后再兑现，这样新娘子就顺顺利利地进了英子家的门。英子的妈妈见人就夸莉莉将来一定有出息，说得莉莉怪不好意思的，但心里美滋滋的。

　　转眼他们就都长大了，到了中考的年龄了，小伙伴之间也有了隔阂，彼此之间再也不是无话不说的铁哥们了，有了隐私、有了秘密，特别是男女之间更有了微妙的变化，说话开始脸红了、心跳了，心中开始对美有了朦胧的追求，慢慢注意自己的言行仪表了。莉莉经常偷偷地照镜子，看着自己日渐成熟的脸和曲线分明的身材，不由自主地就开始勾画心中白马王子的形象，此时莉莉的脸就更加妩媚动人。莉莉的确长得太漂亮了，再加上她天生活泼开朗、大方娴熟，真是人见人爱。以至于她妈妈经常对她不放心，并不是莉莉有劣迹，而是她太光鲜照人了，在人群中一眼就可以把她找出来。162 厘米的身高，稍稍有点肉嘟嘟的，更显妩媚动人。眼睛不大却清澈见底，微笑时，就弯成了一条弧线，非常迷人；微翘的小鼻子下面一张樱桃小嘴，白里透红的皮肤一点瑕疵都没有，对人总是含着笑，女人看了都喜欢，男人看了怎能不心动？

　　带着少女的梦，莉莉考上了师范学校，其他伙伴考上了普通高中，对莉莉就更加令人羡慕加嫉妒了，因为那个年代农村的孩子能考上师范院校，简直就是鲤鱼跳龙门——一步登天了，成了人人羡慕的城市人了，不是百里挑一，而是万里几万里挑一了，怎能不令人羡慕嫉妒恨！？

　　莉莉在师范学习的三年里，丝毫没有懈怠，她没有因为漂亮而沾沾自喜，也没有为男生羡慕的眼光而陶醉，她几乎把所有的时间都用在学习上，因为她知道父母供她上学不容易，家里的姐姐妹妹都节衣缩食，一家七口就靠爸爸一个月三十几元钱过日子，为此她还得了个很好听的绰号："高高在上、傲慢冷艳的冰美人"。尽管这样，同学们对她还是很友好，因为她除了不和男同学谈恋爱疯闹外，学习工作都很认真，对班级工作也很热心，还代表学校参加省文艺汇演并得了奖，每学期都能得到奖学金，班级工作也组织得有条不紊，每学期都被评为优秀学生。

　　参加工作后,父母为她选了个对象,大她四岁,在机关工作,憨厚老实,本本分分,模样长得一般,与他心中的白马王子相差太远,但她听了父母的话,稀里糊涂地和他结了婚,生了子,倒也心安理得。又听了父母的话,相夫教子,工作倒成了副业。人的精力毕竟有限,她把大部分精力用在照顾家庭上、支持丈夫的工作上,学业成绩优异的莉莉,在工作中却表现得一般般了。好在丈夫把她当成宝贝,时时处处迁就她、照顾她,因此她就更心安理得地把所有的精力用在照顾家庭上了,无怨无悔。

　　几年时间,丈夫在她的支持和帮助下,事业蒸蒸日上,从一名普通的职员当了科长、副局长,身份变了,身价高了,脾气也大了,经常带着一身酒气回家,并且稍有不如意就发脾气,耍酒疯,渐渐瞧不起莉莉这个普通教师了。刚结婚时家庭和谐的气氛不见了,取而代之的是整日的吵闹、打骂。莉莉茫然了,困惑了,不是说每一个成功的丈夫背后都有一个默默奉献的妻子吗?难道她错了,她十年的付出白费了? 难道真是命运这样安排的吗?她不是个没有能力的人,是什么让她变得安于现状、依赖他人、没有追求了? 大名鼎鼎的日本名演员山口百惠因爱情而抛弃她的影迷,回家当了全职太太,相夫教子,默默无闻,为爱情无怨无悔。几年后,深爱她的丈夫另寻新欢,被抛弃的山口百惠不得已又重出江湖。这样的事例她身边太多太多,为了爱而失去自我,并成为别人的累赘,不值得! 痛苦反思之后,她又重新找回了自己,找到了目标,并决定为目标而努力奋斗。

　　三十岁了,既不年轻也不年老,可要从头开始,并不是件容易的事,毕竟荒废了十年。为了不被困难吓倒,莉莉首先制定了近期目标,先阅读名人创业史,预期奋斗中的困难,再多读专业方面书籍,充实提高自己,以备厚积而薄发,钻研教材教法、学习新课程理论,提高教育教学成绩等等。

　　按照目标,莉莉找来了一些名人创业的艰苦史,特别是半世创业且成功的创业经历,如众所周知的蒙牛乳业董事长牛根生四十一岁被伊利乳业开除后自己创业的经历,特级教师支玉恒因身体原因四十三岁由体育改行教语文一举成名,现在是全国语文学科权威。莉莉被他们的事迹深深打动,为以后的创业经历添了很精彩的一笔;接着是看中外名著,什么《红楼梦》《三国演义》《水浒传》《平凡的世界》《武则天》《曾国藩家书》《人一生要注意的 50 个细节》《与心灵对话》《红与黑》《简·爱》《飘》《巴黎圣母院》《基度山伯爵》《浮士德》《复活》《羊脂球》《约翰·克利斯朵夫》

《十日谈》《尘埃落定》以及梁晓声、余秋雨、刘墉等现代作家的作品,《读者》《青年文摘》《青年博览》《教师博览》《小小说》《儿童文学》《少年文艺》也看了不少。"书中自有颜如玉、书中自有黄金屋",读了太多的书后心中才明白这句话的微妙,心境渐渐地平静了,人也含蓄幽默风趣了;通过读书她知道了许多为人处事的方法、策略,学会了如何处理同事之间的关系,如何积极主动地工作而不是领导叫你干啥你才干啥;学会了宽容、学会了豁达、学会了感恩、学会了快乐;知道了微笑是医治萎靡不振的"良方";微笑是吸引他人的"磁石";微笑是深化感情的"催化剂";微笑是开启心扉的"钥匙";微笑是成功之路的"通行证";感恩的心是快乐的源泉;愤怒使别人遭殃,但受害最大的却是自己。有了这些感悟,她的心,也如印了暗花的衣料一样,在阳光下走过,便显出美丽的图案和光泽来。

看了许多新课改方面的书,如新课程师资培训模式研究,新课程优秀教学设计与教案,也看了一些教育教学名著,如苏霍姆林斯基的《给教师一百个建议》,陶行知的教育名篇,李喜贵的《为了自由呼吸的教育》,《人民教育》《山东教育》《北京教育》及《数学课程标准解读》等,因为看得多,时间短,仿佛没看懂,但在日常教学中不知不觉就用上了其中的几条,且效果很好,慢慢地别人的东西就内化成了自己的储蓄,随用随拿,源源不断。学生喜欢她了,老师称赞她了,领导器重她了,她开始执讲校级公开课、观摩课,市级公开课、观摩课。说课、上课、评课样样都拿得起放下,由一名普通教师提升为教导主任,去年又被评为山东省特级教师,中学高级职称。

荣誉的光环笼罩着她,成功的喜悦充盈着她,她又成功了。谁知道她吃了多少苦、流了多少泪,十年磨一剑啊。十年了,她又用了十年的时间找回了前十年丢掉的东西,她又自信了,挺胸抬头做骄傲美丽的公主了,这份美丽来之不易啊。莉莉流着泪说:"三十以后的美丽才是女人的真正财富!"

教育艺术(发表在《海阳教研》)

经常听他人谈论教育艺术,自己也常和教师、领导大谈教育艺术,如:要讲究教育艺术,不能干巴巴地说教,不能把你的思想、想法强加给他人或者学生。反思自己,又何尝不是这样做的!教学计划是自己制订的,尽管反复研究了上级主管部门的工作要点,结合本校工作实际,多方论证,确定有利于学校、有利于教师、更有利于学生发展。可我不是征求大家的意见，而是认为对他们好，利于他们发展提高，他们就应该做，不让他们感恩戴德，就说明我已经很高尚了，是无私奉献了。昨天在回家的路上发生了一件小事，对我触动很大。同样一件事，如果是你强加的，有时反复多遍，强化练习，效果依然不好。

我校迟主任的儿子长得很可爱，从四五岁的时候，我就认识他，可他见了我从来也不打招呼。我喜欢小孩子，所以经常逗弄他，见了面，我总会说："小迟，问阿姨好。""小迟，问阿姨好了吗？""小迟，又没问阿姨好。"经过我的提醒，他才会腼腆地、声音低低地说："阿姨好。"可昨天，我和徐校长一起往家走，猛听后边脆生生的一声"阿姨好！"我回头一看，呵！是小迟！"哟，今天太阳从西边出来了，主动问阿姨好了。"我故意抬高声音，做惊讶状，也表示要表扬他。小迟没反应，徐校长说话了："我和小迟有个约定，见了面要主动打招呼，不主动打招呼或落后者，要么唱一首歌，要么背一首诗。所以小迟总是远远地就和我打招呼。"噢，这一声"阿姨好"原来不是问我的，可徐校长才来了半年，用这个办法就和小迟打得火热，这不得不令我深思。

教育讲求艺术，何为艺术？这就是艺术！艺术不是高深莫测，是生活中的点点滴滴，它无处不在。只要用心、有心，就会发现艺术，展示艺术，体现艺术的价值。

作为教师，懂得教育艺术，讲究教育艺术尤为重要，因为我们所面对的是一群有思想、有尊严、可塑性极强的天真烂漫的孩子，我们在他们幼小的心灵播下什么种子，就会发什么芽，结什么果，所以我们要充分挖掘教育资源，讲究教育艺术，寓教育于无声中。

如：刚开学的排座位，这里就包含着很深刻的教育艺术，有的老师根据自己的意愿，让学生按身高、性别安排座位，个别眼睛近视的同学适当照顾，其实也非常公平公正，可有的老师却做得特别好，与学生讨论："到底按什么原则来安排座位啊？"有的学生说，应该小个儿在前，大个儿在后，看得清楚。有的同学说，学习好的和不太好的坐在一起，可以互相帮助。还有的说，应该男女生搭配，男生调皮，女生能约束男生。有的说，应该定期轮换，防止近视眼。老师接着问："有的家长要求给孩子特殊照顾，怎么办？"孩子说："如果有道理，比如近视或斜视，我们就接受，如果没有道理，我们坚决反对。"其实孩子的意见和老师的观点不谋而合,可第二位教师却显得关心同学、平等交往、健康、民主。这就是教育艺术。学生通过这件看似简单的小事情,不但可以接受老师,更能潜移默化地学会民主、平等、公平、合理,同时也能感受到关心他人、与人和谐相处的正确人生态度,树立关心爱护有困难者的美德。教育无处不在,艺术无处不在,只要用心、有心,教育就会既达到艺术育人的效果,又体现教育无痕、润物无声的最高境界。

学校管理者同样需要讲究教育艺术,也要体现"以人为本,和谐发展"的理念。如雨雪天,家长爱子心切,往往接送孩子时把校门口堵得水泄不通,影响交通,也影响孩子进出。如果门卫一味地驱赶他们,他们不但不走,反而抵触、出口伤人,甚至大打出手。此时我们如果能动之以情,晓之以理,和家长讲清利弊,即如果老师把学生送出校门,不用半小时,3000 个孩子全部能走出校门;如果家长到校园里接孩子,1 个小时也走不完。然后请家长选择用哪种方式,相信家长都会主动退到学校指定的接送地点。这就是艺术在管理中产生的惊喜。所以说,教育艺术、管理艺术无处不在,只要我们遵循教育规律,用心想事,用心做事,精彩无处不在。

教育是艺术,有无尽的创造力在吸引着教师。我们只要走进艺术的殿堂,总会被一件件艺术品所吸引,被他们的艺术创造所震撼。学校就是艺术殿堂,儿童就是一件件艺术品,他们吸引着我们去创造。

第六部分 作品集

如何促使学生主动发展（《山东教育》2000 年 11 期）

随着社会主义市场经济的迅速发展,弘扬、培植学生的主体性成为现代教育追求的目标。要弘扬、培植学生的主体性就必须促使学生主动发展。那么,如何促使学生主动发展呢？这是一个值得深入研究的问题。由于受"应该教育"观念的长期影响,当前的学生已习惯于做盛知识的"容器",尽管我们教师在尽力改变这种现状,使学生变被动学习为主动学习,但效果并不理想。针对这种情况,笔者进行了较长时间的探索。

一、留给学生自主学习的时空

人只有成为自主的人,才会有主体性。要促进学生主动发展,就应把学生从"我教你学"的传统课堂学习模式中解放出来,多给学生留有自主学习的时间和空间,使学生主动获取自己所需要的知识。

1.让学生自主支配学习时间。学习时间由学生支配,那么就意味着主动权在学生手里。学生根据实际情境和学习程序等,自主支配时间,自由自在地学习,通过看、读、听、写来掌握知识,可记住所学内容的 86% 以上。同时,学生主动探究,发现他人已知而自己未知的东西,能有一种亲身体验,对所学内容会经久不忘。

2.让学生自主完成学习过程。在课堂教学中,教师应选择一些知识让学生自主学习。学生根据所学内容,制订相应的学习计划,采取适合自身特点的学习策略和方法,自主地掌控学习速度,可快可慢。能力相对较差的可学得慢一点,但求学得扎实,只掌握基本知识和技能即可,这样就不至于成为学困生。能力较强的可学得快些。遇到问题时,学生应独立解决,要学会解决问题的思路和技能,归纳所学知识,掌握基本概念和规律。

二、营造平等民主的学习氛围

营造一种民主平等的学习氛围是实现学生主动发展的基本条件和前提。所谓的平等民主,就是在教学中师生之间、生生之间建立多边活动,形成和谐愉悦、互助合作的人际关系和教学环境,从而提高学生学习的主动性,最大限度地开发学生潜能,培养他们的创造精神。

1. 正确处理师生关系。教师应以民主平等为原则建立一种朋友式的师生关系。师生之间是完全平等的,相互理解,相互信任。在此基础上,教师要充分发挥自身的主导作用,不搞满堂灌,在学生遇到学习困难未能深入下去时给予恰当的点拨和引导。教师还要充分发挥学生的主体作用,不仅让学生动口、动手、动脑,而且鼓励学生敢想、敢说、敢问,使学生真正成为学习的主人。

2. 热爱、关心学生。"爱生"是教师的天职,也是促使学生主动发展的关键。在教学过程中,教师的态度应始终和蔼可亲,把微笑带到学生的心田,让学生感受到慈母般的关怀。在学习中,学生往往表现出个性特点、兴趣爱好以及缺点、不足,教师切不可简单处理,粗暴对待,而应对学生良好的方面予以正确引导,对学生不良的表现予以及时纠正,使学生的身心得到健康的发展,从而做到真正的"爱生"。

三、教给学生学习的方法

"未来的文盲不再是不识字的人,而是没有学会学习的人。"为此,我们强调,学生在学习中的自主与主动,必须以掌握方法为前提。笔者在教学中注重学法渗透和指导,具体做法如下:

1. 改革教法,渗透学法。教师的教法对学生的学法有着示范作用。学生的一些有效的学习方法往往是受教师教法的潜移默化影响而形成的。为此,教师应精心设计示范性教学,采取科学高效的教法,以影响学生的学法。

2. 研究学法,指导学习。教师在教学中要研究学生的学习方法,引导学生独立思考、主动发现、自行探究,并分析学生学法的优劣,指导学生科学有效地学习,帮助学生克服自己解决不了的困难和问题。

3.授以学法,鼓励创新。古人云"授人以鱼",不如"授人以渔"。也就是说,方法比知识更重要。为此,教师在教学过程中不仅要传授知识,而且要教给学生科学的学习方法和思维方法。在此基础上,教师还要鼓励学生运用所掌握的学习方法和思维方法,并能根据自身特点对其进行创新。

四、鼓励学生大胆质疑

学起于思,思源于疑,疑则诱发探索,从而发现真理。科学发明与创造正是从质疑开始,从解疑入手的。质疑是学生主动学习的开端.也是体现学生主动发展的标志。有了疑问,才会产生自主探究的浓厚兴趣。由于"应试教育"造成的弊端,学生习惯于"一问一答"或者"半问半答",几乎没有机会甚至也不会质疑,只能被动地回答老师提出的问题,心理状态始终处于消极等待中,缺乏表现的机会,不能自主学习,久而久之,学生把自己当成是'知识的容器"。针对这种现状,笔者进行了大胆的教学尝试:①创设质疑的情景;②创设悬念,鼓励质疑;③由易到难,让学生逐步练习;④给每个学生"试一试"的机会,让学生开动脑筋,充分表达自己的想法;⑤对积极质疑的学生都给予表扬;⑥要求学生写每课一得和每课一问,即每节课后都要写出本节课的所得和本课的一个问题。通过一段时间的实验,笔者发现:95%的学生敢于提出问题,并且知道如何提问,变被动为主动学习,学生得到了主动发展。

和课改一路同行(《海阳教研》)
——快速成长起来的海阳市榆山街小学

榆山街学校始建于 1984 年 8 月,小学初中在一起,但当时人们还不认可刚成立的学校,学生数量很少,一个级部仅两个教学班,每个班也就 40 几个学生,全校教职工不足 30 人。随着海阳经济的发展,学校办学理念的改进,再加上学校周围居民越来越多,榆山街学校在短短的几年时间里,招生数量就翻了几番,达到 2000 多人,学校没有再扩展的空间,所以, 1998 年 7 月,我们小学部改名为红蕾小学并被分了出去——开始"单过"。刚分出去"单过"的时候,我们生活得很艰难,没有好的校舍,实行一校三址,其中一址是原来的烟台二轻学校的废弃学校,一址是海阳电大的废弃学校,不管这两个学校有多么的破旧,总算是我们自己的家,第三址是租住别人的校舍,不固定,经常被人家赶走。就在这样的学校上课,教师没有动力,上级也觉得没有配备先进教学设施的必要,所以整个学校就成了被人遗忘的角落,没有检查评比，也没有参观学习，所有领导教师几乎成为世外桃源人物，和外界先进的教学理念、先进的教学设施、先进的教学思想，全都失之交臂，擦肩而过。其他兄弟学校学电脑，我们在维修破烂不堪的校舍，避免漏雨进风；其他学校联网了，我们的学校快要拆了，因为它早已是危房了；其他学校参加优质课比赛使用现代化教学设备，使用课件帮助理解课程内容，我们只能用幻灯片辅助教学……总之，我们比兄弟学校落后了一大截，成了公认的"贫困山区"，与世隔绝。

2001年，国家课程改革委员会下发了课程改革计划，并在一些学校进行了改革试点工作，我们也听说了，但总觉得与我们离得太远，因为我们不具备改革的条件，如上边我提到的岌岌可危的校舍和几十年以前的教学设备，我们忘了课程改革的主体是教师和学生，其实我们有足够的力量来进行课程改革。

随着课程改革的逐步深入，我们对课改有了理论上的认识，所以烟台市开始推行课程改革时，我们就毫不犹豫地参与了改革，把我校的那些不适宜课改的理由统统给抛弃了，尽管有些教师还是不太理解，又或者是教师已经习惯了以往被人遗忘的感觉，渐渐变得懒惰、不思进取了。为此，我们认为更应该借这次课程改革的东风，给教师换换脑，让他们尽快适应课改的大潮，把这几年的损失补回来。

2003年4月，我校派出当时是副教导主任的我参加了省课改理论培训，暑假期间又派出我和一名数学教师参加了烟台市课程改革培训和新教材培训，同期又选拔了一批年轻的骨干教师参加了海阳市组织的课程改革培训和新教材培训。每次培训，领导和教师都要把培训的材料带回来供大家传阅，目的是为了让大家对课改有初步的了解。开学后，学校选拔了一批年轻的、素质比较高的教师担任一年的课。年轻就是财富，年轻人接受新生事物快、适应力强，观念转变快。

这一年可谓走得艰辛。教师要想查点有关课改的资料，要跑到其他学校或者等晚上回家查，要想看一看实验学校的课堂教学实录，要跑到兄弟学校，李老师为了能尽快适应课改，经常利用晚上的时间，让对象陪着到网吧去上网查找资料，帮助学生理解课文内容、掌握运算定律。这一良好习惯至今还保留着：我们学校许多老师的对象仿佛已经习惯了陪同夫人制课件、查资料，本次我校薛老师到莱阳参加烟台市英语优质课比赛，刚讲完课，薛老师的夫人就打进电话,问:"讲完了吗?讲得怎么样?"我听了很受感动。功夫不负有心人,一年下来,我们取得了意想不到的收获,一年级有六位教师取得了海阳市课改优质课证书,其中王老师还参加了烟台市手工制作优质课评选并获得了一等奖。

尽管取得了一点成绩,但我们对课改还是一头雾水,不甚了解其实质和内涵,所以在以后的教学实践中,我们不断探索,经常外出学习借鉴外校的成功经验。在这期间,2005年我们又有幸从危房中搬了出来,回到了原来的家——榆山街学校,硬件软件都配备齐全,2006年,红蕾小学正式改名为榆山街小学,至此,大多数榆山街的老师又找到了一流学校教师自信和进取的力量源泉,又开始了自强不息的追求,我们的工作才真正有了头绪,领导和教师才能坐下来研究教育教学工作,特别是课程改革工作如何能落到实处,真正实施素质教育,为孩子的明天奠基。

五年来,我们孜孜不倦,不断探索、不断改进,最终发现:抓学校管理,走校本教研之路,是提高教师素质的必经之路,是提高课堂效率的最佳途径,是全面落实素质教育的根本保证。

一、抓管理,提高教师团队意识

一所学校的好坏兴衰仅靠几位领导干部的管理是远远不够的,也是管理不好的,学校开展了一系列积极的探索,我们发现,不断激发教师的成就动机,努力打造团队精神是建设一支和谐奋进、可持续发展的优秀的教师队伍的关键。为此我校出台了"全员参与管理制度",要求人人参与管理,仅靠制度来约束还不够,还要教师有主人翁的意识,把学校当成自己的家,自己主动想办法来管理建设自己的家。首先领导以身作则、现身说法,努力为教师创设民主和谐的人文环境,拨动教师不断奋进的动力之弦,建设自然合作的教师文化。

我们是市直属小学,教师学历高、职称高、业务素质也较高,领导不能做这样一支队伍的驱赶者,要注重情感管理,做队伍的引领者,为此,我们从凝聚教师的精神入手,注重塑造教师的心灵,领导干部率先垂范,要求教师做到的领导首先要做到,要求教师遵守的领导要一丝不苟地照做,如为提高教师业务能力和文化素质举办的放学后的理论学习和读书沙龙活动,领导干部无特殊事情一律不准请假,和教师一起讨论、共同提高;为提高教师的课堂授课水平开展的课堂授课大比武及常态课展示,领导干部都是打头炮,率先垂范,给所有教师讲常态课示范课,带头谈读书体会和读书心得、讲公开课立标课;领导干部的教学成绩随教师的考核成绩走,比平均成绩高的奖比平均成绩低的罚。这样教师就不会觉得是被人管着,他们是自由、自觉地在工作,因此工作积极性高涨,心情愉快,效率高。为了不使个别教师掉队,学校又实行了"捆绑式"评价模式,将全体领导和教师实行分组管理,组荣我荣,组耻我耻。这种评价机制的创举,大大调动了教职员工的工作积极性,学校形成了人人争先进、主动想事干事的良好风气。

二、抓校本教研,提升教师整体素质

一所学校仅有一个好校长不能算是名学校,有一批优秀的教师队伍才能算是一所好学校。校领导深谙此道,所以在教师专业成长与提高上下了很大功夫,也取得了可喜成绩。

1. 启动读书工程,增强教师文化底蕴。一所学校的文化要靠积淀,不是开展几次活动就能提高学校的文化品位和层次,所以学校为了提高师生的文化底蕴,首先启动了师生读书工程,抓了校园文化环境建设,让师生浸润在书香里书海里,举手投足就可以受到熏陶、浸染,不想提高都困难,然后我们大力宣传读书的好处,并由领导干部带头做读书体会交流,聘请教育专家谈读书与专业成长的关系……这一切都给师生提供了浓郁的读书氛围,大大提高了师生的读书热情,读书已成为榆小的一道亮丽风景。

2. 加强理论学习,提高教师业务水平。踩在巨人的肩膀上进步得会很快。为此我们学校在教师自己探索的基础上,加强理论学习,学校集体订了《人民教育》《山东教育》《烟台教育》《海阳教研》等教育教学刊物,还提倡教师人手一份教育教学刊物,旨在学习他人经验,不走或少走弯路,并定期举办教师读书交流会,以期达到资源共享。通过近几年的学习,我校教师的业务水平有了质的飞跃,不仅课上得精彩,文章写得有品位,评课更是具体全面,有独到之处。2007年11月,海阳教研室组织的教学开放日活动,我校教师的现场评课受到了与会领导和兄弟学校参观学习者的高度评价。每位评课教师都能点到要害处,能结合新课程理念,依据课标,侃侃而谈,理论与实践相结合,观点鲜明,优点不足提得合情合理,特别是改进意见更是炉火纯青,观点鲜明贴切,令人折服。

3. 加强集体备课力度,提高教师的课堂授课水平。众人拾柴火焰高。由于我校学生数量多,教师工作负担重,时间紧,仅靠教师个人备课很难达到全面、具体、深刻,所以我们实行了集体备课制度,要求每位教师首先自备课,自备课内容包括假期的通读教材、单元备课、课时备课;然后集体备课,集体备课时间是假期学习期间和每周的周一、周二放学后一小时。本学期,学校根据以往集体备课中存在的问题,对集体备课制度重新进行了修改补充,分学科制定了切实可行的备课制度和备课方案,每一位教师都清楚备什么、如何备,大大提高了备课效率和课堂授课效率。同时,为了提高教师对教材的通盘掌握能力,每学期进行两到三次大学科集体备课和教研活动,一年下来,我们所有的教师对一至五年级的教材都能有大致了解,对各册教材的重难点都心中有数,容易出错的问题也耳熟能详,大大提高了教师驾驭教材及灵活使用教材的能力。

4. "走出去请进来",提高课堂授课水平,提高驾驭课堂能力。21世纪是知识爆炸的时代,是信息技术时代,仅靠在学校所学的知识已远远不能适应教育教学现状,更不能满足学生的需求,所以学校决定:凡是上级主管部门组织的教材培训、优质课比赛等活动,学校一定派教师参加,并且返校后要写出学习体会和心得,要上示范课,让没能外出学习的教师间接接受教育,充分体现资源共享。四月初教研室组织领导到杜郎口中学参观学习,回校后韩校长、高主任马上撰写了参观体会,并在教师会议上进行了《累并快乐着》《我的课堂我做主》交流,反馈信息良好;四月末我和谭主任又参加了烟台市第十五届数学年会,把听的十三节课的亮点一点不漏带给了所有的数学教师,数学教师收获颇丰;五月十一日到十七日,我校共有十二位数学教师参加了山东省数学优质课比赛,学校要求所有听课教师要把听课所得在本次海阳市优质课评选中有所体现。同时,我们学校还经常邀请名师到我校现场做课,让广大教师有机会和专家面对面交流互动,效果更好,事半功倍。我校先后聘请了全国著名特级教师于永正、支玉恒来我校做课,并现场指导我校隋老师、于老师的阅读课和习作课;聘请烟台市金城小学副校长、山东省语文特级教师张肖华来我校做课并指导工作。在专家指导和名师引领下,我校现在的课堂授课有了质的飞跃,结合我校的十一五课题《新课程背景下有效课堂的研究策略》,我们已形成了自己的课堂授课风格,摸索出了各科新授课模式并推广使用。

5. 撰写教学反思,提高教育教学的艺术修养。专家认为,有的教师教一辈子学也就是个教书匠,但写三年教学反思的教师就可能成为专家、名师,所以我们学校提倡教师写教学反思,部分备课可以写在书上,但反思必须课课有。反思分课前反思、课中反思和课后反思,开始时,尽管学校对教师进行过培训,但教师的反思大多是一节课的总结,无亮点,为了尽快让教师写出有用的反思,能帮助教师提高教学质量、减轻师生负担的反思,能提高教师素质的反思,我亲自写"下水文",每上完一节课,我都认真反思,总结成败,写出实事求是且有指导价值的反思,印发给所有一线教师,让他们学习借鉴,同时,选择教师中比较有特点的和价值高的反思打印供教师参考学习。本学期期中检查,有相当一部分教师的教学反思进步很大,已经能结合教学实际写出具体的教学反思,但仍存在问题,我们将继续在教学反思的道路上探索。

三、抓教学常规,提高课堂效率

抓教学常规是学校恒久不变的主题,各学校都在尽自己最大所能抓教学常规,优秀的做法也百花齐放百家争鸣。我们学校在抓备课上课的基础上,为了全面落实素质教育、为了学生全面发展,更为了还学生快乐的童年、还学生自主学习的时间和空间,减轻学生的课业负担,重点进行了有效作业设置与批改改革实验,包括:课堂练习的设计、家庭作业的设计、正规作业的设计、教师读书笔记设计、听评课设计。为了真正落实有效作业的实施情况,我们采取了级部不定期抽查制及学校每学期定期检查四次的措施,对教师的作业布置进行评比打分,发现问题及时反馈给教师个人并限期整改,如果不改正,评先选优一票否决,这大大促进了教师的作业改革决心,效果良好。为了真正提高课堂效率,教师由原来的题海战术转变为精心备课、上课、科学设计作业,在学生的学习兴趣和学习积极主动性上下功夫,上学期期末考试,我校学生的优秀率和及格率都远远超出了课标要求。

四、抓特色建设,打造品牌学校

特色是学校的一面旗帜,是学校的生命线。一个有特色的学校就一定有一些区别于他人的好的值得推广学习的东西。我们学校的特色就是"把普通的事情做到极致"。

1.有效课堂人人都在研究,我们在此基础上进行了拓展延伸,把有效集体备课、有效课后反思、有效作业设置与批改等都作为有效课堂的主要组成部分,进行了一系列实验,并取得了明显效果。集体备课我们现已形成模式,教师针对我们的备课制度和学校设计的备课表格,清楚详尽、全面具体地备课,包括教学目标、重难点、知识点、学生已有生活经验和知识经验、突破重难点的方法方式、本课需要补充的资料等等,一应俱全,为上课做好了充分的准备。结合我校的科研课题《新课程背景下有效课堂模式的研究》,我们已初步探讨出了各类课型的授课模式,所以我们学校现在对课堂授课可谓驾轻就熟,基本达到了每位教师都能执讲优质课的程度,所以我们的课堂授课比赛几乎是常态课自然课,不须再进行精心的雕琢和加工,什么时间听都能达到较好的效果。2007年,我校的语文、数学、英语三科参加烟台市优质课比赛均获一等奖,其中数学教师孙玉梅还代表烟台市参加了山东省优质课比赛并获二等奖,2008年,我校薛京波老师参加烟台市英语比赛又荣获一等奖。教学反思由原来的课堂小结式发展为教育教学随笔,既有课后的反思又有课堂的收获,既有教学中的困惑又有解决问题后的喜悦,总之,一本反思就能折射出一位教师的成长历程。

2.师生读工程更是开展得轰轰烈烈。为了鼓励师生多读书读好书,学校不惜花重金购买图书充实图书室和阅览室,让教师和学生有足够的图书阅读,同时还定期举办读书演讲比赛、读书笔记和读书体会比赛,凡是得奖或是优秀的师生均可获得优秀图书奖励,一年累计发放图书一万多册,计人民币二万余元。本学期,我校在以往的青年教师读书沙龙的基础上又增加了每周四放学后一小时的领导干部读书论坛活动,目的仍是鼓励带动全体师生充分认识读书的价值,把读书变成师生的自觉行为,成为生活的一部分。青年教师读书沙龙、领导干部读书论坛,都是领导亲自主持并执笔写演讲稿,深受广大师生的好评。爱读书爱写作已成为榆山街小学的亮丽风景。现在的榆小人,个个能出口成章,执笔成文。2007年,王丽娜、于雪梅参加海阳市读书与专业成长演讲比赛荣获一等奖,五年级学生陈素素、隋雅婷、隋静代表海阳市参加烟台市"新华杯"读书知识竞赛荣获团体一等奖。结合读书活动的开展,我校编写了经典诵读校本教材,同时结合经典诵读,低年级进行了《经典诵读与识字教学实验》,中高年级进行了《经典诵读与作文教学实验》。为了鼓励师生读书,同时也为了使大家能以身边的人为榜样,我们学校组织编写了具有榆山街小学特色的《成长报》,分为教师版和学生版,教师版刊登内容包括教师的教学随笔、读书体会、教育教学论文等;学生版刊登一些优秀的学生作文,《成长报》为师生提供了一个展示的舞台,受到大家的喜爱。

3.教研组建设方面,我们也下了很大功夫,制定了优秀教研组评比条例,实行了捆绑式评价方式,并在听课、评课、教研等活动中加大了教研组集体考核力度,多方面考核教研组集体（当然也结合个人的各项成绩）,最终评选优秀教研组,个人评先选优的基本条件就是你必须是优秀教研组里的一员才有参评资格,目的是为了齐头并进,资源共享,不使一个人掉队,充分体现集体力量高于一切的规律,培养教师劲往一处使心往一处想的集体主义观念。现在我校开展各项活动,教师们都积极参与,没有冷眼旁观的现象。如五月份教室组织优质课评选,采取抓阄的方式决定讲课教师,尽管只抓到了四位教师讲课,但被抓到讲课的教师所在的教研组,全组人员齐心协力,共同设计编排教案、学案,有上网查找资料的、有帮助借学具的、有制作课件的……目的只有一个：希望我们的课能上得最好。

4.实行作业改革,真正落实素质教育,把时间、快乐、能力还给学生。

5.充分利用现有资源,真正实行资源共享,达到共同提高的目的。因为学校学生人数多,教师数量不达标,教师的工作量特别大,所以看书学习的时间相对少,外出参观学习的机会更是少之又少,现在又是知识爆炸时代,教师不及时学习补充就很难适应课改的要求,更不能满足学生的需求,所以学校珍惜每一次外出学习的机会,凡是有参观学习的通知,我们必定派一至二人参加,目的是把先进的教学理念和新的教育教学观念带回来,全体教师共享。学校规定：凡是外出参观学习的,要把参观学习的体会和感悟介绍给大家,让教师们不出家门也能学习到先进的经验和理念；凡是参加听评课的教师,回校后要展示示范课,让每一位教师充分体会现在教学最新的思路。

这一举措"累了"外出参观学习的教师,但却惠泽了榆山街小学的一百多领导和教师。仅本学期,我校就举办了三次经验交流会和三次汇报展示课,杜郎口之行给学校的课堂授课和教学管理带来了活力,第十五届数学年会为教师整体把握教材提供了参考,"和谐高效思维对话"开题会议为我们的课题研究指明了方向,省市数学、语文、英语优质课比赛,大大提高了教师灵活驾驭课堂的能力,并逐渐形成自己的教学风格。

风雨过后是彩虹。我们榆山街小学经历了风风雨雨,从举步维艰到摸着石头过河,积累了大量的、丰富的教育教学经验,现在硕果累累,底蕴丰厚。我们榆山街小学占地40亩,2座教学楼,2座实验楼,大约有3000名学生,

120 名教师。其中，教师学历达标率 100%，专科学历 98 人，本科学历 20 人，中学高级职称 4 人，小学高级职称 65 人，山东省特级教师 1 人，获省级荣誉称号的 6 人，取得烟台市级荣誉称号的 10 人，取得山东省优质课证书的 1 人，取得烟台市优质课证书的 16 人。学校先后被评为烟台市教育工作先进单位、烟台市教学改革先进单位、烟台市校本教研示范学校、海阳市教学教研工作先进单位。

换一种方式皆大欢喜（《海阳教研》）

我在五年一班上品德与社会课，正当我和学生交流探讨得热火朝天的时候，突然五年四班传来了尖厉的批评、指责声（五一和五四教室正对着，现在又是夏秋之交，天气比较热，每个教室的门窗都开着，即使声音不太大，彼此教室也偶尔能听到一两声），部分同学的神情告诉我，他们在听五年四班的老师为什么发火了？我没有停下来，也没有把眼神送出去，而是一副什么也没有发生的样子，继续和同学们探讨科学技术给人们带来许多好处和便利的同时，也产生了严重的不容忽视的后遗症。当我稍稍抬高了一点声音，但速度放慢了，保证每一位同学都能听到说："同学们，科学技术有利也有弊，老师相信你们，一定能开动你们聪明灵敏的小脑子，想出非常好的主意。如何解决现在的困境呢？"同学们的思维立刻被鼓励吸引过来了，早忘了外面的嘈杂，个个皱起了小眉头，用心考虑起这个很具挑战性的问题。当然，这个问题看起来复杂，其实教师只是想以此激起同学们对科学的热爱和对生活的关心，并不是让他们现在就去搞科学发明，所以他们的回答是否全面具体、可否操作并不重要，只要他们知道从现在开始要努力学习，多掌握本领，将来能为社会做点力所能及的事即可。学生很快就想出了这个令老师"满意"的答案，也令自己感到自豪骄傲的答案。所以这节课顺利完成了教学目标，师生感情也得到了进一步加深。

课后我立即找到这位老师，问她为什么发那么大的火？她说："因为我说话快了点，有一个学生没听清楚，所以曲解了我的意思，还学着我的样子在课堂上表演了一番，结果弄得全班哄堂大笑。所以我就发火了。开始这个学生根本不以为然，我越看越生气，就多批评了他几句，直到他的眼睛有眼泪了，我才停了下来。"听了老师的这番话，我的心情很沉重，课改都第五年了，我们整日宣传师生平等，老师要放下架子，和学生平等对话，做学生的朋友，要尊重学生的人格。培养学生的问题意识。学生还不是上课捣乱，只是听错了老师的话，就遭到了老师如此严厉的批评，拉大了师生间的距离，扼杀了孩子的学习兴趣和积极性，更为严重的是挫伤了孩子的自尊，给孩子小小的心灵蒙上厚厚的阴影。对待老师，学校领导也不能伶牙俐齿，所以我委婉地对这位老师说："你身体本来就不好，上这么大的火病了怎么办？我教你个好办法，你不用上火，学生还不会受到伤害，问题也会圆满解决。"这位老师一直教五年级，身体又有病，几乎天天带病坚持工作，从没因身体有病请假耽误学生上课。她也是对教育对孩子满腔热情，只是方法不当。所以，我传授了我的两点经验：

一是装没听清，继续上课，五年级的学生是很懂事的，他们不会继续为这点小事情浪费上课时间。

二是把这个问题丢给学生，让他们评价这个学生"学老师"的做法对不对，学生的评价要比老师发火的效果好得多。

这位老师听了我的劝说，心情平静多了，也做了自我检讨，承认自己太冲动了，她会汲取这次教训，以后多换位思考。因为孩子毕竟是孩子，有时，做事情无恶意，只是出于好奇、好动，所以她一定要找那个孩子谈心，在全班同学面前向这个同学道歉，向所有同学道歉。

听了这位教师的话，我的心情好了许多。是啊，人无完人孰能无过？犯了错误勇于改正，就是最大的进步！课改改的不但是课程，更重要的是我们的观念，只要我们每一位教师都能与时俱进，相信教育的明天会更辉煌。

回首 2012 启航 2013（经验交流）

打开电脑，颇多感慨。每每有写作的冲动，或者有学习感悟，可经常被一些琐事扰乱，这些琐事尽管不大，但又必须处理，否则后果比不写团队总结还要麻烦得多。当然也有懒惰的因素，所以就迟迟没有动笔。然而时光飞逝，不能再拖延。

其实，参加数学团队活动是我发自内心的需求。按理说，我年龄已不在范围，属于大龄"青年"了，单位工作压力又比较大，我的精力和能力都不足以应对。可我很想多学习点东西，充实一下单薄的身躯，使原本不太厚重的我有点儿宽度,也就厚着脸皮,请骆老师网开一面,破格收留了我。

尽管不是个好学生,但一年来还是收获多多,所以说有付出就有收获,有耕耘就会有收成。

1. 网络学习,如驶上了快车道,日新月异。

数学团队活动的一个重要内容就是晚上七点到八点半的网上交流互动环节,我很少说话,但我学到的东西却非常多。网上交流时,几乎每时每刻都有新的观点或者想法跃入眼中,令人目不暇接。如《厘米的认识》一课,不是先认识尺子,根据尺子认识 1 厘米,而是应该先理解统一单位的必要性,然后人们规定了 1 厘米的长度,为了使用方便,把 1 厘米、1 厘米接起来,尺子才产生了。我教了二十年数学,对知识产生的背景不甚了解,经常本末倒置。现在的我,可以随时和团队成员交流切磋,对一些比较模糊的概念,只要在 QQ 上抛出去,就可以很快得到最佳答案,真可谓仁者见仁智者见智,非常方便。

因为网络学习更新很快,对一些有挑战性的问题,还没来得及深入思考,新一轮的交流又开始了,所以我经常把它们跳过再跳过,然后下载下来,第二天慢慢反刍、消化、吸收,最终变成自己的知识储备。当我忙得不亦乐乎时,还不忘感慨几句:"唉,后生可畏矣!正像毛爷爷说过的一句话'世界是你们的,也是我们的,但是归根结底是你们的。你们青年人朝气蓬勃,正在兴旺时期,好像早晨八九点钟的太阳。希望寄托在你们身上。'"我就这样磕磕绊绊,跟着团队前进的脚步,一路追寻,一路收获,不知不觉,我进步了,我提高了,我年轻了……

2. 面授机宜,破疑解惑,如柳暗花明又一村。

除了网上学习之外,我们团队成员还经常有机会接受骆老师的面授机宜。记得初冬的一天下午,骆老师冒着严寒来到我们学校组织团队成员活动。一下午的时间不长,可我们收获了很多。我们更深刻地理解了生活语言与数学语言的区别。摘录一段"视频":以角为例。先找一找生活中的角。有的老师远远地指着墙角,有的老师摸着桌子角。点评"远远地指着墙角的做法",这样的教学让学生不明确教师到底指的是哪里,一定要让学生的眼、耳、手、口同时动起来并落实到位,学生才有真切的体会,才能入脑入心。而对于摸着桌子角的做法,我们先不急于评价,先从角的数学意义说起。角的定义:动态的描述是从一点引出的两条射线构成的图形;这种描述有"点"

和"两条射线"三个要素。静态的描述是有公共端点的两条射线构成的图形；这种描述有两条射线，两个要素构成，但是这两个要素要符合有公共端点这个条件。从角的定义中可以发现，角是一种图形，是存在于一个平面上的，而桌子角并不是在一个平面上的，引导学生找生活中的角的时候一定要先找到一个平面，再从这个平面上指出角。明确了角的数学表达后，我们在教学角的时候要注意顶点和两条边：角要有顶点，两条边是直直的（因为射线是直的）。二年级的学生虽然不必要弄懂射线等数学名词的含义，但是射线的形态一定要知道。要想把握好这个度，教师一定要知道数学中对角的定义。这就是为什么要弄明白数学语言与生活语言的区别。明确了以上问题，我们就很好出题考查学生是否掌握了角。

在培训的过程中，骆老师不断地向我们追问，每一个问题都直指我们的软肋，使我不得不重新思考，我还能不能担当老师这份重任？我除了教会学生单纯的知识外，还会给学生留下什么？自己已经被落得太远了，如果不抓紧时间学习，可能真的会被淘汰。平时在教学中，有些问题觉得自己想得还挺深刻，可经过骆老师的指点，我们知道了自己的不足，知不足而后进，善莫大焉。庆幸，我们有骆老师导航，庆幸，我们有骆老师解惑，相信数学团队的明天，会更辉煌！

3. 与大师相伴，洗尽铅华，荡涤心灵，如沐春风。

今年我有幸参加了山东省新课程标准培训，主讲人是北师大教授王尚志先生和北京第二实验小学校长吴正宪女士。真是"听君一席话，胜读十年书"，我当晚就开始动笔写学习体会，一直写到十一点。回来的路上，我不顾车马劳顿，路途颠簸，又在客车上写了一程，晚上十点以前交上了8000字的学习体会《与大师对话荡涤心灵启迪智慧》，因为情真意切，发自肺腑，感动了组织者，感动了主办方，所以我的文章被发表在了山东省"学习简报"上，现摘录一段供大家欣赏——"王教授很谦虚，对自己的光环没有做过多的说明，开门见山，直接对新课标进行解读。他首先对本次讲座进行了概括，点明本次培训重点是解读"数学课程标准的主要变化"和作为一名数学教师"要整体把握义务教育阶段数学课程标准"。王教授学识渊博、口含珠玑，简单几句就把课标修改的背景交代得清楚明了，当教授点到"教师要有大视野、大胸怀"时，我怦然心动，一股敬佩之情油然而生，我在心里默默感慨：这就是专家！这就是大师！这就是数学权威！（听了吴正宪老师的讲座,我亦有此感受,以后我也会写体会）我当即在笔记本上写了一段话:"王教授就是一台电脑,一台内存丰富的存储器!一按开关,知识就会像自来水一样,源源不断地流淌出来,而且会分门别类,需要什么淌什么,仿佛能窥见我们的内心世界,每一句话都一针见血,直指我们的困惑和疑问。我听得津津有味、如痴如醉,仿佛久旱遇甘霖,笔在手里龙飞凤舞,一刻不停,真想把教授讲的每一句话、每一个故事、每一个案例都记下来,作为今后教育教学工作的指导方针。"

第二段:"新修订的《数学课程标准》指出:在数学课程中,应当发展学生的数感、符号意识、空间观念、几何直观、数据分析观念、计算能力、推理能力。为了适应时代发展对人才培养的需要,数学课程还要特别注重发展学生的应用意识和创新意识。

对照课标,我觉得我在发展学生的应用意识方面,有些成效。如《公倍数》一课。公倍数是为以后学习通分打基础的,但是生活中用到公倍数来解决问题的事例却很少,为了让学生体会到学习该知识就是生活应用的需要并有兴趣来解决,我很是动了一番脑筋。我创设了这样一个情境:出示房屋装修的效果图,告诉学生,我要在卫生间白色的墙面上用大小不同的彩色正方形作为点缀,用长3分米宽2分米规格的瓷砖来拼这些正方形,为了美观,不能切割瓷砖。请大家为我设计几个方案,谁设计的方案好我就采用谁的方案来装修我家的卫生间。这样的情境设计,能让学生体会到自己学到的知识是有用的,有价值的,参与热情非常高。依托设计方案这个情境,我很顺利地引导学生学会了公倍数这一知识。为了更好地发展学生的应用意识,我在练习题的设计上也独具匠心:我家的厨房墙面上还要做一个边长是8分米的正方形,你能告诉我选用什么型号的瓷砖不用切割,正好铺满?这是一个开放性的题目,学生不用学具摆,而是要运用学到的公倍数知识来算,很快学生就能联系生活实际,给我很多好的建议。如:边长是1分米的瓷砖能正好铺满,但是这种型号太小了,可能不太美观。不如用边长是2分米的瓷砖来铺。从学生的回答中,我欣慰地看到了我多年致力于培养学生应用能力的效果,学生真的把数学用到了生活中。在以后的教学中,我会把发展学生的各种能力作为数学教学的核心,做一个学科素养深厚、能引导学生有效学习的老师。

通过本次学习,我感触最大的是,作为教师就应该终生学习,学习学科知识,可以高瞻远瞩;学习理论知识,可以指引方向;学习教学技巧,可以提高教育艺术,学习课程标准,可以提纲挈领。总之,学无止境,为了曾经选择了教育,为了教育这份情怀,学习,学习,再学习!"

4. 远程研修,如仰沾时雨之化,沁人心脾。

教师的工作比较忙碌,离职进修的机会不多,因为我们不能把学生扔下专心充电。但现在是信息时代,知识更新换代非常快,一时不学习很可能耽误学生创新能力的培养,所以,远程研修就像及时雨一样解决了教师没有时间外出学习的困境,我们可以足不出户便知天下事。我在《评价远程研修给我们带来了什么》一文中这样写道:"最近几天,我根据学校工作安排,对教师进行推门听课。一周的时间,听了27节课,总体感觉很好,教师的自信、成熟写在了脸上,灵动了课堂。这应该归功于远程研修。我走进课堂,不再看到羞涩的浅笑、尴尬的手足无措,因为他们对知识已胸有成竹,对学生已驾轻就熟,对课标已心领神会,所以,不管什么时间、什么场合,不管什么人物走进课堂,他们都会按照备课有步骤、有计划地进行教学,如果有生成,因为课前做足了功课,也不会手忙脚乱,他们会恰到好处地即时处理。"

在描述我自己参加远程研修时写道:"放学了,喧嚣一天的校园顿时安静了下来,我一天的忙碌暂告一段落。打开网上远程研修,一行行一篇篇,字里行间无不充满着感激、激动和幸福,因为我们在成长、在进步!以前的困惑经常因为无人问询而苦恼,现在我们可以随时随地和同伴交流、和专家对话,不是面对面,胜似手把手。两周的时间不长,却洗尽了铅华、荡涤了心灵,知识的提升、积累是收获,心灵的慰藉、思想的升华才是硕果。我爱远程研修,我享受共同成长的快乐!"

"浸着暮色,听着雨声,手下键盘滴滴答答,写着心曲。一天的疲惫随着放学铃声,渐行渐远,网上研修又成了新的篇章,我看着、被感动着,老师是什么?天底下最光辉的人!太阳底下最无私的人!工作最辛苦的人!可就是这样一群人,在工作了一天之后,带着满身的疲惫,依然沉浸在网上研修的幸福中。

我看着新婚不久的新娘,下班后依然徜徉在分散研修的队伍中,家有嗷嗷待哺的婴儿的妈妈,也恋恋不舍地看完一篇又一篇,颈椎有病的老教师,边修正着姿势,使脖子好受一点,眼睛却一刻也不肯离开电脑,双手不停地敲击着键盘,一行行、一段段感人肺腑的学习随笔,呱呱坠地。

环境造就人！孟母择邻而处,可见环境的重要性。我们就生活在这样一个浓郁的学习氛围中,不学习都会觉得无颜见江东父老,所以,我们学习着、快乐着！"

"打开山东教育教师网《研修快报》第五期,一曲优雅、温馨、浪漫的英文歌曲,沁入心扉,家的感觉油然而生,远程研修,我爱你！

听着令人心动心醉的音乐,漫步走进了"团队动态"栏目,吴正宪老师的观点映入眼帘,'把课例打磨的过程拉长、放大',是的,学习应是贯穿教师教学生涯全过程的活动,不能一蹴而就,特别是课堂教学研讨,应该是学校、教师乃至教育工作者永恒的话题,因为课堂是教育的主阵地,几乎一切教育教学活动都在课堂上实施并落实。课例打磨的目的在于提高教师理解课标、解读教材的能力,同时提高驾驭课堂、教活知识的能力,所以课例打磨活动应贯穿教师教学的全过程,甚至一生都应该在课堂研讨中求索！课例打磨过程拉长放大,是我们必须遵循的原则。

'与教材对话、与新课标对话、与自己对话、与同伴对话、与专家对话',说到我们心坎里去了。一个合格的教师,必须能透过字面读懂文字背后所隐含的意义,教材只是体现课标精神的载体,需要我们教师根据自己对课标的理解、自己的知识储备、自己的生活环境和学生的需要,借助同伴的帮助、专家的指导和引领,正确解读教材,灵活设计教学方案,科学传达课标精神,机智调控课堂,激活学生的学习热情,激发学生的学习激情,培养学生学习知识、应用知识、传承知识、创造知识的能力。

我参加过各种各类的培训,每次培训都有或多或少的收获,和吴正宪老师近距离接触过,听过她的课、听过她的讲座,对吴老师的印象非常深刻,朴实大方、和蔼可亲,一点架子也没有,但却有一种威严,一种不怒自威的气场,我看着她只会傻傻地笑,却不敢开口说话。但我这个平时比较懒惰的人,和吴老师在一起,就会不由自主地想学习,感觉学习是一种幸福。奇怪吧,可能是因为我觉得和吴老师的差距太大,吴老师太高,我必须仰视吧,仰视很累,所以我必须努力学习,以缩短我和专家的距离,这也正是大家的风采吧,她的一举手一投足,都极具魅力,我们会不由自主地受她的影响、熏陶,主动学习也就成了夙愿。总之,现在的我,认为学习是一种幸福,一种眷恋,一种割舍不下的需求。"

上学期我们团队的老师,写了一句参加团队体会的话,"如何翻好这一页"，我很喜欢，不管多么忙乱，我都会认真对待团队学习，努力翻好这一页，回首 2012，启航 2013，做个脚踏实地的播种人。

探索规范发展——有效实施校本课程（经验交流）

尊敬的各位领导、老师：

上午好！我是海阳市新元小学韩秀丽。感谢烟台市教科院领导、海阳市教科所领导，给我们提供这样一次相互学习交流的机会，让我们能把这几年来我校在校本课程开发、实施、评价等方面所做的探讨向大家汇报，希望各位领导老师多提宝贵意见，以便我们今后更好地进行研究开发。

我今天发言的题目是：探索规范发展——有效实施校本课程。

近年来，我们新元小学为了全面贯彻新课程改革理念，实施素质教育，凸显学校特色，满足广大师生的需求，促进学生主动、全面、健康的发展，在开齐、开足、开好国家和地方课程的基础上，结合我校实际，积极探索，开发校本课程，并全面实施。经过一段时间的实施，我们发现我校的校本课程还存在一些弊端，比如：有的课程单一地关注学生的学习结果，忽略学生参与的过程；同一领域的课程之间不成体系，缺乏系统性，等等。针对这些问题，我们反复研究，决定重新调整课程开设内容，并于 2011 年 6 月申报了烟台市"十二五"教育科研规划重点课题《小学校本课程实施水平评价研究》，希望能够通过课题研究带动学校校本课程的实施，通过课程评价促进校本课程的规范发展。下面，我将我校校本课程开发建设的历程向大家汇报一下。

一、积极探索，着眼未来，构建校本课程体系

为了开发有生命力的校本课程，我们按照"理念先行 ——培训提高——构建体系"的路径进行实践操作。

（一）理念引领，着眼未来

在素质教育的大背景下，我们一直在思索：今天我们要给孩子怎样的学校生活？我们的学校要朝着怎样的方向发展？孩子的未来需要什么？针对这些问题，本着"让所有的孩子都体验成功"的办学理念，我们从学校实际出发，开发能够满足师生要求、促进学生全面发展的校本课程，为每一个

孩子搭建适合其成长的平台。

(二)培训提高,广泛借鉴

为了确保校本课程的顺利开设,首先我们通过多种途径,对教师进行思想动员、专业培训,分析学校现状及发展前景,转变教师观念,提高教师认识,让校本课程开发与实施的重要意义根植于每一个教师心中。

其次,邀请市教研室的领导到校针对校本课程开设的意义、开设的方式方法以及开设过程中应注意的问题等内容开展系统讲座,通过讲座,教师对校本课程有了新的认识。在此基础上,我们又先后组织学校领导及骨干教师到乳山、邹平、威海、莱州、乐陵、长青等地参观学习,并将兄弟学校的先进经验带回学校,与大家一起分享。

另外,为了加快校本课程建设的步伐,我们还与海阳市英才实验学校、凤城街道小学、东村街道小学围绕校本课程建设结成教研共同体,经常探讨关于校本课程建设的相关问题,分享课程建设的经验及优秀成果。

(三)挖掘资源,构建体系

我们认为,充分利用学校内部资源、挖掘学校周边资源,促进学生个性潜能发挥的课程才是真正意义上的校本课程。我校有 119 名教师,2547 名学生,这是我校开发校本课程的重要资源,在反复调查、反复研究的基础上,我们决定从学校的客观实际出发,结合学生的兴趣爱好,开发自己的课程。为了确保课程开设质量,我们从校内、校外两个层面挖掘课程资源。(如图所示)

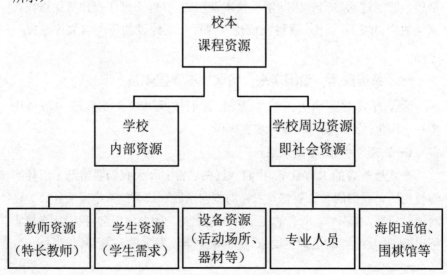

综合考虑上述各种资源,我们从艺术体育、劳动技术、实践探究及学科知识拓展四个领域,开发、确立了我校校本课程体系。并且每一类课程从一年级到五年级开设不同难度的内容,例如:

类别	手工课程				
年级	一年级	二年级	三年级	四年级	五年级
课程内容	折纸	蛋壳贴画	海绵纸贴画	布贴画	十字绣

类别	实践探究课程				
年级	一年级	二年级	三年级	四年级	五年级
课程内容	民族	世界	文化	生活	地理

类别	标本课程				
年级	一年级	二年级	三年级	四年级	五年级
课程内容	/	贝类	种子	植物	昆虫

这样的课程体系既符合学生年龄特点,又确保了课程的层次性、系统性。校本课程体系的构建,标志着我校校本课程开发已步入正常轨道,它为我校师生铺设了校本开发的探索之路。

二、逐步规范,强化管理,实现校本课程目标

我们开设校本课程的总体目标是希望通过校本课程开发培养学生的兴趣和爱好,满足学生个性的需要,促进学生的发展。要想实现这一目标,必须规范实施校本课程。

(一)编写指南,确立目标

在校本课程开设的基础上,我们编写了《新元小学校本课程实施指南》,每年根据课程调整不断修改、完善。

《校本课程实施指南》中不仅确立了校本课程的总体目标,而且结合我们申报的课题,根据各课程的《课程实施纲要》,确立了每个课程的具体实施目标及校本课程的实施方法、评价原则等。

《校本课程实施指南》是我校校本课程开发的灵魂,它为各个课程的有

效实施指明了方向,成为我校校本课程实施和管理的重要依据,也是学校评估各课程开发质量的重要依据。

(二)依托社团,精细管理

在课程开发、实践的过程中,我们把工作的重点放在课程的规范管理及过程指导上,制定了详细的《新元小学校本课程考核细则》《新元小学校本课程责任领导督导及巡查分工表》《新元小学校本课程社团实施方案》,组织骨干教师编写了具有我校特色的校本课程教材。根据各课程间的密切联系,我们还按照课程类别成立社团,由责任心强、专业素养高的教师担任社团团长,学校领导则根据自身特长分工,每人负责一个社团,加强对社团活动的指导及巡查工作。各分管领导全方位的督导、检查,保证了我校校本课程的高质运行,体现了我校校本课程管理的精细化,为我校校本课程的开发和实践铺平了道路。

(三)多元评价,扎实推进

在校本课程的评价上,我们结合学校承担的烟台市级课题《小学校本课程评价整体性的研究与实施》,倡导多元评价。

一是看学生学习该课程的学时总量,做好考勤记录;二是对学生的参与过程采用辅导教师、伙伴、自己三级评价,用"优秀、良好"等形式记录;三是对学生的作品采用星级及描述性评价,对活动成果的评价,我们通过实践操作、作品鉴定、汇报活动等形式展示,成绩记入成长手册中。

我们对教师的评价则采用集中检测与日常检测相结合、全员检测与随机抽测相结合、检测与指导相结合、自检与互检相结合的方式,对学生学习和教师教学的全过程进行监控。一是对学生活动情况的抽测。开设校本课程时,检查学生参与活动的情况,通过对学生的抽测,确定教师完成教学任务的效果状况;二是进行校本课程成果展示,检查辅导教师教学计划落实情况。根据日常检查及成果展示,对校本课程的考核评价从考勤、课程纲要制定、活动教学设计、活动过程、活动效果及特色创新六方面进行考核评价。

校本课程评价实施的多元化,确保了课程评价的客观、公正,提高了评价的实效性,更重要的是真正确立了教师及学生在校本课程实施过程中的主体地位,促进了学校校本课程的扎实推进。

三、整合提升,修正完善,推动校本课程发展

丰富多彩的校本课程弥补了常规课程设置的缺陷,把孩子们从单一的课堂教学中解放出来,给了他们更多自由的时间和更广阔的发展空间,让他们在开放的课堂中锻炼创造思维,想自己所想,做自己所做,充分激发活力,彰显各自的优势,让每个孩子的闪光点更加光亮。

（一）精彩展示,张扬个性

校本课程的开设,培养了学生的兴趣、爱好,使学生的特长得以发展,个性得以张扬,最大限度地满足了学生的需求,让大多数学生都找到了自己学习的方向,找到了自己感兴趣的科目,所以现在的课堂,人人都成了学习的主人,个个都有了自己的爱好和特长,学校每个学期都会举办校本课程展示会,书法、绘画、写作、经典诵读等单项比赛,孩子们在展示、比赛等活动中快乐地展现自己的风采,张扬自己的个性,进一步体会到学习的快乐和学校生活的和谐。

（二）以赛促学,硕果累累

实施校本课程以来,我校在全市各类比赛中取得了可喜的成绩,校园呈现出一片生机勃勃的景象。每年的五月艺术月,我们组织舞蹈、器乐、绘画以及声乐课程的学生参加,孩子们总能带回累累硕果；在读书演讲比赛、篮球赛、综合实践成果评选等各类活动中,各选修课程的孩子都积极参与,并用优异的成绩唱响校本课程开设的凯歌。海阳市电视台也对我校的校本课程开发情况做了专题宣传报道。累累硕果的取得为我校校本课程的开发实施注入了新的动力,促使我校校本课程朝着更高的方向发展。

（三）整合提升,促进发展

我校的校本课程在不断的探索与规范中发展,我们在看到教师与孩子们取得的成绩的同时,也感受到教师与孩子们所担负的巨大的压力,以及校本课程开发的许多问题,如时间上的周期性、知识上的系统性、校本精品课的打造等,这些有待于我们予以审视、修正。为了校本课程更加规范、有效地实施,我们开始尝试将校本课程与其他课程资源整合。

目前,我们开始尝试将校本课程与综合实践活动相结合,特别是将校本的手工类课程与劳动技术综合实践活动相结合。校本课程与综合实践活动资源整合后,教师引领学生活动的时间有了保障,教师的压力得到缓解了,而我们指导起来也比较集中了,还可以在平时的督导检查中随时发现问题,即时纠正。整合提升使我校的综合实践活动与校本课程的实施同步趋向规范了,同步趋向创新发展。

回顾我校校本课程开发实施的过程,我们欣喜地看到,一路走来,全校师生不畏艰辛,不断探索,洒下了无数的汗水与泪水;我们也欣喜地看到,孩子们灿烂的笑脸,精神焕发的面貌,文明的举止,自信的神态;我们更欣喜地看到,校本课程的开发为学校的课改工作注入了新的活力,更注入了精彩与灵动。我们深知校本课程开发的路还很长,可能有鲜花,也可能有荆棘,但我们有信心有能力,以乐观积极的心态,走好每一步。

课堂教材改革刻不容缓(《当代教育管理》第二期)

——品德与社会课上一同学看《儿童文学》引发的思考

《品德与社会》教材现已改版,版面设计新颖、内容丰富、涉猎范围广,包括天文、地理、历史、自然、科学、风俗人情等各个方面。可以说教师要想上好这门课程难度很大。我自担任学校业务副校长以来,一直任教此门课程,深知其中甘苦。为了上好课,上出精彩、上出意境,每节课前我都要做大量的准备工作,如上《科技给我们带来了什么》一课,课前我了解了沼气的产生原理及使用技术,医疗设备对疾病的正确诊断,电脑、农药对人类的利与弊,克隆技术及克隆技术引发的争议,迷信思想产生的背景及危害等等,课堂上我就能深入浅出,解答学生的疑问和困惑。《不能忘记的屈辱》一课,我查阅了中国近代史,了解中国曾经遭受磨难、屈辱及原因,提醒孩子们勿忘国耻,努力学习,为祖国的强盛、富足而读书。

这样做还有一个目的,就是让学生通过对这些资料的探究,引发学生学习的兴趣。上课形式也进行了大胆改革,由原来的我讲,变成学生先自学,然后小组交流自学所得,最后集体答疑问难,教师点拨总结。如果需要,教师可以适当插入一些有关教材内容涉及的资料,帮助学生理解课文。应该说,我上课的方式方法,学生比较喜欢,也能接受,并且符合课改精神:以学生为主体,以自主学习探究为主要学习方式,以培养学生自主学习、主动探究的能力为目的。我曾写过一篇文章,题目是《如何上好思品课》,发表在《山东教育》报上。我的一些不太成熟的做法、想法,受到同行们赞许,因此也鼓励我继续走下去。尽管这样,仍有个别学生上课走神、做小动作,甚至交头接耳,令我很伤脑筋。有一个学生叫迟凯飞,几乎每节课都要老师提醒、暗示才能勉强学习一点。为此,我又开动脑筋,明察暗访,寻找适合迟凯飞等类型学生的教学方法。功夫不负有心人，我找到了一条比较有效的途径，即先让学生带着问题自学，如有疑问可以同学之间讨论，也可以请教老师，只要能弄懂就行。然后经过集体讨论后，选择他们认为比较有价值，或者比较难的问题，作为老师的课后作业，下节课我交流。这种方式的确调动了学生们的学习积极性，因为他们很有成就感，可以给老师布置作业，之前是想都不敢想的！上课气氛活跃积极了许多，研究的问题有了深度和广度，如"举例说明中国人承受的屈辱，分析原因""《辛丑条约》是什么？对我国造成了哪些影响？""中国是联合国安理会五个常任理事国之一，说明什么问题？""克隆到底能不能克隆人？克隆的羊能不能吃？"尽管有些问题很简单，但可以看出学生在认真看书，用心思考，我非常高兴。

有一次上课，我首先把同学们给我布置的作业"中国还有哪些第一"进行了回答，然后同学们开始自学。我巡视时发现迟凯飞变了个人似的，在认真读书，并且姿势很规范，双手捧着书，有点如痴如醉的感觉，要不是不想打断同学们学习，我真想立刻表扬他。可还没来得及表扬他，就有同学告状："老师，迟凯飞在看《儿童文学》"。迟凯飞不好意思地把书放下了，低着头等我批评。我知道迟凯飞也想好好看书，奈何教材没有《儿童文学》的诱惑力大，所以才不由自主地违反了课堂纪律。所以我说："《儿童文学》的确好，我也曾经给自己的孩子订过。老师希望你好好看，细细琢磨，汲取书中有用的知识和养分，帮助你健康成长。"

我没有狠狠批评迟凯飞，同学们已经不能理解，又说了一些这样的话，个个瞪大眼睛，相互对视，眼神里分明写满了疑问：咦，他违反课堂纪律，老师不但不批评，怎么反而鼓励呢？其实，我何尝不想批评他呢？可静下心来分析原因，孩子到底有多少错误？我们对孩子做过了哪些有意义的事情？我们除了会照本宣科外，又给了学生哪些启发和引导？迟凯飞固然有错，可我们的错误远远大于他啊。当然，对于这件事，我肯定得有个说法，不然，同学们都效仿他，不说我的课堂没法上，其他学科也会受影响。所以距下课还有五分钟的时候，我对这件事进行了处理，我发自内心的感慨还是把同学们惊呆了。我说："迟凯飞思品课看《儿童文学》不对，原因在我，在教材"。接着，我对课堂、对现在的教材进行了反思："如果我的课堂、我们的教材能和《儿童文学》一样吸引学生的眼球，像卡通故事一样抓住学生的心理，学生怎会不愿学习？素质教育、课程改革，目的是彻底给学生减负，把学习的时间、学习的主动权还给学生,真正提高学生素质,培养学生的各种能力,特别是学会学习、学会做事、学会合作、学会生存的能力。上课做上课该做的事情,就是能力的体现,可学生不喜欢,怎么办?老师的职责之一就是引导学生喜欢做上课该做的事情,我没做到,教材也没做到,这就是遗憾,是不足,我以后一定努力纠正,确保每节课,孩子们都能在愉悦欢快的气氛中度过。"

　　课后我重新翻阅了教材《品德与社会》,对教材进行了深入研究。教材涉及面广、内容丰富,但许多东西都只是蜻蜓点水——一掠而过,没能具体介绍。如五年级上册《科技给我们带来了什么》一课,对科技给我们生活带来的变化,描述得太简单,寥寥数语,根本不能满足学生的好奇心和求知欲;四年级下册《汉字的创造与发展》,图文合起来只有两页,但需要学生了解的却很多。可能有人说,这是留下空间给学生和老师,让他们锻炼自主学习的能力,培养主动探究的习惯。可我们现在还受许多条件的限制,一是学生没有足够的时间要探究,毕竟语文数学英语要占用大量的时间;二是学生没有充足的学习辅助材料,如微机不能达到人手一台,连一班一台都不能做到,阅览室资料不够丰富,空间也不够大,不能满足学生随机去查阅资料。学生如果想查找资料,要么是晚上(晚上要写语数英等科作业),要么是请家长帮忙(家长要么为了生计晚上加班、要么无条件上网);三是老师可以查找资料,可如果给学生读,要花费半节课的时间,听的效果也不理想,如果给学生打印出来人手一份,学生喜欢,可学校花费又太大,经济承担不起。总之,矛盾重重,不好解决。所以我建议,改编教材,要包括语文数学英语等科目,降低语数英的难度,多给小学科点时间,真正做到让学生全面发展。

如何让学生"真正"喜欢上思品课

(《山东教育》2011年3月28日)

　　一提起上思品课等"副科"课(包括音体美、传统文化、微机等课),学生就欢呼雀跃,表现出非常高兴的样子,教师一旦有事耽误了,改上其他学科,学生总会撅起小嘴,一副不高兴的样子。上这些学科的老师往往沉浸在学生"喜欢"的喜悦里,自我陶醉。我自2007年9月担任业务副校长以来,由于学校事务繁忙,就改教思品了。刚开始也被学生高昂的热情所感动,觉得教思品比教数学心情好多了。看着学生由于我的到来而眼放光芒、面露微笑，心里美滋滋的。在"亲其师才能信其道"的信念中，我也常常被学生喜欢的表象所迷惑，认为学生肯定是由于喜欢我而喜欢我的课程。可学生在课堂上的表现却令我大失所望。交头接耳的、看课外书的、做小动作的、自娱自乐的比比皆是，仅仅有一半的学生在做与思品有关的事情。我不得其解，学生怎么会对自己喜欢的课如此冷漠？！难道学生根本不喜欢这门课程？很快我又否定了这个想法。你看我外出学习了三天，一回学校就被学生包围了："老师，您上哪去了？""老师，您怎么好几天没给我们上课？""老师，我好想您啊！""老师，今天给我们上课吗？"学生的语气中既有兴奋，又有埋怨，更多的是欣喜，我看得出，学生是非常盼望我来给他们上课的，我又自信地认为这节课一定会非常精彩。我要抓住时机对学生进行说教，使他们从此喜欢上这门课程。我诚心诚意地与他们交谈，本以为能打动他们的心，然而并没有。的确，开始的几分钟，学生都专心学习、聆听我的教诲。可好景不长，没过多久，学生又恢复了从前的老样子，我试图通过提醒、警示引起他们的注意，可是无济于事。"唉——"我深深地感叹，"学生的表现真像六月的天，变化太快，让我这个教了二十多年学的、比较优秀的教师也有些手足无措"！"如何让学生真正喜欢思品课"成了我的心病。

我是个遇事爱琢磨的人。通过观察、分析、调查、研究，我发现了秘密：学生喜欢上思品课，不是因为喜欢思品教材，也不是喜欢我个人的教学魅力，而是喜欢上思品课的这种感觉。无须动脑思考，无须认真听讲，更重要的是无须写作业，这种完全放松型课堂才是学生的最爱。而教思品课的教师也一般属于学校特殊照顾的年老体弱者，授课水平一般，不喜欢研究教材，多数会让学生读读书，画画题，以背诵为主，课堂气氛相对宽松、自由。长此以往，形成了学生"喜欢"上思品课的这种假象。

我茫然了好一阵子，不知如何应对。2009年4月，我参加了全国中小学骨干教师培训，"成事"与"成人"的观点令我豁然开朗，茅塞顿开，让我有了如何让学生"真正"喜欢上思品课的想法。既然学生不愿上思品课的主要原因在教师，那我就要探索应对策略，改变教师的观念和授课方式，使学生由假喜欢变成真喜欢，变原来的"书山有路勤为径、学海无涯苦作舟"为"书山有路趣为径、学海无涯乐作舟"。

一、加强感情投入，进行情感交流，真正做到"亲其师信其道"

首先，我深入了解每个学生，从名字、家庭到兴趣爱好，都能说个一二，使学生对我另眼相看。当学生们正在交流自学心得时，我摸着某个同学的头，叫着他的名字，表扬他非常会倾听，同时告诉大家倾听是一种美德，我们都要学会倾听；当学生自主学习时，我边巡视，边观察，看谁的学习方法好，能起到以点带面、鼓舞学生学习的积极性，就适时把他的做法告知大家，既对此同学肯定、鼓励，又可以让同学们少走弯路。如五年一班的孙玉晓同学，边看书边在书的空白处写下自己的体会，这是很优秀的读书方法，于是我就说："孙玉晓真会学习！他边看书边思考，把自己认为是重点的文字画出来，把自己的感悟写在了书的空白处。这样做的好处是：便于与人交流，便于以后的回顾整理；根据人的遗忘规律，如果不记录，过一段时间就会忘掉。"一石激起千层浪！其他同学纷纷效仿，很快就体会到了这种看书学习法的妙处，同时孙玉晓也非常高兴，因为他的优秀做法被发现、被肯定、被推广，是对他最高的奖赏！从此以后，他会更加用心学习。我这样做既表扬了孙玉晓，又教会了其他同学如何学习，还不露痕迹，体现了教育无痕、润物无声的最佳教育效果，深受学生喜爱。在以后的日子里，我发现，孩子们为了赢得老师很平常的一句赞美，都非常用心地看书学习，思品书的空白处留下了学生们稚嫩的笔迹。

其次，进行自我推荐，告诉学生我的基本信息，让学生感觉教师是他们的朋友，而不是高高在上、不可一世的师长，达到真正意义上的"亲其师信其道"。当我介绍我是海阳市在职教职工中唯一一名山东省特级教师时，学生对我已经刮目相看了；当介绍到我由于准备充分，在说课和现场答辩时发挥出色，专家对我的赞许和认可令我兴奋不已，直到现在仍然历历在目时，学生个个瞪大了眼睛，流露出的是对我的钦佩之情。课后，有几个小女孩围着我，说长大了也要当老师，当一个像我一样了不起的老师。

有时学生对自己不太自信，对问题的答案没有十分把握，回答问题时就有点扭捏，不敢大胆举手，此时我总是把自己曾经的经历，哪怕是不堪回首的痛楚，也拿出来晒晒太阳，以便对他们有所启发。记得上"科技是把双刃剑"时，学生对双刃剑不是太理解，所以回答问题时，你看我我看你，就是不敢举手。我就向学生回放了我参加山东省数学课堂研讨会的镜头：2007年6月，我有幸参加了山东省数学课堂研讨会议，此次会议的人员组成是：省教育厅的数学教研员、地市级的数学教研员、县市级的数学教研员、各级教科院的专家及省以上数学名师专家，像我这样一个县级市的数学教师寥寥无几。做课的五位教师是全国著名的数学专家，可以说每节课都非常精彩，听后令我感慨万千，深知自己的浅薄和无知，暗下决心，回校后要多读书，了解教育教学最新动态，把握教改信息，朝名师方向努力。听完课后，现场互动，就是把你认为值得学习借鉴的不足的地方，或者改进措施，和专家及全体听课人员进行交流，我蠢蠢欲动，也想把自己的想法展示出来，让专家给予指点，可又不太自信，怕自己的观点不能登大雅之堂，如果出了笑话，我如何面对江东父老？但如果不说，如何知道自己观点的正确与否？最后我还是鼓足勇气，上了主席台。由于紧张，我双腿发软，两眼发花，声音打战，可当我把自己的观点抛出来后，看到省教研员不住地点头表示认可时，我一下子来了精神，底气十足地侃侃而谈，把在场的专家都打动了，他们不停地给我掌声。故事讲完了，学生的小手，也一只只地举了起来。这说明他们被感动了，他们认可了我的观点，只有勇于表现自己，才会有进步的机会。现在，思品课上，学生总是争先恐后地举手发言，哪怕观点错误，也无所畏惧，因为他们知道，只有被他人评判，才能知道对错与否，才能体现自身价值，也才能找寻到真理。记得有一位学生在自己的作文中曾写道："开始我们不敢举手发言，老师不但不批评我们，还讲自己是如何战胜自己的故事。老师说'最大的敌人是自己，只要能战胜自己就会有别样的天空'，在老师的鼓励下，小手由一双两双，慢慢地增加到几十双，就连我班最不善发言的某同学都勇敢地举起了手，当他磕磕巴巴地说完答案时，全班同学不由自主地鼓起了掌，表示对他的肯定，更是对老师的感激。"

二、拓宽知识面，增加文化底蕴，做学生的引路明灯

感情沟通是表象，如果一个教师没有深刻的内涵，时间久了，学生也会乏味的，所以，我更是博览群书，拓展文本的宽度和我个人的厚度，让学生在我身上可以挖掘到取之不尽用之不竭的知识财富。备课时，遇到每一个知识点，我都会想象：学生会问什么问题？怎么问？该如何回答？我翻书籍、查资料，把相关的知识、理论都做系统深入的学习、研究。课堂上，凡是学生不懂的，我都给予正确的指导，凡是学生有疑问的，我都给予恰当的解惑，我的课堂一改过去的枯燥乏味，似乎永远笑语不断，朝气蓬勃，绝对寓教于乐。如什么是酸雨？地球上矿藏的形成，天体的奥秘，陆地与海洋的比例等等，我

都能具体生动地进行讲解，让学生听得津津有味。如上《科技给我们带来了什么》一课，课前我了解了沼气技术、医疗设备对疾病的正确诊断、电脑、农药对人类的利与弊、克隆技术及克隆技术引发的争议、迷信思想的来源及危害、科学对人类的帮助等等；《不能忘记的屈辱》一课，我查阅了大量的资料，了解中国历史上曾经遭受的磨难、屈辱及原因，提醒孩子们要不忘国耻，努力学习，为祖国更强盛、更富足而读书。当我提到梁启超曾对我们少年寄予厚望时，学生不约而同地和我一起诵读：少年强则国强，少年智则国智。这就是教育！让学生自己感悟到他们肩负的使命和责任，他们就会主动自觉地学习。总之，在学生眼里，我就是一部百科全书，无所不知、无所不能。就连语文、数学我也能讲得绘声绘色。如在学习"当灾难降临时"，我将语文教材中《地震中的父与子》紧密联系起来，让学生明白，自然灾害不可避免，只要我们用自己的聪明才智和不屈不挠的精神，就能战胜它；并适时地补充了真实的故事：2008年5月12日，是个令人难忘的日子，四川汶川发生了里氏8.0级破坏性大地震，69016人遇难，368545人受伤，失踪18830人，损失惨重。可有一所中学的名字——桑枣中学，却被牢牢地记在我们心里，因为，地震发生后，全校师生，包括2200多名学生，上百名教师，从不同的教室中，全部冲到操场，以班级为组织站好，仅用时1分36秒！因为他们有一位好校长，能防患于未然。从2005年开始，桑枣中学每学期都要在全校组织一次紧急疏散的演习。正是因为有了自我保护、防患于未然的意识，桑枣中学的全体师生在灾难降临之时才免受伤害！在鼓励学生大胆质疑、主动探讨时，我引用了语文教材中《真理诞生在一百个问号之后》中的例子，让学生不再感到思品学习孤立无援，而是和其他学科息息相关。就这样，我在学生心目中有了绝对的权威和重要的地位，思品课变成了他们学习中的快乐。

三、改变课堂授课模式，激发学生学习兴趣，培养学生适应未来发展的能力

1. 改变课堂授课模式，让学生找到学习的乐趣。

新课程改革要求以人为本全面发展，提倡学生主动发展，持续发展，要求教师培养学生爱学、乐学、会学。因为思品课在学生心中一直处于副科位置，根本不受重视，所以，要想让学生爱学乐学，必须开展丰富多彩的活动，使课堂形式灵活多样，多方调动学生的学习热情，激发学习兴趣，才可顺利

完成教学目标。我一改传统的以教师说教为主的授课模式,采取以学生自主学习、合作交流为主,教师点拨指导为辅的思品课授课模式:一节课一般分为四个环节,第一环节,学生自主学习;第二环节,小组合作学习,组员交流自主学习所得,组长主持总结归纳,最后达成共识;第三环节,班内集体学习,小组代表进行交流,组员补充,其他小组成员补充质疑;第四环节,教师点拨(总结)。每个环节大约 10 分钟左右。自主学习环节,学生自由看书,根据自己的理解对教材进行解读,边看边想边划边记,小组合作学习环节,是为了给每一个学生提供表现的机会,也是给同学相互提高的机会,学困生可以在这一环节弄懂自己独立不能解决的问题,培养学生集体主义品质;班级集体交流,是为了统一认识,达成共识,确定知识的正确与否,不要形成模糊概念。最后一环节,可以根据学生前几个环节学习情况而定,如果学生通过自主学习、小组合作学习、班内集体交流等环节,已经顺利完成了学习任务,教师点拨总结环节可以省略。学生对这种学习模式非常感兴趣,学习积极性高涨,效果也非常显著。如小组合作学习一环节,可以帮助学生了解其他人的想法,同时也让每一位同学有机会自由地表达自己的意见,这比独自学习更富挑战性、更有难度。可以说,这种学习方法大大丰富了学生学习的内涵,引导学生把自己的体验、想法以及在校园内外的见闻都融入学习中,使他们能够获得远远多于书本的经历和感受。在各环节中,我经常出其不意进行各种比赛、辩论、沙龙等活动,使学生个个注意力高度集中、精神亢奋激昂,大大提高了课堂效率,同时也拓宽了学生学习的宽度,课间经常能听到关于能源、科技、邪教、地球村的讨论,同学之间的关系融洽了,男女生之间的交往正常了,在其他科的学习过程中也会不经意间用上思品课所学知识或所学方法,使得各学科融会贯通,紧密联系。

当学生对这种学习模式产生厌烦之前,我又想出了一个别具一格的方式,让学生带着问题看书,在看书的过程中,给老师布置他们认为比较有价值的问题,作为老师的作业,下节课上课时我交流。这种方式的确调动了全班同学的学习积极性,因为他们很有成就感,竟可以给老师布置作业!同时,也使学生对教材的研究有了深度和广度,如"举例说明中国人所遭受到的屈辱""《辛丑条约》是什么?""联合国安理会五个常任理事国,除了中国之外,还有哪几个国家,这些国家是如何产生的?尽管有些问题比较简单,但可以看出学生在认真看书,用心思考。

　　每一学年教材内容学习结束时,我都会布置一次令学生大感意外的作业,但学生却非常喜欢,就是写一篇作文,题目:《我上思品课》,字数:800—1000字。我一直记得学生当时的表情,我认为这是我的创新之举,值得骄傲自豪,我说:"老师要布置一个作业。"学生不约而同地抬头看着我,眼里写满了大大的问号。我接着说:"写一篇作文,字数800—1000字。"学生们面面相觑,不知老师葫芦里卖的什么药,仍然一言不发,直直地看着我。"题目是《我上思品课》。"课下,有几个小男孩私下议论着:"思品课还写作文,从来没听说。""不过,挺有意思。""我要好好查点资料,一定写好这篇作文。"第二天全班65名学生齐刷刷地交上了65篇作文。其中于京鑫在作文中写道:"五年级的品德老师和以往的老师不一样,她长得漂亮,但有点胖,衣服搭配协调,教学方法独特,我非常喜欢!在思品课上,我不仅仅收获了知识,我还学会了做人的道理,知道了'勿以善小而不为,勿以恶小而为之'。我爱上了品德与社会课,因为它令我感到学习是件快乐的事情。"丛小琛写道:"每周两节思品课,每一次上课,我都觉得时间如流水般匆匆而过,韩校长上课真有意思,她的道理、故事、知识,仿佛永远都讲不完似的,每一节课我都感觉受益匪浅。通过这门课程,我学会了做人,学会了做事,学会了表达自己的感受,学会了查找资料,学会了正确阅读,同时我也明白了一个道理,生活本身是一本大书,社会是一所学校,我喜欢上思品课!"黄欣然写道:"在学《负重的大地》一课时,我的心情格外沉重,当一个个家庭喜得贵子时,有谁想到已伤痕累累、背负沉重负担的地球母亲已岌岌可危?我们小组四人一致认为计划生育势在必行!"于景隆说:"提起环保,我就痛彻心扉。森林是地球的肺,她呼出氧气,吸进二氧化碳,我们人类一刻也离不开她。可有多少人仍然在乱砍滥伐,令许多动物失去了家园,有的动物已灭绝,还有许多动物濒临灭绝,也包括我们,动物亲密的朋友——人类。"

　　2. 教给学生学习方法,让他们做学习的主人。

　　教师讲学生听的时代一去不复返了,可由于思品书上的知识比较零碎,内容也不够具体,所以,学生仅仅通过看书还远远不能满足好奇心、求知欲,但由于学生对自学还不太适应,已经形成了衣来伸手饭来张口的学习习惯,所以上课伊始,我就把最权威人士的实验结果写在了黑板上:科学研究表明,人在学习时只听别人讲,24小时后,内容掌握率只有5%;视听结合,24小时后,内容掌握率能达到30%;自己实践获得的知识,24小时后掌握率在 75% 左右,而向他人传授所学内容,24 小时后掌握率在 90% 以上。让学生首先从理论上认识自学、互学的重要性,从思想上重视自学、重视合作学习、重视表达。同时为了让学生树立终生学习的理念,培养自主学习、发展创新能力,我引用了理查德·罗力的说法:"2010 年需求最高的 10 项工作在 2004 年的时候根本不存在。"以此教育学生为未来做好准备:毕业以后投入目前根本不存在的工作,使用目前还没发明出来的科技以解决我们从未想到过的问题,学生的自主创新能力是关键。

有了理论支撑,我就大胆进行教学改革试验,经常利用下课前的三五分钟向学生简单地介绍下节课要学习的内容,让学生回家进行资料收集,上课前十分钟左右,小组交流课前学习所得,包括学习书本上的知识和课外查阅的知识,仁者见仁智者见智,经常能看到他们讨论得非常热烈,有时还会争论不休,谁都说服不了谁,谁都有充分的理由和论据,此时只需要教师及时给予事实分析、科学评判,最后得出正确结论即可。但我为了保护孩子的学习积极性,总是委婉地教给孩子对查找的原始数据、信息如何整理加工,如何汲取精华除去糟粕,让学生慢慢地学会思考、学习取舍、学会判断。

由于学生具有强烈的表现欲望,所以他们往往进行多方调查、准备大量资料为自己的观点进行论证,学习积极性越来越高涨,经常不需要教师发表意见,就能顺利完成学习任务。更令我惊喜的是,学生不仅掌握了知识,更学会了学习的方法、学会了解决问题的策略,同时懂得了同学之间和谐相处、共同发展、资源共享的道理。

3. 大胆改革,创造性地使用教材。

教材是主要的教学资源,是教与学的重要纽带,但教材面向全体师生,不一定适合教师个体地教和学生个体地学。教学是师生互动的过程,学生原有的知识经验、能力水平、个性特点必然影响着教学活动的展开和推进。在教学过程中,我多方了解学生的需求,在深入分析教材的基础上,预测学生自主学习的方式和解决问题的策略,并根据学生实际和本人教学风格,对教材进行调整或重组,创造性地使用教材。对于学生来说,这种基于课本而高于课本的教学风格,使他们时时觉得有新奇,处处感到有新意,学起来趣味盎然,理解起来得心应手,因而达到的效果也必然会非常清新亲切,事半功倍。

这就是我要追求的课堂!思品课就要让学生触动心灵,洗涤灵魂,陶冶情操,让他们揭开宇宙神秘的面纱,走进真实的人类世界,从而用自己所学知识改造世界、造福人类。

我的心被自己扎了一下(《山东教育》2011 年 7、8 合刊)

周一下午第二节课是五年级二班的《安全环境》课,我因为要辅导一位教师参加读书演讲比赛,给学生布置好了学习任务后,由班长主持班级事务,我便离开了教室。5 分钟后,教师辅导结束,我回到了教室。班长把记录的不认真看书学习、交头接耳的学生名字,给了我。我当时很恼火。我想,布置任务和要求,其实就是提醒学生,要自觉遵守纪律,独立完成学习任务。五年级的学生应该有自我约束的能力,不会出问题,谁知竟有十位学生违反纪律,而且其中既有优秀学生,还有班干部。为了顺利完成教学任务,我接到纸条后没立即进行点评,而是继续上课。离下课还有五分钟,我让同学们合上书本,对本节课课堂纪律进行了总结。尽管语气委婉,用词含蓄,但话语中还是带有批评的味道。我首先谈了上课应该自觉遵守课堂纪律,认真学习,积极思考,不能随意干扰他人的学习,要保持一个安静、文明的学习环境;接着,让同学谈“对影响他人学习的同学的看法”;最后我让违反纪律的学生课后完成一个作业:写违反纪律的感受。

第二天,我把这些违纪学生的“作业”收起来粗略地看了一遍。大多数同学都能认识到自己所犯的错误,并写了今后应该注意的问题。隋信阳不仅承认了自己所犯错误,还主动承担了她前后左右同学违反课堂纪律的责任,是她带来的课外书籍惹的祸。当我读到李超男写的感受时,心像被针扎了一下,隐隐作痛。她写道:我是个性格开朗、非常要面子的女孩,这次被老师点名,真让我抬不起头来,我的脸红得像个大苹果,感觉丢尽了面子。这节课让我真正体会到了“无地自容”这个词的含义,好像身后有一千一万个小人跟着我,朝我说“嘿嘿,李超男被老师罚了,真丢人!羞!羞!羞……”

是啊,我小时候也是个很要面子的学生,不管做什么事情都努力去做,尽管被表扬时脸也是红红的,但心里却是美滋滋的。被批评时,心里有种羞愧难当的感觉,很烦恼,很难过。特别是当众被批评,更是无地自容,真希望地下有个洞钻进去。

当老师久了,儿时的记忆慢慢褪色了,模糊了,无痕迹了,把批评孩子看作是改正错误的良方,当成了家常便饭,发现问题及时纠正当成了真理,忽视了孩子的感受。庆幸的是,这次我及时翻阅了孩子们写的体会,发现了我工作的失误。于是我静下心来,一遍又一遍,认真仔细地拜读孩子们的感受,并找到了弥补因我工作失误给孩子造成心灵创伤的良方。首先,我找他们一个一个地谈心,消除思想顾虑;其次是在以后的工作中,用"放大镜"看他们的点滴成绩,消除他们的自卑心理,帮助他们找回因我工作失误而丢失的自尊,改进教育教学方法,用爱的雨露滋润他们茁壮成长。

第七部分　教师作品集

一路因她而精彩

烟台市海阳新元小学　孙玉梅

韩老师、韩主任、韩校长、韩书记，这个不断变换称呼的人，是我成长路上不可或缺的引领者，指路明灯，是我一直仰慕的璀璨明星。

与她初识是 1997 年夏末秋初，烟台教育局组织全市中小学教师微机培训，由于我们同属于海阳，所以晚饭后就聚在一起聊天谈学习体会，不经意间，看到坐在角落里的她：皮肤白皙，身体微胖，安静沉稳，大方优雅，一言不发地听着我们叽叽喳喳，典型的东方淑女形象，心中便留下了美好的印象。

时光荏苒，一晃三年过去了，我从东村小学调入了红蕾小学（现在的新元小学），原来的韩老师现在是教导主任了，分管学校数学教学工作。我被改科，担任二年级的数学教学工作，韩主任是我的直接领导，我们的接触交往开始越来越多了。

博览群书，为我的成长夯实基础

尽管二年级是最好教的一个级部。内容简单量又少，大多学生都能在轻松愉快的气氛中，掌握所学知识。孩子们经过一年级老师的教育培养，已经适应了学校学习生活，课上课下应该做什么，不应该做什么，都非常清楚，并且自我管理约束能力有了很大进步。但音乐专业毕业的我，猛然改教数学，一切都是陌生甚至不知所措。我苦闷、彷徨，甚至得过且过。没过多久，韩主任就捧了一堆书，没有过多的语言，只是温和地对我说，"闲着烦闷时看看吧,相信你会有收获的。"以后的日子,课余时间,我就拿起了书,打发无聊的日子。

刚开始,我为了消磨时间,漫无目的地读,在胡乱地翻阅中,在韩主任的引领下,我与《班主任兵法》《陶行知教育名篇》《给教师的几点建议》结下了不解之缘。于是读、于是用、于是在实践中我慢慢让自己的漫无目的变得有序而充实。韩主任建议我写读书笔记,鼓励我写读书体会。2008年撰写的《读书,让我羽翼渐丰》在烟台市中小学教师读书随笔征文评选活动中荣获一等奖。读书让我在教育教学中大受裨益,从而不再怕学生"放马"过来,因我自有招数可以接。对于不用心的学生,我培养他专心致志的习惯;对于拖拉的学生,我培养他敏捷灵巧的习惯;对于缺少毅力的学生,我培养他坚持不懈的习惯。习惯变好了,成绩进步了,起初的失落和彷徨也早已荡然无存,慢慢地爱上了数学,爱上了课堂,爱上了学生。我心里满满的都是爱,是"面朝大海,春暖花开"的惬意。自2006年以来,我连年被评为校级优秀读书人物,2009年被评为海阳市读书先进教师。

找回自我的感觉真好!我上课时专注,批改作业时享受,与学生游戏时快乐,是韩主任让我从一个不懂教学之道的毛头小丫逐渐脱变成了一个能熟练驾驭课堂、有独特教学风的优秀的教师。

学习名师,让课堂教学绽放异彩

枝繁叶茂是因为有强大的根系和丰富的营养作支撑。自1998年起,我在韩主任的指导下,不仅读了许多书,丰富了知识涵养,更在磨课中淬炼了性情,提高了能力,羽翼越来越丰满。在首批获得海阳市创新课证书之后,多次执讲公开课、研讨课。但教学风格拘谨,不能灵活地处理课堂预设与生成地偏离,更不能有效利用生成引导学生进行有价值的思考和辨析。当新一轮课程改革如火如荼地进行后,为了赶上改革的步伐,韩主任不仅建议我工作之余要多在群书中穿梭时空,尽情沐浴先贤智者思想的惠泽,同时要努力向名师学习,多看名师的教学实录。她推荐了柏继明、李烈、吴正宪等等名师名家,我反复阅读他们撰写的书籍,观看他们执讲的教学录像、研究他们编写的案例及点评,这为我拨开了犹豫彷徨的迷雾,明白了为什么有的特级教师能在课堂上得心应手、左右逢源、游刃有余,让人觉得听课是一种享受,而有的教师上课时尽管精心准备,教学环节可谓设计得天衣无缝,但在课堂上却往往显得捉襟见肘,让人感到语言的贫乏,感染力的缺乏。从那以后,我更加勤奋工作,勇于创新。在她的指引下,通过读书与实践,在课堂教学中,我逐步形成了"创设情境——提出问题——自主探究——巩固运用"的课堂教学模式,较好地提高了教学水平和教学效果。2006年春我执讲的《毫米的认识》再次被评为海阳市课改优质课,同年六月,执讲的《时分的认识》获烟台市小学数学优质课,同年十月,执讲的《认识分数》获山东省小学数学优质课。之后又多次执讲海阳市级优质课、公开课、示范课。

立足教研,让教育理念整合提升

脚印见证成长,汗水见证努力,荣誉见证成功。执教二十年来,蓦然回首,成功和喜悦、失败和彷徨,酸甜苦辣百味俱全。有春天的悸动和向往,有夏天的烦躁与热烈,有秋天的成熟与丰硕,也有冬天的凛冽与厚重。当我领略到春回大地万物复苏之后,当我收获着秋的硕果累累之后,冬天就那样悄然而至,它的萧瑟似乎无可抗拒,它的凛冽似乎无处可逃……

——收获后的尴尬

在韩主任的指导下,一连串的幸运降临,得到的不仅仅是一张张荣誉证书,更为满意的是在一次次课堂打磨的过程中,我对数学课堂的理解更加深刻,教学环节的设计、小组合作的运用及调控,对学生的指导及有效评价……都有了质的飞跃。我不再懵懂、不再青涩,仿佛小有名气。经常不经意间听到赞扬和崇拜。然而,心中的喜悦还未消退,我却慢慢发现,当我每节课都在力争让学生体会知识产生的必要性、感受数学知识在生活中的广泛运用、极力激发学生学习数学的积极性与趣味性时,学生的表现却并未达到我的预期效果。有的学生只是沉浸于我苦心创设情境的趣味中,有的学生只是游离在小组合作的表面形式上,既不动心,也不动脑,"探究"给学生提供更多的是彼此"逗乐"的机会!究竟是什么原因,让自鸣得意的许多环节却处处留下败笔?"百思不得其解"的我却又遇上"差生提不出问题"的尴尬。如此窝在心头,既堵得发慌,又压抑地消沉!

——尴尬后的"逃离"

都说上帝在关上一扇门时总会给你打开一扇窗。因为学校音乐老师空前不足,音乐专业毕业的我政策性改教音乐。也许真如诗中所言,"不识庐山真面目,只缘身在此山中",虽说仅仅是换了一个学科,但我却犹如换了一个天地。印象里,孩子的木讷哪去了?常常涌在我心头的"恨铁不成钢"的愤慨躲哪了?甚至于,孩子的眼睛也似乎清澈明亮了许多!因不愿学习,被老师特意安排教室最前位就座的孩子,你的乐感超强嘛! 即使面对教室左前位,那个被学生称之为"打坐先生"的刘志鹏,我都会极为耐心地教他认读歌词里不识的字。《老爷爷赶鹅》被已是三年级的他读成"老爷爷赶鸟",我能在课前陪他一起查字典,逐一标记读音。当他第一次有信心在课堂上与大家一起开口读歌词,我是那么高兴而真诚地带头为他鼓掌! 学生对音乐知识的每一点掌握和了解,都会令我满心欢喜! 要知道,所有的音乐知识,我几乎是在师范学习期间才知道的。因而在音乐课堂里,孩子是灵动的,我是喜悦的!

——逃离后的反思

虽说我是音乐专业毕业,但离开音乐课堂已近二十年,究竟是什么原因让我有"南辕北辙"之感? 我真心地爱着我的每一位学生,我不忍他们中任何一个落队,我努力呵护他们对数学的情感,我害怕没有了兴趣的数学学习对他们太煎熬,太折磨。在我百思不解时,这时已是分管业务副校长的韩秀丽与我的聊天让我走出迷津——她说:"学生之间存在个体差异,我们要因材施教;要求学生'百花齐放'是苛求,我们应放慢脚步,等一等那些脚步迟缓的学生;要善于发现每一个孩子的闪光点,哪怕是路边不起眼的一朵小花的开放,依然昭示着春天到来的脚步;优等生更需要老师的精心指导与开发,才能开出更加鲜艳的花朵,结出更加丰硕的果实。"看似平淡,却点中要害,心如乱麻的我瞬间思路清晰、心情朗润起来了。我发现我观摩学习名师的课堂,被打造的课堂虽然具备了他们的环节,模仿了他们的外形,却没有走进其内心,没有理解其实质,欠缺了其神韵。

——反思后的教研

认识自己不足是残酷的,弥补自己不足是艰辛的。当真正意识到一度令自己骄傲的课堂其实并不具备生命力时,我的心好痛,觉得自己以前的付出仿佛白费了,原来满怀希望的、饱满的心,犹如被吹大后又漏气变瘪的气球,剩下的全是皱褶。这个时候,韩校长又发现了我的颓废和苦恼,于是,再一次约我谈心,指出我的瓶颈所在。她结合自己的成长历程告诉我,要想突破自己,提升自己,最好的途径是进行教学研究。毕竟一两个人的力量是单薄的,团队的力量才是战无不胜的。

"一分耕耘一分收获"。　为了扎实有效地开展课题研究,韩校长推荐我翻阅很多与之相关的专业书籍,如朱彬的《数学课堂探究性学习能力及创新思维能力的培养》、郭要红的《试论数学"探究性学习"教学的基本过程》、赵志红的《创新思维在数学探究性学习中激扬》等等,以先进理念为指导,在现实教学中点滴践行,让理念再次提升。同时,我和同级部、同学科的教师结成了课题研究小组,把每天的学习所得、教学中遇到的问题、解决问题所积累的经验,全部分享,并虚心接受大家的评判与指导。

基于课题研究过程的所思所得,期间撰写的《浅谈在数学教学中对学生情感态度价值观培养的几点尝试》在烟台市小学数学优秀论文评选活动中被评为二等奖,《如何指导数学阅读提高低年级学生审题能力》发表于《读写算》。再次执讲烟台市数学优质课时,我感受到自己之前的局促感消失了,教学环节的进行既源于之前的精心备课也借力于学生课堂真实的表现与生成,学生的数学学习有了更强劲的生命力和后续力。经过两年多的实践与研究,学生通过探究性学习,其独立自主性逐步完善,自觉能动性得到发展,在课堂上能主动参与学习活动,积极进行合作探究;思维创新能力得到发展。 2016 年,课题通过烟台市科研管理部门及专家的审核鉴定,顺利结题。

世间万物都不是孤立存在,各学科的教学也是相通相融,整合数学教学的探究所得,我成功地借鉴运用在音乐教学当中。撰写的《试谈小学音乐教学的"生本"》在烟台市中小学艺术教育论文评选活动中被评为一等奖,《让学生学会"玩"》发表于《烟台教育》。不仅自己执讲了烟台市音乐资源课,而且还指导本校教师成功执讲烟台市音乐优质课,先后被评为海阳市数学学科优秀带头人,海阳市教育科研工作先进个人,烟台市小学教学工作先进个人。

庆幸自己,在韩书记的指点下,借教研之力走出"瓶颈"。在今后的教学生涯中,也许我依然能遇见泥泞,难躲阴霾。但我时刻牢记韩书记对我的激励:风雨过后是彩虹。我相信:梦想的力量是无穷的。有了梦想的人生,才不会被一时小碍所挡;有了梦想的人生,才会风雨兼程;有了梦想的人生,才会笑对坎坷。真心的期待在自己的教育之路上,借教研之力成就学生的同时成就自己。

幸运的遇见

海阳市朱吴一小　李书杰

对于我来说,我教师生涯中最重要的一件事,就是韩老师对我的帮助和影响……

我今年 35 岁,参加工作已经 12 年,结婚也 10 年了。我和老公一直两地分居,非常不方便。今年我下了很大的决心,准备参加海阳市教师招聘考试。当我得知笔试已通过时,既高兴又忐忑,毕竟现在面试竞争非常激烈,我老家的教育和海阳的教育水平相差较大,我近几年又没讲过优质课、公开课,对现在新课程改革的思想、精神了解甚少。

那几天,我情绪一直非常低落,经常一个人在房间里坐着,不知道该干什么。突然,电话响了,老公兴奋地告诉我一个好消息:"朋友给我推荐了一位韩老师,据朋友说她非常'厉害',辅导老师讲课非常有思想有方法。她曾指导过省级优质课若干节,烟台市级优质课无数节。她愿意帮助我们!"突然之间,我心中的阴霾就像太阳突破了厚厚的云层,露出了一丝丝光亮。

我走出房间,感受到午后温暖的阳光,初夏的风儿掠过面庞,无比惬意……

一个阳光晴好的下午,我和韩老师第一次见面。当时我们都在韩老师家里。淡雅的妆容,不规则格子连衣裙衬托的她年轻而时尚。当我第一次和韩老师握手,看到她亲切的笑容,我的心弥漫着温暖的情愫。

简单的寒暄之后,我们细细交流起来。"和你老公两地生活时间不短了啊?"她关切地问道。"是啊,孩子都读三年级了。""不容易。不过机会挺好的,海阳教师招考放开年龄了。"我笑着点点头。"笔试成绩怎么样?""还好吧,第三,但彼此之间差距不大。"韩老师鼓励我"不错,很有实力!"精心复习了一个月,这样的结果我也算满意。可是,我担心地说:"十多年没参加过教师考试了,而且海阳的面试流程我完全不熟悉,心里挺有压力的。""这么重要的事情,不紧张才不正常。"韩老师的眼神饱含了信任。"你的笔试成绩证明你有实力、有潜力。接下来的时间,你最重要的是调整好心态……相信你的实力,放心大胆的准备吧!有时间你就过来,我一定尽我所能帮助你备课、试讲。只要掌握要领,多加练习,相信机会是给有准备的人的。"韩老师温和而坚定地说。

在没见到韩老师之前，我就像迷失在大雾中的小船，身边既没有指南针，也没有探测仪，在茫茫大海中漫无目标的飘摇。

韩老师的一番话，如同清澈的小溪淌过我那颗不安的心，顿时让我有了希望和信心。

第一次辅导有些特别，是录制了一段试讲视频传给韩老师。韩老师作为学校领导事务繁忙，但她还是在忙完学校事务的第一时间和我视频聊天，点评我的讲课视频。视频里的她微笑从容的一一点评，关于板书她这样说："好的板书能起到画龙点睛的作用。要精心设计，要抓重点、难点、要点，让人一看一目了然；板书其实就是起提纲挈领的作用。板书时一定要正规、清楚、漂亮。特别是英语字母手写体，可以稍微倾斜连体，写好了，更给人美的享受！"关于评价学生，韩老师说："评价语言要多元化，要针对学生的回答做具体的评价。可以是肯定的表扬的、也可以是启发的引导的。例如一个学生读的特别流畅，你可以说：'你读的声音真好听，你肯定经常听录音！加上自己的感情领读一遍，好吗？'对于一个表现优秀的小组长，你可以夸奖他：'你真像小老师，把小组讨论组织的井然有序'；对于接受能力强的同学这样评价：'你真聪明，一学就会！老师希望时时保持一颗清醒聪明的头脑，相信将来一定能成大器！'当学生回答的磕磕巴巴的时候，老师要有耐心，一定要鼓励回答完整，并且评价说：'你是个勇敢的孩子，敢于把自己还不太成熟的想法，与大家分享，我们喜欢你。课后把你的想法进一步组织完善，下节课继续交流，好不好？'"对学生一定要尊重，要把他们当成我们的朋友同事来看待，当给他们提出改进意见时，语气一定要委婉，但又要切中要害。不知不觉，一个多小时过去了，当我们看到天色已晚时，办公室的同事不知什么时候早都走光了，原来放学好一会了。韩老师丝毫没有因为下班而仓促收尾，还是那么细致认真地给我解答一个一个的疑惑。

我的心被深深地感动了，正是因为这些，我懂得了人情的温暖以及生命的美好。

面试辅导一直持续到考试前，这期间，向韩老师请教的次数很多。每一次，韩老师都不厌其烦地帮我分析，每一次，我都有新的收获。她不单单从知识层面告诉我应该做什么，而是从更高更远的目标要求我。她说的一句话一直萦绕在我耳边："我辅导你参加面试，不仅仅是为了你能通过面试，而更是为了你以后当上了老师 ，应该如何更好地胜任工作,乃至成为优秀教师而打基础。"我感慨万千,韩老师她的思想境界真的很高,大有忧国忧民情怀。韩老师深入浅出的指导,既有理论支撑,又有具体事例做注解,让我深刻领略到她的丰厚的文化底蕴和高尚的专业素养。

尽管我是一名有一定经验的教师,也做了很多面试准备工作,可是韩老师的点评却常常让我有柳暗花明又一村的感觉。于是,我努力把韩老师的思想精髓置于我的备课中、我的思想中,我的进步在不知不觉中进行。

可是每一次真的面对韩老师试讲时,我的心还是紧张得怦怦直跳。其实我当时一点也不知道韩老师是山东省特级教师,烟台市首届名师,能力得到那么多同行的认可,或许是接触过之后韩老师的气场已经深深地印在脑海里。现在想来,在这样一位优秀的特级教师面前紧张也是正常的。她就像一位渊博的向导,以她的专业知识,引导我避开陷阱,安全地踏上正确的大道。

辅导期间有几个细节我印象深刻。一天中午下班时间到了,因为韩老师开会,我放学后说课给她听,等说完时接近中午 12 点,我打算回家吃饭,韩老师却径自坐在电脑面前忙起来了,我好奇地问下班了怎么还不回去,她微笑着说:"下午需要上报个材料,我今天中午加个班,再好好修改完善一下,你先回去吧"。她说的风轻云淡,没有丝毫怨言。一看就知道,她经常加班加点,并且都是自觉主动地,没有外力强压着、逼迫着。我越来越清晰地知道了韩老师的优秀,与她的无私奉献精神、与她的追求进步、有远大目标息息相关。一个不平凡的人,其实就是在用心做着平凡的事情。平凡中见真情,平凡中见伟大。

我每次和韩老师见面,她都比约定的时间要早到一会,从来没有迟到过,从而我知道韩老师是一个时间观念极强的人。更令我难忘的是,韩老师和我交流了那么多次,她从来都是委婉、巧妙的提出意见,既让我心服口服而又不会感到难堪。这让我知道韩老师是一个时时处处为他人着想的人。韩老师对我的板书却丝毫没有妥协,她每次都给我提出书写的规范和布局的整齐,这让我有知道了韩老师是一位严谨的人。

等待着,忐忑着,期望着, 2017 年 6 月 17 日终于来了。在育才小学进行的小学英语面试的过程中,我取得了 89.6 分的面试成绩。至今还清晰地记得,试讲完毕的那一刻,七位评委全都笑意盈盈地看着我,有 2 位评委老师还伸出了大拇指。最终,我以总成绩第三名被录取。愿望成真! 这一切,韩老师功不可没。感谢！让我遇见了这样一位睿智、大气、有才华的教育引路者。

早有耳闻，韩老师很了不起；只是在接触了更多之后，才知道她被"山东省特级教师、烟台市优秀教师、烟台市首届名师、海阳市三等功、海阳市首届百名优秀人才、海阳市十佳教育工作者、海阳市优秀教育工作者、海阳市人大代表、海阳市党代表、海阳市政协委员"这些光环笼罩着，是海阳名人。

前几日，有幸读到了韩老师《我的教育情怀》的手稿，被其中的内容深深地吸引了。读她的书时，亦觉光华烁烁，时有赞叹和心动。细腻的文笔，优美的语言，鲜活的事例，创新的理念……让我这个初入海阳教育行业者不禁要仰视了。

因此，我是幸运的，在面试的时候有韩老师的指导；更幸运的是，有机会了解韩老师精彩的从教经历，并且我和韩老师约定：在今后的教育教学生涯中，我不管遇到什么困难，都可以第一时间向她请教咨询，她都会知无不言言无不尽，做我的有引路人。

韩老师，是我幸运的遇见，也将是一生的榜样。

是她让我遇见了更好的自己

海阳市新元小学　周爱萍

我是个小女人，除了每天按时上下班之外，没有其他追求，不想当名师、不想评先进。我是个浪漫的小女人，我每天上课之余，会画点小花小草、小猫小狗，因为我是学美术的，有绘画基本功。可毕业之后，根据学校要求，改教了语文，教语文也好，正好我可以把我所学的美术专业发挥得淋漓尽致。

教"春夏秋冬"一课时，我用彩色粉笔，简单一勾一画，春风、夏雨、秋霜、冬雪就展现在学生面前，春的生机、夏的热烈、秋的成熟、冬的凛冽不用过多话语解释，学生就能欣然接受，并熟记于心；学习"小青蛙"一课，我依然用彩色粉笔，把小青蛙的形态、神韵活灵活现的布满了黑板，小学生们看着一只只可爱的小青蛙，学习兴趣一下子调动起来了，不一会儿工夫，课文内容、生字词语全部掌握，还留出足够的时间，指导学生方方正正写好中国汉字。

印象特别深刻的是学习"荷叶圆圆"一课，在一片片硕大的荷叶上，我赋予了小水珠生命，仿佛一个个可爱活泼的小婴儿，躺在荷叶上，眨着亮晶晶的眼睛说："荷叶是我的摇篮。"立在荷叶上的小蜻蜓立即说："荷叶是我的停机坪。"蹲在荷叶上的小青蛙呱呱地放生歌唱："荷叶是我的歌台。"躲在荷叶下边的小鱼儿，笑嘻嘻地游来游去，说："荷叶是我的凉伞。"一篇对于刚上学不久的一年级的小学生来说很长的文章，学生边看着黑板上的简笔画，边分校色朗读，不知不觉就熟读成诵了。

我沉浸在自我的世界里，享受这份惬意时，韩校长却对我提出了更高的要求，她说："你所学的美术专业对语文教学帮助很大，特别适合低年级，图文并茂，能激发学生的学习兴趣，能开发学生的智力，能调动学生的多个感官参与学习。准备讲节公开课吧，让各科教师感受到简笔画对提高课堂效率的辅助作用。如果老师们能利用好简笔画，教学效果肯定事半功倍！"我硬着头皮讲了，效果非常好。韩校长又布置了新任务："把教学过程中的喜和乐、忧和愁、成功与困惑，整理出来，做一次典型交流，让更多的老师学习借鉴。"于是我又硬着头皮，绞尽脑汁，写了一份经验交流，经过韩校长的修改完善，交流效果非常成功，许多老师羡慕我所学专业好，能画会写正是语文教师的基本素质。于是,我开始研究简笔画与语文教学之间的最佳衔接,研究小学生心理与生理特点,如何发挥简笔画在课堂教学过程中的优势?等等。

韩校长总是先知先觉,她的许多做法和想法都走在兄弟学校前边。正当我们开始探索简笔画如何辅助学科教学、提高课堂效率时,海阳市教育局也开始重视教师"三字一画一话"基本功训练,组织年轻教师每日一篇粉笔字、一篇钢笔字、一篇毛笔字、一张简笔画和一段普通话练习,定期组织比赛。特别是课堂授课比赛,加上了"三字一画一话"基本功成绩,如果这一项不合格,不能被界定为优质课,更不能参加烟台市级及以上级别的比赛。

我是个幸运儿,因为有优于他人的得天独厚的条件,率先取得了执讲烟台市优质课资格。当然在准备参赛的过程中,韩校长从备课、到组织学生活动及评价学生语言都给予我很多的指导意见,我收获颇丰,效果极佳,得到了上级领导的青睐。

就这样,我被推着、被逼着,一路奔跑,一路辛苦,一路收获,我由一个小女人成长为一名能知学生需求、知学生冷暖、知学生成长规律,并能灵活驾驭课堂的优秀教师。我知道,是她,逼着我成长,推着我进步;是她,让我明白了一个道理,那就是:领导的境界决定着教师的成长方向,一个好领导就是一所好学校。我庆幸,我的学生们也庆幸,我们遇到了韩校长这样睿智、豁达、包容、有思想的领导,当然,我更庆幸,是她让我遇见了更好的自己。

跨越自我的美丽

海阳市新元小学　于雪梅

经常感概,时光的流逝是这样匆匆而又悄无声息。不知不觉,从事小学语文教学,竟已有了 25 个年头,自己也由懵懂岁月步入了不惑之年。

当最初踏上讲台的激情过后,有很长一段时间我都处于一种无所追求的麻木状态,每天上课、下课,上学、放学……深深的工作倦怠感无时无刻不在困扰着我,总感觉我的人生舞台不应该是三尺讲台,外面的世界才是最精彩的。生命就这样在不甘心中日复一日地重复着,没有理想,没有厚度,更谈不上精彩的演绎。直到——

一石激起千层浪

直到几年前的一天,一样的云淡风轻,一样的花红柳绿,不一样的却是自己的心情。韩校长告诉我,全国特教教师、小学语文权威支玉恒要到我校现场作课,对我们进行耳提面命、面对面指导。这一惊非同寻常!更有惊喜在后面。我作为海阳代表跟支玉恒老师同台献课,在学习的同时,接受专家亲自点评与指导。

机会千载难逢!我心里却非常忐忑。尽管以前多次执讲过优质课、公开课、观摩课,也深受领导和同行的好评,可支玉恒是谁?我们小学语文教师仰慕的专家、权威!我这个小人物既想能与他有所交集,跟他学习,但更多的是害怕和担心。害怕丢人,担心出丑。

韩校长是领导,更是知心姐姐。这些年,我是在她的指导帮助下,一步一成长起来的。她的鼓励、肯定、坚持是我进步的灯塔。此时,她又走进了我的内心,帮我分析利弊,她话语不多,却字字千金,她告诉我一个人的进步成长需要机遇,只要抓住了机遇,拼尽力力气,成功就会向你招手。一个人能走多远,要看他与谁同行,与支玉恒老师同行,起点高,到达的境界就不可限量。

韩校长亲自帮我备课,并多次组织语文教师听课、评课、改课。最后几天,她要求我 40 分钟备出一节课,并马上听评,目的是锻炼我随机应变的能力、提高我灵活驾驭课堂的能力、打造我科学评价学生、有效指导学习的语言素养,历练我处惊不变的独特教学风格。支玉恒老师来到后现场出题目:

作文课《说说我的心里话》。我在新里快速把课的框架规划好,马上投入到观摩支老师轻松而不乏诙谐的《盘点自己》。接下来我就硬着头皮上场了。针对前几天自己对孩子们的一次严声厉色,我动情地诉说着自己内心的不安与歉疚,发自肺腑的内心独白唤起了孩子们久违的课堂激情,我的话音刚落,孩子们便旁若无人地敞开了自己的心扉:捣蛋鬼杨刚摸着后脑勺,不好意思地说:"老师,我想对您说,您辛辛苦苦地教我们知识,可是我却经常惹您生气,我觉得自己挺不尊重您的。""杨刚,你真的长大了,老师相信你今后一定能做得很好"我已有些掩饰不住内心的激动。"老师,我想对妈妈说,为了我,你每天都很辛苦,我很想帮你做点事,可是你从来不让我插手,让我失去了很多锻炼自己的机会。"从不举手发言的王阳也迫不及待地倾诉着她的渴望……孩子们的眼亮了,我的心里也漾起了盈盈的喜悦。一堂课就这样在孩子们争先恐后的诉说和老师们赞赏的目光中圆满谢幕了,我却意犹未尽,没有往日的疲惫,有的只是豁然开朗的顿悟:原来一节好的语文课不仅能让孩子们喜欢上课堂,还能给自己带来前所未有的愉悦和满足。这样的课堂我喜欢,这样的人生不也正是我想要的吗?外面的世界虽然很精彩,从此却再也比不过我和孩子们守候的这方最纯净的碧草蓝天!在学习中探寻,在探寻中涅槃,我的提升由此开始。

我非常感谢韩校长为我、和我们所做的一切,因为是她的正确引领,让我少走了许多弯路,在语文教学的天地里,自由自在翱翔,并汲取养分滋养我快速成长,我感觉到我对课堂的理解更深刻更细致了。

书海泛舟天地宽

有了与大家零距离接触学习后,我领略了大家的风采、感受到专家的深刻、更学习到名人的虚怀若谷,同时也认识到自己的不足和浅薄。韩校长适时的点播,让我认识到读书才是我成长不可或缺的需求。

首先,她引导我将探寻的目光投向了教育教学类专业书籍。永远记得我读的第一本教育专著——朱永新先生的《新教育之梦》。书中写道:"教育的每一天都是新的,每一天的内涵与主题都不同,只有具有强烈的冲动、愿望、使命感、责任感,才能够提出问题,才会自找'麻烦',也才能拥有诗意的教育生活。"这一个个焕发着生命的文字,如同一股飓风,席卷了我所有的漠然,又如一溪活水,冲洗了我心底的陈年积垢。这之后,我生命的每一天都演绎着一场场预约的精彩。读《小学语文课堂诊断》,让我像医生一样剖析自己的课堂；读《王崧舟教学思想与经典课堂》，给我这个在黑暗中摸索的老师带来了光明，原来课堂可以如此的诗情画意，撼动心灵；读《师生交流的一书》，让我蹲下来与孩子对话，用心感受他们的心灵世界……

"问渠哪得清如许，为有源头活水来"，一个新的自我在书香中慢慢得以诞生。不仅专业素养提升了，更重要的是在孩子们眼里，我再也不是那个愿意生气，永远不会笑的老师了。这要感谢书籍，是它为我重新打开了一扇窗，让我看到更广阔的天。浸润着书香，10 年，我的《我读，故我在》获市读书演讲比赛一等奖。2011 年 5 月，论文《浅谈小学语文合作学习中常见的问题及对策》获国家级一等奖。

再次踏进课堂，我把我的感动化作和风细雨，引领孩子们走进书籍的殿堂，与他们一道享受读书的快乐。

读完《城南旧事》，我被林海音那细腻的笔触和真挚的情感深深地感动了。语文课上，我把它带给了孩子们，静静的教室里，我深情款款地诵读着，孩子们一动不动地倾听着。在接下来的几天里，我惊讶地发现，我的孩子们变了，晨读、午休后、甚至课间十分钟，几乎每个孩子的手里都捧着这本书在静静地读着，此情此景又怎能不令人欣慰？徜徉在书的海洋里，孩子们多了几分自信，几分成熟，更可喜的是，因为有书的陪伴，他们的写作水平都有了很大的起色。很多同学的作品已相继发表在《当代小学生》《儿童文学》等刊物上，我们班级也成了全校闻名的"书香班级"。而我也很荣幸地多次被评选为海阳市优秀读书人物。

梅花香自苦寒来

韩校长经常交流她学习成长体会，特别是她常常挂在嘴边的一句话对我启发很大：他山之石可以攻玉。

在向经典求教的同时，我更是不遗余力地去抓住身边每一次自我提升的机会。只要有外出学习观摩的机会，第一个积极争取的是我；同事执讲观摩课，第一个到场的还是我。至于观摩名家名师的课堂录像更是我每天的必修课。从课路的行云流水，到评价的妙语连珠，甚至于一个语调，一个手势，我都一一记录在案，闲暇时反复琢磨、模仿，直到内化为自己的东西为止。就这样，我乐此不倦地边工作边探究，边学习边模仿着。

在"和谐高效思维对话"型课堂建设中，作为一名小学语文教师，我几乎天天都在自己的课堂里辛勤耕耘着，却不知如何才能上出一节真正高效实效的语文课。经常是今天听了某特级教师的课,便赶紧照葫芦画瓢;明天听了某专家的讲座,又掉过头来研究新的教学模式,就这样一路走来,不仅收获甚微,还把自己累得够呛。细细想来,模仿的最终还是要形成自己独到的教学风格,这就需要自己把每一节课都踏踏实实地上好,而要上好每一节课,首先要对文本有个精确的解读。每次教学新课文前,我都会先静下心来,时而静静地品读文本,时而动情地朗朗诵读,用自己的感官,以自己的视角,去触摸文章的纹理,去心领神会作者蕴含在字里行间的深情,去拿捏文章的重难点,甚至把自己变成一个小孩,去揣摩他们在学文时哪里可能会得来全不费功夫,哪里可能会山重水复疑无路。而接下来便是"东张西望"了,翻阅参考书,查阅跟文章内容有关的资料,力求多元化地解读文本,甚至超越文本,以便让学生能多角度、全方位地获取新知,体验情感。最后才会对课路进行"精雕细琢":从课题的解读到情景的创设,甚至于课件的制作……无一不经过再三推敲,反复琢磨。

想到执教烟台市优质课《一夜的工作》的一幕幕场景,至今我仍能感受到鼓胀于心中的那份激动。为了读懂我们的总理,我通宵达旦地查阅书籍,观看有关总理的纪实片;为了雕琢课堂上的一个小细节,我一次次地构思,一次次地试教,又一次次地斟酌,一次次地推翻。这种推敲、研磨是极其枯燥乏味的,韩校长鼓励我说:"你要深信有多少次的煎熬,就伴随着多少次的收获。"不知不觉,我已开始享受这种"痛苦"的蜕变。也正是因为有了这一次次的蜕变,三尺讲台上的自己才能挥洒自如,令听众如痴如醉,掌声雷动。而我,在走下讲台的那一刻,才惊觉自己也早已是泪湿双眸。

功夫不负有心人,自2000年以来我先后执讲过《富饶的西沙群岛》《凡卡》等十几节海阳市优质课,三节烟台市优质课,并且均获得了一等奖的好成绩。并在省级课件比赛中脱颖而出,名列榜首。07年,我执讲的心理健康课《快乐每一天》,亦获山东省优质课。2006年和2009年分别被授予"优秀大队辅导员"和"优秀教师"的称号。

"操千曲而后晓声,观千剑而后识器。"如今的我仍是一个平凡的女子,但经过几年课堂上的不懈耕耘,一次又一次的自我挑战,我已经拥有了自己诗意而灵动的教学风格,从真正意义上实现了"跨越自我的美丽"。"路漫漫其修远兮"我想,我愿为追求这种美丽而"衣带渐宽终不悔"。

感谢,还是感谢。感谢韩校长对我一路的指引,是她让我在教育教学这片沃土上，一路奔跑、一路收获，一路播撒、一路分享。

后　记

　　说实话,我很早就有写书的欲望、梦想。为什么叫"梦想",不叫理想,是因为我觉得不可能实现。我一路磕磕绊绊走来时,也写了许多东西,可我依然不敢相信我能出书,当我战战兢兢把书稿发给姜晓波主任时,心理非常忐忑,害怕丢人,担心出丑。肯定是姜主任非常了解我的心理,所以很快就给了我回复。当我看到"韩书记,您好!我们对您提交的书稿进行了查重,查重率为 6.46%,结果为极好,同时我们以山东省教育学会秘书处的名义给出版社提交了申报国家优秀图书的电子版推荐函。以上为两份协议(版权协议和出版合同附件)……"时,仿佛梦境,不敢相信是真的。我反复品读,唯恐漏掉任何一个字眼,我自言自语"这说明我的书稿被认可和肯定了?"再读,的确是,并且还给予了很高的评价!当时,我激动地流下了眼泪。我特别感激姜主任对我的肯定和认可,这不仅肯定了我的写作能力,更是对我三十多年来工作的肯定和认可,我的付出又一次收获了丰厚的回报。

　　同时我也感谢烟台市教育科学研究院王旋院长,他在百忙中挤时间阅读了我还不太成熟的书稿,并不嫌其浅陋,为我的书撰写了"序",我特别喜欢其中的这一段话:"成长是艰难的,蜕变是痛苦的,那为教育事业而拼搏奋斗的意义何在?有人说,每一个人的内心深处都渴望被尊重、被赏识;有人说,人的最高层次的需要就是自我价值的实现;有人说,生命的意义在于不断挑战和超越自我。但在我看来,对于教师而言,专业成长乃是一个自我修炼的过程。之所以坚持不懈地发展自我,持之以恒地完善自我,不畏辛劳地超越自我,那不竭的动力是源于一颗追求真美善的美好心灵,是源于对教育事业的敬畏与热爱,是源于对遇见最好的自己的向望与渴求。"我会一如既往的怀着对教育事业的热爱和敬畏,把最好的自己呈献给社会、呈献给学生、呈现给需要我的人,让我身边的每一人都能遇见最好的自己。

感谢我校的领导和老师，他们和我一样热爱教育、热爱学校、热爱学生，对教育的执着使得我们勠力同心，把我们学校的教育教学工作开展得轰轰烈烈，使我们的学生能在肥沃的土壤里，汲取足够的养分，健康快乐成长。

本书从开始酝酿到成书大约经历了10年的时间。记得我刚评上山东省特级教师时，在海阳可以说非常轰动，毕竟我只是一名小学的教导主任，身份地位都不高，也没有太大的知名度，那年我能评上特级教师，可以说是机遇好，国家对教育开始重新审视，认为特级教师不仅是个荣誉称号，更应该是对教育教学一线教师的鼓励和鞭策，于是，我荣幸当选。当我评上特教师后，许多人才开始关注我，才发现我原来有许多优秀的品质，有许多常人不具备的能力，特别是默默付出、无私奉献和高效工作能力值得推广和借鉴，于是，有慧眼识珠的领导鼓励我写书，一是总结我成功的经验，二是鼓励年轻教师热爱教育、用心敬畏教育的情怀。于是，我开始了写写、停停，写写、思思，写写、做做，一晃就是10年。10年来，我边写边实践，边学习边提高，可以说没有虚度光阴，脚印越走越踏实，经历越来越丰富，事迹越来越典型。

本书就是从一个平凡得不能再平凡的师范生，踏上工作岗位开始，从对教育的懵懂，到对教育的热爱，到现在对教育的敬畏，这期间的做法想法，及一路走来的心酸和享受，从被动到主动，从青涩到成熟，从浅薄到厚重，都与党的教育方针的正确引领和领导教师的关心支持息息相关。平凡是做人的本分，认真是做人根本，敬业是做人的情怀，宽容是做人的胸怀，厚重是做人的境界，我就想做一个平凡的、普通的、真诚的、对人有所帮助的一线教师，所以就把我做的一切充分暴露在阳光下，好的，供人借鉴，坏的，供人批评，以期做到"己欲立而立人，己欲达而达人"，我喜欢的名言是"一枝独秀不是春，

我写这本书的目的不是总结成功经验，向世人炫耀我取得的成绩。陈述我的辛勤付出，只是想给一些刚刚参加工作，对前途感到渺茫的年轻人，或者正奋斗在自己岗位上、想有一番成就的人的一点启示。一个人的成功其实并不难，不需要理想多么远大、计划多么宏伟，只要脚踏实地走好每一步，读书时专心读书，工作时心无旁骛，对人要有爱心，对事业要有恒心，对荣誉要有平常心，就会有不期而遇的收获。

相信有缘读到此书的人，一定会从字里行间读出我的平常平凡，也能读书我对事业的执着和热爱，正是这份执着和热爱，"逼"着我一步一步从平

我的教育情怀

凡走向辉煌,从平常走向卓越。

2018. 1